365 이벤트

❶ 기출문제 복원 이벤트

이기적 수험서로 열심히 공부하고
시험에 응시하신 독자님들,
기억나는 문제를 공유해 주세요.

응시일로부터
7일 이내의
복원 제보만
인정됩니다

세부 내용

참여 혜택

📖 영진닷컴 도서(최대 30,000원 상당)
🎁 이벤트 선물(영진닷컴 쇼핑몰 포인트, N페이
   포인트 등 다양한 혜택 제공)

❷ 리뷰 참여 이벤트

온라인 서점 또는 개인 SNS에
도서리뷰와 합격 후기를 작성해 주세요.

세부 내용   당첨자 확인

❸ 정오표 이벤트

⚠ 이기적 수험서의 오타 및 오류를 영진닷컴에
   제보해 주세요.

book2@youngjin.com으로 [도서명], [페이지],
[수정사항], [이름], [연락처]를 보내주세요.

세부 내용

이기적 스터디 카페

회원가입 시 전부 제공! BIG3!

1:1 질문답변

집에서도, 카페에서도, 도서관에서도!
전문가 선생님의 1대1 맞춤 과외!

온라인 스터디

서로 당겨주고, 밀어주고, 합격을 함께 할
스터디 파트너를 구해 보세요!

구매자 한정 혜택

오직 스터디 카페에서만
제공하는 추가 자료를 받아 보세요!

* 제공되는 혜택은 도서별로 상이합니다. 각 도서의 혜택을 확인해 주세요.

NAVER 이기적 스터디 카페 🔍

나만의 합격 키트

캘린더 & 스터디 플래너 & 오답노트

PDF 다운로드 후
태블릿 PC에서
사용 가능합니다.

캘린더

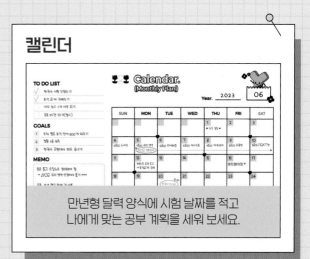

만년형 달력 양식에 시험 날짜를 적고
나에게 맞는 공부 계획을 세워 보세요.

스터디 플래너

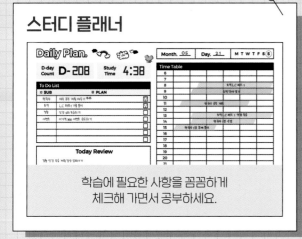

학습에 필요한 사항을 꼼꼼하게
체크해 가면서 공부하세요.

오답노트

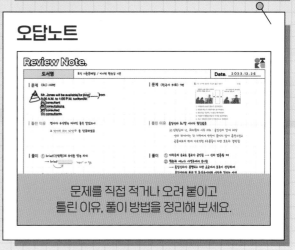

문제를 직접 적거나 오려 붙이고
틀린 이유, 풀이 방법을 정리해 보세요.

다꾸 스티커 패키지

추 가   증 정
이 벤 트

스티커1   스티커2   스티커3

CBT 온라인 문제집

PC와 모바일 환경에서 모의고사를 풀어보자!

CBT 온라인 문제집

바로가기

*자격증 제공 범위는 사정에 따라 변경될 수 있습니다.

이용 방법

PC 버전

1. 이기적 홈페이지(license.youngjin.com)에 접속하세요.
2. [CBT 서비스(온라인 문제집)]를 클릭하세요.
3. 공부할 과목을 선택하여 이용하세요.

모바일 버전

1. QR코드를 스캔하세요(QR코드 리더 앱 이용).
2. 공부할 과목을 선택하여 이용하세요.

이렇게
기막힌
적중률

SQL 개발자
기출문제 핵심 500제

"이" 한 권으로 합격의 "기적"을 경험하세요!

구매자 혜택 BIG 6

CBT 온라인 문제집

PC로 출제 유형 문제를 풀어 보세요.
(모바일로도 응시 가능합니다!)
하나하나 풀다 보면 실력이 쑥쑥 올라갑니다.

동영상 재생 목록

이기적이 수험생들의 합격을 위해 모든 것을 드립니다.
동영상을 무료로 시청하세요.

* 도서에 따라 동영상 제공 범위가 다를 수 있습니다.

이기적 스터디 카페

이기적 스터디 카페에서 함께 자격증을 준비하세요.
다양한 시험 정보와 이벤트, 1:1 질문답변까지 해결해 드립니다.

* 이기적 스터디 카페 : cafe.naver.com/yjbooks

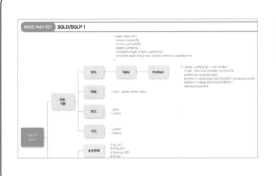

핵심 요약 자료

함수 정리, 마인드맵, 추가 영상 등 중요한 내용만 꽉꽉 담은 핵심 자료로 실력을 업그레이드 하세요.

* 이기적 스터디 카페에서 구매 인증을 통해 받으실 수 있습니다.

정오표

이미 출간된 도서에는 오류가 있을 수 있습니다.
출간 후 발견되는 오류는 정오표를 확인해 주세요.

* 도서의 오류는 교환, 환불의 사유에 해당하지 않습니다.

이기적 유튜브

난기 입격의 공식, 이기적 수험서!
다양한 자격증의 실전적 강의와 다채로운 영상들을 시청 해보세요.

차례

▶ 합격 강의

※ 동영상 강의가 제공되는 파트입니다. 영진닷컴 이기적 수험서 사이트(license.youngjin.com)에 접속하여 해당 강의를 시청하세요.

▶ 본 도서에서 제공하는 동영상 시청은 1판 1쇄 기준 2년간 유효합니다. 단, 출제기준안에 따라 동영상 내용은 변경될 수 있습니다.

시험은 이렇게 출제된다!

우리의 목표는 합격!

어렵게 느껴지는 부분은 개념을 확립하고, 자신 있는 파트는 다양한 문제를 풀어보며 집중하세요. 마무리 체크를 원하는 수험생, 중요한 부분에 집중하고 싶은 수험생은 자주 출제되는 기출 태그를 꼭 짚어보세요.

SQL 개발자 자격시험은 2과목으로 구성되며, 필기 객관식 50문항이 출제됩니다.

검정방법	객관식	문제수	총 50문제(각 2점)	시험시간	90분
응시자격	제한 없음	합격기준	총점 60점 이상	과락기준	과목별 40% 미만 취득

※ 자세한 내용은 데이터자격검정 홈페이지(dataq.or.kr)를 참고하시기 바랍니다.

1 과목	데이터 모델링의 이해	튼튼한 기본기로 최대한 고득점 하자!	10문항

1과목은 비교적 공부하기 수월한 파트이므로 꼼꼼히 학습하여 높은 점수를 받아야 합니다. 주로 데이터 모델러가 만든 모델링을 개발자의 입장에서 해석할 수 있는 능력을 확인하는 문제들이 출제됩니다.

빈출 태그

1. 데이터 모델링의 이해 **50%**
추상화, 단순화, 명확성, 프로세스, 3층 스키마, 식별자, 인스턴스, 속성, 엔터티, 관계, 기본키, 후보키, 슈퍼키, 대체키

2. 데이터 모델과 SQL **50%**
정규화 절차, 함수적 종속성, 클러스터링, 분할, 병합, 분산 데이터베이스, 투명성

2 과목	SQL 기본 및 활용	기본 문법에 충실히! 다양한 패턴 연습으로 고득점!	40문항

2과목은 실제 SQL을 사용할 수 있는지 평가하는 문제들이 출제됩니다. 그러므로 컴퓨터로 직접 쿼리를 작성해보면서 공부하는 것을 추천합니다. 다루는 내용도 넓고 암기도 필요하여 높은 점수를 얻기 까다롭습니다. 복원된 기출문제를 통해 유형에 익숙해지며 시험에 대비하세요.

빈출 태그

1. SQL 기본 **40%**
관계형 데이터베이스, WHERE, 함수, GROUP BY, HAVING, ORDER BY

2. SQL 활용 **40%**
JOIN, 집합 연산자, 계층형 조회, 서브쿼리, 그룹 함수, 윈도우 함수, 절차형

3. 관리 구문 **20%**
DML, TCL, DDL, DCL

저자 소개

임호진

정보관리기술사, 수석감리원, 최정예사이버보안전문가(KISA)

동양증권 Home Trading System 팀

한국 IBM 소프트웨어 컨설턴트

LIG System Technical Architect

한국표준협회 전문위원

박종범

수원대학교 정보통신학과 졸업

성균관대학교 일반대학원 데이터사이언스

하이트론시스템즈 CCTV SW플랫폼 연구소

임준혁

Coventry University(UK) Computer Science 졸업

성균관대학교 일반대학원 데이터사이언스

CMMi 심사원, 최정예사이버보안전문가(KISA)

- **임베스트 SQL전문가** : www.sqld.co.kr
- **유료 온라인 동영상 과정** : 1년(140,000원),
  이기적 도서 구매자 할인혜택
- **임베스트 블로그** : blog.naver.com/limhojin123

▲ 임베스트 SQL 개발자/전문가 강의

＋ 이기적 스터디 카페 cafe.naver.com/yjbooks

자격증은 이기적! 전문가들이 함께하는 질문답변 게시판과 각종 추가 자료 등 다양한 혜택을 제공합니다.

"1400만 수험생이 선택한" 자격증 독학의 기적

이기적스터디카페

무료 인강　1:1피드백　온라인스터디　핵심요약PDF

PART 01

SQLD 과목별
핵심 150제

학습방향

PART 01에서는 최근 SQLD 시험 문제를 분석하여 실전 시험 수준에 대비할 수 있는 과목별
핵심문제를 제공한다.

SQLD 과목별 핵심 150제

1 과목 데이터 모델링의 이해

01 다음 중 정보시스템을 모델링할 때 세 가지 관점에 해당하지 않는 것은?

① 업무가 어떤 데이터와 관련이 있는지 분석
② 업무에서 실제로 하는 일은 무엇인지 또는 무엇을 해야 하는지 분석
③ 업무를 처리할 수 있는 프로그램 구성을 어떻게 해야 하는지 분석
④ 업무에서 처리하는 일의 방법에 따라 데이터가 어떻게 영향을 받는지 분석

> **해설 |** 모델링을 할 때의 세 가지 관점은 데이터에 대한 관점, 프로세스에 대한 관점, 그리고 데이터와 프로세스가 서로 연관성이 표현되는 상관 관점이다.

02 데이터 모델링의 세 가지 중요개념에 속하지 않는 것은?

① 업무가 관여하는 어떤 것 (Things)
② 업무가 관여하는 어떤 것의 성격 (Attributes)
③ 업무가 관여하는 어떤 것의 행위 (Events)
④ 업무가 관여하는 어떤 것의 관계 (Relationships)

> **해설 |** 업무가 관여하는 어떤 것(Things), 업무가 관여하는 어떤 것의 성격(Attributes), 업무가 관여하는 어떤 것의 관계(Relationships)로 구분이 된다.

03 발생 시점에 따라 구분할 수 있는 엔터티의 유형이 아닌 것은?

① 행위 엔터티(Active Entity)
② 중심 엔터티(Main Entity)
③ 기본 엔터티(Basic Entity)
④ 개념 엔터티(Conceptual Entity)

> **해설 |** 엔터티는 발생 시점에 따라 기본/핵심 엔터티(Basic Entity), 중심 엔터티(Main Entity), 행위 엔터티(Active Entity)로 구분이 된다. 발생 시점에 따른 종류에는 개념 엔터티(Conceptual Entity)라는 용어는 없으며, 추상화 수준이 높은 모델링의 단계로 개념 데이터 모델링이라고 표현한다.

04 자신의 속성이 없어도 다른 속성을 이용하여 결과를 도출할 수 있는 특징을 가진 속성의 이름은?

① 설계 속성(Designed Attribute)
② 기본 속성(Basic Attribute)
③ 파생 속성(Derived Attribute)
④ 관계 속성(Associative Attribute)

> **해설 |** 파생 속성(Derived Attribute)은 다른 속성을 이용하여 계산된 속성으로 자신의 고유값을 갖지 않고 파생, 유추되어 재산정될 수 있는 속성이다.

05 다음 중 엔터티의 특징에 포함되지 않는 것은?

① 반드시 해당 업무에서 필요하고 관리하고자 하는 정보이어야 한다.
② 유일한 식별자에 의해 식별이 가능해야 한다.
③ 엔터티는 속성이 없어도 된다.
④ 엔터티는 업무 프로세스에 의해 이용되어야 한다.

해설 | 엔터티는 속성을 2개 이상 가지고 있어야 한다.

06 다음 설명이 나타내는 데이터 모델의 개념은 무엇인가?

학생이라는 엔터티가 있을 때 학점이라는 속성 값의 범위는 0.0에서 4.0 사이의 실수값이며 주소라는 속성은 길이가 20자리 이내의 문자열로 정의할 수 있다.

① 시스템 카탈로그(System Catalog)
② 용어 사전(Word Dictionary)
③ 속성 사전(Attribute Dictionary)
④ 도메인(Domain)

해설 | 도메인(Domain)은 속성에 대한 값의 범위 등 제약사항을 기술할 수 있다.

07 엔터티 간 1:1, 1:M과 같이 관계의 기수성을 나타내는 것을 무엇이라 하는가?

① 관계 차수(Relationship Degree/Cardinality)
② 관계명(Relationship Membership)
③ 관계선택성(Relationship Optionality)
④ 관계정의(Relationship Definition)

해설 | 엔터티 간 1:1, 1:M 등과 같이 관계참여 인스턴스의 수를 지칭하는 것은 관계 차수이다.

08 관계를 정의할 때 주요하게 체크해야 하는 사항과 거리가 먼 것은?

① 두 개의 엔터티 사이에 관심 있는 연관규칙이 존재하는가?
② 업무기술서, 장표에 관계연결을 가능하게 하는 명사(Noun)가 있는가?
③ 업무기술서, 장표에 관계연결 규칙이 서술되어 있는가?
④ 두 개의 엔터티 사이에 정보의 조합이 발생되는가?

해설 | 관계를 정의할 때 주요하게 체크해야 하는 사항은 업무기술서, 장표에 관계연결을 가능하게 하는 동사(Verb)가 있는가이다.

09 식별자의 대체 여부에 따라 분류하는 방식은?

① 본질 식별자 – 인조 식별자
② 내부 식별자 – 외부 식별자
③ 주식별자 – 보조 식별자
④ 단일 식별자 – 복합 식별자

해설 | 식별자를 대체할 수 있는 성격에 따라 구분한 개념은 본질 식별자 – 인조 식별자이다.

10 다음 개념에 해당하는 관계는 무엇인가?

> 부모 엔터티로부터 속성을 받았지만, 자식 엔터티의 주식별자로 사용하지 않고 일반적인 속성으로만 사용한다.

① 식별자 관계
   (Identifying Relationship)
② 비식별자 관계
   (Non-Identifying Relationship)
③ 일반 속성 관계
   (Attribute Relationship)
④ 외부 식별 관계
   (Foreign Key Relationship)

해설 | 부모 엔터티로부터 속성을 받았지만 자식 엔터티의 주식별자로 사용하지 않고 일반적인 속성으로만 사용하는 것은 비식별자 관계(Non-Identifying Relationship)에 대한 설명이다.

11 데이터 모델링에 대한 설명 중 알맞은 것은?

① 데이터 모델링의 3가지 요소는 Process, Attributes, Relationships이다.
② 실제로 데이터베이스를 구축할 때 참고되는 모델은 개념적 데이터 모델링이다.
③ 물리 모델링 → 논리 모델링 → 개념 모델링 단계로 갈수록 구체적이다.
④ 논리 모델링의 외래키는 물리 모델에서 반드시 구현되지는 않는다.

해설 |
① 데이터 모델링의 3요소는 Things, Attributes, Relationships이다.
② 실제 데이터베이스 구축 시 참고되는 모델은 물리적 데이터 모델링이다.
③ 개념 모델링에서 물리 모델링으로 가면서 더 구체적이며 개념 모델링이 가장 추상적이다.
④ 논리 모델링의 외래키는 물리 모델에서 반드시 구현되지 않는 선택 사항이다.

12 데이터 모델링에 대한 단계 중 아래에서 설명하는 단계는 어떤 단계의 모델링인가?

> • 추상화 수준이 높고 업무 중심적이며 포괄적인 수준의 모델링을 진행한다.
> • 전사적 데이터 모델링 또는 EA 수립 시 많이 이용된다.

① 물리적 데이터 모델링
② 논리적 데이터 모델링
③ 개념적 데이터 모델링
④ 추상적 데이터 모델링

해설 |
• 전사적 관점에서 기업의 데이터를 모델링한다.
• 추상화 수준이 가장 높은 모델링이다.
• 계층형 데이터 모델, 네트워크 모델, 관계형 모델에 관계없이 업무 측면에서 모델링을 한다.

13 엔터티 – 인스턴스 – 속성 – 속성값에 대한 관계 설명 중 틀린 것을 고르시오.

① 한 개의 엔터티는 두 개 이상의 인스턴스 집합이어야 한다.
② 하나의 속성은 하나 이상의 속성값을 가진다.
③ 한 개의 엔터티는 두 개 이상의 속성을 갖는다.
④ 엔터티 하나의 인스턴스는 다른 엔터티의 인스턴스 간 관계인 Pairing을 가진다.

해설 | 하나의 속성은 하나의 속성값을 가지며 하나 이상의 속성값을 가지는 경우 정규화가 필요하다.

14 다음 중 분산 데이터베이스의 특징으로 가장 부적절한 것은?

① 지역 자치성, 점증적 시스템 용량 확장
② 빠른 응답 속도와 통신 비용 절감
③ 오류의 잠재성 증대
④ 처리 비용의 감소

해설 | 분산 데이터베이스는 네트워크에 떨어져 있는 데이터베이스를 구축하고 관리해야 하기 때문에 처리 비용이 증가한다.

분산 데이터베이스 장단점

장점	단점
지역 자치성, 시스템 용량 확장	소프트웨어 개발 비용
신뢰성과 가용성	오류의 잠재성 증대
효용성과 융통성	처리 비용의 증대
빠른 응답 속도와 통신 비용 절감	설계, 관리의 복잡성과 비용
데이터의 가용성과 신뢰성 증가	불규칙한 응답 속도
시스템 규모의 적절한 조절	통제의 어려움
각 지역 사용자의 요구 수용 증대	데이터 무결성에 대한 위험

15 다음 설명에 해당하는 모델링 관점은 무엇인가?

업무가 어떤 데이터와 관련이 있는지 또는 데이터 간의 관계는 무엇인지에 대해서 모델링 하는 관점

① 프로세스 관점
② 데이터와 프로세스의 상관 관점
③ 데이터와 데이터 간의 상관 관점
④ 데이터 관점

해설 | **데이터 모델링의 세 가지 관점**
1. 데이터 관점 : 업무가 어떤 데이터와 관련이 있는지 또는 데이터 간의 관계는 무엇인지에 대해서 모델링 하는 방법(What, Data)
2. 프로세스 관점 : 업무가 실제로 하고 있는 일은 무엇인지 또는 무엇을 해야 하는지를 모델링 하는 방법 (How, Process)
3. 데이터와 프로세스의 상관 관점 : 업무가 처리하는 일의 방법에 따라 데이터는 어떻게 영향을 받고 있는지 모델링하는 방법(Interaction)

16 Hash Join 기법에 대한 설명으로 옳은 것은?

① 조인 작업을 수행할 때는 결과 행의 수가 적은 테이블을 선행 테이블로 사용하는 것이 좋다.

② Hash Join은 해시 함수를 이용하여 조인을 수행하기 때문에 '='로 수행하는 조인인 동등조건 이외에도 사용할 수 있다.

③ 해시 테이블을 저장할 때 메모리에 적재할 수 있는 영역의 크기보다 커지면 초과한 크기를 제외한 영역만큼 메모리에 적재한다.

④ Hash Join은 조인 칼럼의 인덱스가 존재하지 않으면 사용할 수 없는 기법이다.

해설 | 해시 조인은 CPU 연산이 많이 발생되는 조인으로 조인을 할 때 선행 테이블의 크기가 작아야 유리한 조인이다.

Hash Join의 특징
• Hash Join은 조인 칼럼의 인덱스가 존재하지 않을 경우에도 사용할 수 있는 기법이다.
• Hash Join은 해시 함수를 이용하여 조인을 수행하기 때문에 '='로 수행하는 조인인 동등조건에서만 사용할 수 있다.
• 해시 함수가 적용될 때 동일한 값은 항상 같은 값으로 해시됨을 보장한다.
• Hash Join 작업을 수행하기 위해서 해시 테이블을 메모리에 생성해야 한다.
• 해시 테이블을 저장할 때 메모리에 적재할 수 있는 영역의 크기보다 커지면 임시 영역(디스크)에 저장한다.
• Hash Join을 수행할 때는 결과 행의 수가 적은 테이블을 선행 테이블로 사용하는 것이 좋다.
• 선행 테이블을 Build Input이라고 하며 후행 테이블은 Prove Input이라 한다.

17 다음 설명에 해당하는 속성의 종류는 무엇인가?

• 다른 속성에 영향을 받아 발생하는 속성으로서 보통 계산된 값들이 이에 해당된다.
• 다른 속성에 영향을 받기 때문에 프로세스 설계 시 데이터 정합성을 유지하기 위해 유의해야 할 점이 많다.
• 가급적 속성을 적게 정의하는 것이 좋다.

① 연관 속성
② 기본 속성
③ 설계 속성
④ 파생 속성

해설 | 다른 속성으로부터 계산이나 변형이 되어 생성되는 속성을 파생 속성(Derived Attribute)이라고 한다.

속성의 종류

1) 기본 속성
업무로부터 추출한 모든 속성이 여기에 해당하며 엔터티에 가장 일반적이고 많은 속성을 차지한다. 코드성 데이터, 엔터티를 식별하기 위해 부여된 일련번호와 같은 설계 속성이나 다른 속성을 계산하거나 영향을 받아 생성된 속성인 파생 속성을 제외한 모든 속성은 기본 속성이다.

2) 설계 속성
업무상 필요한 데이터 이외에 데이터 모델링을 위해, 업무를 규칙화하기 위해 속성을 새로 만들거나 변형하여 정의하는 속성이다.
원래 속성을 업무상 필요에 의해 변형하여 만든 코드성 속성이 이에 해당하고 일련번호와 같은 속성은 단일(Unique)한 식별자를 부여하기 위해 모델상에서 새로 정의하는 속성이다.

3) 파생 속성
다른 속성에 영향을 받아 발생하는 속성으로서 보통 계산된 값들이 이에 해당된다.
다른 속성에 영향을 받기 때문에 프로세스 설계 시 데이터 정합성을 유지하기 위해 유의해야 할 점이 많으며 가급적 적게 정의하는 것이 좋다.

18 3차정규화에 대한 설명으로 옳은 것을 고르시오.

① 속성 간 종속성을 가지면 안 된다.
② 모든 속성은 반드시 기본 키 전부에 종속되어야 한다.
③ 모든 속성은 반드시 하나의 값을 가져야 한다.
④ 다수의 주식별자를 분리시킨다.

해설 |
②번은 제2정규화
③번은 제1정규화
④번은 보이스-코드 정규화 방식에 대한 설명이다.

정규화 종류	정규화 내용
제1정규화	모든 속성은 중복된 값을 가지지 않는다(각 속성에 대한 도메인을 원자값으로 구성한다).
제2정규화	식별자의 부분 속성에 대해서만 종속관계인 부분 함수 종속을 제거하여 식별자 전체 속성에 대해서 종속관계인 완전 함수 종속을 구성한다.
제3정규화	식별자를 제외한 일반 속성 간 종속을 제거한다.
보이스-코드 정규화	다수의 주식별자를 분리시킨다.
제4정규화	하나의 릴레이션에서 한 속성에서 다른 속성에 대한 결괏값이 여러 개 나오는 다치 종속(Multi-Valued Dependency)을 분리시킨다.
제5정규화	결합 종속(Join Dependency)일 경우 다수의 테이블로 분리시킨다.

19 {학번, 과목번호}는 결정자이면서 기본키이고 {성적, 지도교수명, 학과명}은 종속자이다. 속성 중 과목번호가 결정자이고 {지도교수명, 학과명}이 과목번호에만 함수적 종속성을 가진다면 이는 몇 차정규형에 속하고 몇 차정규화의 대상인가?

[ERD]

① 2차정규형 – 3차정규화 대상
② 1차정규형 – 2차정규화 대상
③ 3차정규형 – 보이스-코드 정규화 대상
④ 보이스-코드 정규화 – 4차정규화 대상

해설 | 결정자 중 일부 속성에만 함수 종속성을 가지고 있는 'Partial Dependency Attribute'를 갖는 것은 2차정규형을 위반한 사례에 해당한다. 즉 1차정규형이면서 2차정규화의 대상이 된다.

20 다음 모델의 배송 엔터티에서 고객의 정보를 찾을 때, 성능 향상과 SQL 문장을 단순화하는 가장 적절한 반정규화 방법은 무엇인가? (단, 주문목록 엔터티에서는 고객의 주식별자를 상속받기를 원하지 않음, 배송 엔터티에서는 고객 엔터티의 모든 속성을 참조하기를 원함)

[ERD]

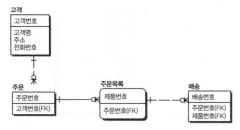

① 고객과 배송 엔터티의 관계를 추가(1:M 관계)하는 관계 반정규화
② 배송과 고객의 엔터티를 통합하는 반정규화
③ 배송 엔터티와 주문목록 엔터티 관계를 식별자 관계로 수정
④ 고객의 모든 정보를 모두 배송 엔터티의 속성으로 반정규화

해설 | 고객 엔터티의 모든 속성을 참조하기를 원할 때 가장 효율성이 좋은 반정규화 기법은 관계를 중복하는 (관계의 반정규화) 방법이며 이를 적용하면 두 테이블의 조인 경로를 단축하게 되고 SQL 문장을 단순하게 구성할 수 있다.

21 다음 중 설계 단계에서 데이터 모델의 성능을 고려하는 절차와 방법에 포함되지 않는 것은?

① 이력모델의 조정, 기본키/외래키 조정, 슈퍼타입/서브타입 조정 등을 수행한다.
② 데이터베이스 용량 산정을 수행한다.
③ 데이터베이스에 발생되는 트랜잭션의 유형을 파악한다.
④ 데이터 모델링을 할 때 분석 단계에서부터 반정규화를 수행한다.

해설 | 성능을 고려한 데이터 모델링을 할 때 첫 번째 단계는 정규화를 적용한 데이터 모델을 만드는 것이다.

22 다음 슈퍼타입/서브타입 모델에서 설계 단계에서 변환할 수 있는 테이블의 형태가 아닌 것은?

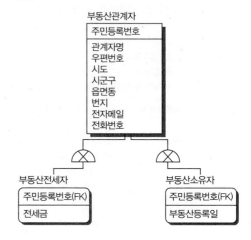

① 전체가 하나의 테이블인 부동산관계자로 통합하는 All in One 타입
② 슈퍼타입(부동산관계자)과 서브타입(부동산전세자, 부동산소유자)을 슈퍼+서브타입인 부동산전세자, 부동산소유자 2개 테이블로 만든 타입
③ 부동산관계자의 일부 속성은 부동산전세자에게, 일부 속성은 부동산소유자에게 할당하여 배치하는 수평 분할 타입
④ 슈퍼타입(부동산관계자)과 서브타입(부동산전세자, 부동산소유자)을 모두 1:1 관계로 해체하여 개별로 테이블을 만드는 타입

해설 | 논리적인 데이터 모델에서 이용이 되는 슈퍼/서브 타입의 데이터 모델을 성능을 고려한 물리적인 데이터 모델에서 변환하는 방법은 세 가지(1:1타입, 슈퍼+서브타입, All in One 타입)가 있다.

23 다음 중 분산 데이터베이스의 투명성(Trans-parency)에 속하지 않는 것은?

① 분할 투명성
② 병행 투명성
③ 중복 투명성
④ 병렬 투명성

해설 | 분산 데이터베이스의 투명성의 종류에는 분할 투명성, 위치 투명성, 지역 투명성, 중복(복제) 투명성, 병행 투명성, 장애 투명성이 있다.

24 테이블의 반정규화 기법 중 데이터 무결성을 깨뜨릴 위험을 갖지 않고서도 데이터 처리의 성능을 향상 시킬 수 있는 기법은?

① 테이블 반정규화
② 중복관계 추가
③ 칼럼 반정규화
④ 데이터 반정규화

해설 |
• 테이블과 칼럼의 반정규화는 데이터 무결성에 영향을 미치지만 관계의 반정규화 기법 중 중복관계 추가는 데이터 무결성을 깨뜨릴 위험을 갖지 않고서도 데이터처리의 성능을 향상시킬 수 있다.
• 데이터 모델 전체가 관계로 연결되어 있고 관계가 서로 먼 친척 간에 조인관계가 빈번하게 되어 성능 저하가 예상된다면 관계의 반정규화를 통해 성능향상을 도모할 필요가 있다.

25 다음 주어진 ERD 관계에 대한 설명으로 옳은 것을 고르시오.

[ERD]

① 계정은 다수의 계정 그룹을 가질 수 있다.
② 계정 그룹은 다수의 사용자를 가질 수 없다.
③ 계정 그룹은 사용자를 반드시 가져야 한다.
④ 계정은 반드시 계정 그룹을 가져야 한다.

해설 |
• ERD 관계에서 계정 그룹은 다수의 계정을 포함할 수도 있고 안 할 수도 있다(Optional).
• 계정은 반드시 단 하나의 계정 그룹에 소속되어야 한다(Mandatory).

26 분산 데이터베이스의 특징 중 저장 장소 명시가 불필요하다는 특성은 무엇인가?

① 지역 사상 투명성
② 위치 투명성
③ 병행 투명성
④ 분할 투명성

해설 |
• 위치 투명성이란 사용하려는 데이터의 저장 장소 명시가 불필요하며 위치 정보가 System Catalog에 유지되어야 함을 말한다.
• 지역 사상 투명성이란 지역 DBMS와 물리적 DB 사이의 Mapping을 보장한다. 각 지역 시스템 이름과 무관한 이름 사용이 가능하다.

27 발생 시점에 따른 엔터티 분류에 의한 중심 엔터티가 아닌 것은?

① 매출
② 주문
③ 사원
④ 계약

> 해설 | 사원, 부서, 고객, 상품, 자재 등이 기본 엔터티가 될 수 있다.

28 데이터 모델링이 최종적으로 완료된 상태라고 정의할 수 있는, 즉 물리적인 스키마 설계를 하기 전 단계를 가리키는 말은?

① 물리적 데이터 모델링
② 논리적 데이터 모델링
③ 개괄 데이터 모델링
④ 개념적 데이터 모델링

> 해설 | 논리적 데이터 모델링의 결과로 얻어지는 논리 데이터 모델은 데이터 모델링이 최종적으로 완료된 상태라고 정의할 수 있다. 즉 물리적인 스키마 설계를 하기 전 단계의 '데이터 모델' 상태를 일컫는 말이다.

29 엔터티에 대한 개념 중 엔터티 정의의 공통점 3가지가 아닌 것은?

① 데이터베이스 내에서 변별 가능한 객체이다.
② 엔터티는 사람, 장소, 물건, 사건, 개념 등의 명사에 해당된다.
③ 저장되기 위한 어떤 것(Thing)이다.
④ 업무상 관리가 필요한 관심사에 해당된다.

> 해설 | 엔터티(Entity)의 3가지 공통점은 다음과 같다.
> • 개념, 사건, 사람, 장소 등과 같이 명사이다.
> • 비즈니스 프로세스에서 관리되어야 하는 정보이다.
> • 저장이 필요한 어떤 것이다.

30 다음은 ERD(Entity Relationship Diagram) 작성 순서이다. 올바른 것을 고르시오.

> 가) 엔터티를 그린다.
> 나) 엔터티를 적절하게 배치한다.
> 다) 엔터티 간에 관계를 설정한다.
> 라) 관계명을 기술한다.
> 마) 관계의 참여도를 기술한다.
> 바) 관계의 필수 여부를 기술한다.

① 나)→가)→다)→라)→마)→바)
② 가)→나)→다)→라)→마)→바)
③ 가)→나)→라)→다)→마)→바)
④ 가)→나)→다)→마)→바)→라)

> 해설 | **ERD(Entity Relationship Diagram) 작성 절차**
> ① 엔터티를 그린다.
> ② 엔터티를 적절하게 배치한다.
> ③ 엔터티 간의 관계를 설정한다.
> ④ 관계명을 기술한다.
> ⑤ 관계의 참여도를 기술한다.
> ⑥ 관계의 필수 여부를 기술한다.

31 다음 설명 중 옳은 것은 무엇인가?

① 모든 자료는 실질적으로 테이블에 저장
되며 테이블에 있는 자료들을 꺼내 볼
수 있다.
② 데이터베이스 내에 테이블이란 존재하
지 않는다.
③ 아주 복잡한 자료도 테이블은 하나만 만
드는 것이 바람직하다.
④ 데이터베이스에는 단 한 개의 테이블만
존재할 수 있다.

해설 | 데이터베이스에는 자료의 성격에 따라 N개의
테이블을 생성한다. 모든 자료들은 테이블에 입력되며
조회, 수정, 삭제할 수 있다.

32 데이터 유형에 대한 설명 중 틀린 것은 무엇인
가?

① VARCHAR 유형은 가변 길이 숫자형
이다.
② CHAR 유형은 고정 길이 문자형이다.
③ NUMERIC 유형은 숫자형 데이터를 표
현한다.
④ DATE 유형은 날짜 데이터를 다룰 때
사용한다.

해설 | VARCHAR 유형은 가변 길이 문자형이다.

33 다음 중 테이블명으로 가능한 것은 무엇인가?

① EMP-100
② 100EMP
③ EMP100
④ 100_EMP

해설 | 테이블명과 칼럼명은 반드시 문자로 시작해야
한다.

34 데이터를 입력하기 위해 사용하는 SQL 명령
어는 무엇인가?

① CREATE
② INSERT
③ UPDATE
④ ALTER

해설 | 데이터를 입력하기 위해서 "INSERT" 명령어를
사용한다.

35 Commit과 Rollback의 장점으로 적합하지
않은 것은 무엇인가?

① 데이터 무결성을 보장한다.
② 영구적인 변경을 할 수 없게 한다.
③ 영구적인 변경을 하기 전에 데이터의 변
경 사항 확인이 가능하다.
④ 논리적으로 연관된 작업을 그룹핑하여
처리 가능하다.

해설 | **Commit과 Rollback의 장점**
• 데이터 무결성 보장
• 영구적인 변경을 하기 전에 데이터의 변경 사항 확
인 가능
• 논리적으로 연관된 작업을 그룹핑하여 처리 가능

36 다음 SQL 문장의 결과로 출력되는 데이터는 무엇인가?

```
SELECT PLAYER_NAME 선수명,
        E_PLAYER_NAME 선수영문명
FROM PLAYER
WHERE E_PLAYER_NAME LIKE '_A%';
```

① 선수의 영문 이름의 두 번째 문자가 A인 선수들의 이름
② 선수의 영문 이름이 A나 a로 시작하는 선수들의 이름
③ 선수의 영문 이름이 A로 시작하는 선수들의 이름
④ 위치에 상관없이 선수의 영문 이름에 A를 포함하는 선수들의 이름

> 해설 | "_"와 "%"는 와일드카드(WILD CARD)로 하나의 글자 또는 모든 문자를 대신하여 사용이 되므로 두번째 문자가 대문자 A인 경우만 출력된다.

37 어떠한 데이터 타입도 사용이 가능한 집계 함수는 어느 것인가?

① AVG
② SUM
③ COUNT
④ STDDEV

> 해설 | 집계 함수는 집합에 대한 정보를 제공하므로 주로 숫자 유형에 사용된다. 추가로 MAX, MIN, COUNT 함수는 숫자 유형만 아니라 문자 유형, 날짜 유형에도 적용이 가능한 함수이다.

38 SQL 문장에서 집합별로 집계된 데이터에 대한 조회 조건을 제한하기 위해서 사용하는 절은 어느 것인가?

① HAVING절
② GROUP BY절
③ WHERE절
④ FROM절

> 해설 | 일반적인 SQL 문장에서 조회하는 데이터를 제한하기 위해서는 WHERE절을 사용하지만 그룹별로 조회할 때 집계 데이터에 대한 제한 조건을 사용하기 위해서는 HAVING절을 사용한다.

39 다음과 같은 SQL 문장이 있다. 예제의 ORDER BY절과 같은 결과를 갖는 구문은 어떤 것인가?

```
SELECT PLAYER_NAME 선수명,
        POSITION 포지션, BACK_NO 백넘버
FROM PLAYER
ORDER BY PLAYER_NAME, POSITION,
        BACK_NO DESC;
```

① ORDER BY 선수명 ASC, 포지션, 3 DESC
② ORDER BY 선수명, 2, DESC 백넘버
③ ORDER BY PLAYER_NAME ASC, 2, 3
④ ORDER BY 1 DESC, 2, 백넘버

> 해설 | ORDER BY절에서 정렬 기준이 생략되면 Default로 ASC(오름차순) 정렬이 된다. ORDER BY절에는 칼럼명 대신에 SELECT절에 기술한 칼럼의 순서 번호나 칼럼의 ALIAS명을 사용할 수 있다.

40 다음 SQL 문장에서 틀린 부분은 어디인가?

① SELECT PLAYER.PLAYER_NAME 선수명, TEAM.TEAM_NAME 팀명
② FROM PLAYER P, TEAM T
③ WHERE P.TEAM_ID = T.TEAM_ID
④ ORDER BY 선수명;

해설 | FROM절에 테이블에 대한 ALIAS를 사용했을 때 SELECT절에서는 반드시 테이블명 아닌 ALIAS명을 사용해야 한다.

41 JOIN의 종류에 대한 설명으로 틀린 것은 무엇인가?

① NON-EQUI JOIN은 등가 조건이 성립되지 않은 테이블에 JOIN을 걸어주는 방법이다.
② EQUI JOIN은 반드시 기본키, 외래키 관계에 의해서만 성립된다.
③ OUTER JOIN은 JOIN 조건을 만족하지 않는 데이터도 볼 수 있는 JOIN 방법이다.
④ SELF JOIN은 하나의 테이블을 논리적으로 분리시켜 EQUI JOIN을 이용하는 방법이다.

해설 | EQUI JOIN은 반드시 기본키, 외래키 관계에 의해서만 성립되는 것은 아니다. 조인 칼럼이 1:1로 매핑이 가능하면 사용할 수 있다.

42 4개의 테이블로부터 필요한 칼럼을 조회하려고 한다. 최소 몇 개의 JOIN 조건이 필요한가?

① 2개   ② 3개
③ 4개   ④ 5개

해설 | 여러 테이블로부터 원하는 데이터를 조회하기 위해서는 전체 테이블 개수에서 최소 N-1개 만큼의 JOIN 조건이 필요하다.

43 다음 설명 중 올바르지 않은 것은?

① UNION ALL 연산자는 조회 결과를 정렬하고 중복되는 데이터를 한 번만 표현한다.
② UNION 연산자는 조회 결과에 대한 합집합을 나타내며 자동으로 정렬을 해준다.
③ INTERSECT 연산자는 조회 결과에 대한 교집합을 의미한다.
④ EXCEPT 연산자는 조회 결과에 대한 차집합을 의미한다.

해설 | UNION ALL 연산자는 조회 결과에 대해 별도의 정렬 작업을 하지 않는다. 또한 중복 데이터에 대해서도 삭제하지 않고 여러 번 중복 표현한다.

44 다음 중 SELF JOIN을 수행해야 할 때는 어떤 경우인가?

① 한 테이블 내에서 두 칼럼이 연관 관계가 있다.
② 두 테이블에 연관된 칼럼은 없으나 JOIN을 해야 한다.
③ 두 테이블에 공통 칼럼이 존재하고 두 테이블이 연관 관계가 있다.
④ 한 테이블 내에서 연관된 칼럼은 없으나 JOIN을 해야 한다.

해설 | SELF JOIN은 하나의 테이블에서 두 개의 칼럼이 연관 관계를 가지고 있는 경우에 사용한다.

45 일반적으로 FROM절에 정의된 후 먼저 수행되어 SQL 문장 내에서 절차성을 주는 효과를 볼 수 있는 것은 어떤 유형의 서브쿼리 문장인가?

① SCALAR SUBQUERY
② INLINE VIEW
③ CORRELATED SUBQUERY
④ NESTED SUBQUERY

해설 | FROM절에 정의된 서브쿼리는 INLINE VIEW이다. INLINE VIEW는 일반적으로 메인쿼리보다 먼저 수행되므로 SQL 문장 내에서 절차성을 주는 효과를 얻을 수 있다.

46 다음 서브쿼리에 대한 설명 중 틀린 것을 고르시오.

① 상호연관 서브쿼리는 처리 속도가 가장 빠르기 때문에 최대한 활용하는 것이 좋다.
② TOP-N 서브쿼리는 INLINE VIEW의 정렬된 데이터를 ROWNUM을 이용해 결과 행 수를 제한하거나 TOP (N) 조건을 사용하는 서브쿼리이다.
③ INLINE VIEW는 FROM절에 사용되는 서브쿼리로서 실질적인 OBJECT는 아니지만, SQL 문장에서 마치 VIEW나 테이블처럼 사용되는 서브쿼리이다.
④ 다중행 연산자는 IN, ANY, ALL이 있으며 서브쿼리의 결과로 하나 이상의 데이터가 RETURN되는 서브쿼리이다.

해설 | 상호 연관 서브쿼리는 서브쿼리가 메인쿼리의 행 수 만큼 실행되는 쿼리로서 실행 속도가 상대적으로 떨어지는 SQL 문장이다. 그러나 복잡한 일반 배치 프로그램을 대체할 수 있기 때문에 조건에 맞는다면 적극적인 검토가 필요하다.

47 소계, 중계, 합계처럼 계층적 분류를 포함하고 있는 데이터의 집계에 적합한 GROUP 함수 두 가지는 무엇인가?

① ROLLUP, SUM
② GROUPING, SUM
③ ROLLUP, CUBE
④ CUBE, SUM

해설 | ROLLUP, CUBE는 GROUP BY의 확장된 형태로 병렬로 수행이 가능하고 사용하기가 쉽기 때문에 효과적이다. 다차원적인 집계가 필요한 경우는 CUBE를 사용한다.

48 그룹 내 순위 관련 WINDOW 함수의 특징으로 틀린 것은?

① RANK 함수는 동일한 값에 대해서는 동일한 순위를 부여한다(같은 등수에 여럿이 존재하는 경우 등수가 SKIP될 수 있음).
② DENSE_RANK 함수는 RANK 함수와 흡사하나 동일한 순위를 하나의 건수로 취급하는 것이 틀린 점이다(같은 등수에 여럿이 존재하는 경우에도 등수가 SKIP되지 않음).
③ RANK 함수가 동일한 값에 대해서는 동일한 순위를 부여하는 데 반해 ROW_NUMBER 함수는 고유한 순위를 부여한다(같은 등수가 존재할 수 없음).
④ CUMM_RANK 함수는 누적된 순위를 부여할 수 있다(등수를 누적 순위로 표현함).

해설 | 그룹 내 순위 관련 WINDOW FUNCTION으로는 RANK, DENSE_RANK, ROW_NUMBER 함수가 있고, ④번은 DENSE_RANK 함수에 대한 설명이며, CUMM_RANK 함수는 존재하지 않는다.

49 다음 중 옳은 것은 무엇인가?

① 유저를 생성하면 생성한 유저로 바로 로 그인할 수 있다.
② 새롭게 생성된 유저라면 조건 없이 새로운 유저를 만들 수 있다.
③ 다른 유저의 테이블은 그 테이블에 대한 권한 없이는 조회할 수 없다.
④ 유저 생성은 누구나 할 수 있지만 권한 설정은 데이터베이스 관리자만 가능하다.

해설 | 테이블에 대한 권한은 각 테이블의 소유자가 가지고 있기 때문에 소유자로부터 권한을 받지 않으면 다른 유저의 테이블에 접근할 수 없다.

50 다음 중 절차형 SQL을 이용하여 주로 만드는 것이 아닌 것은?

① PROCEDURE
② TRIGGER
③ BUILT-IN FUNCTION
④ USER DEFINED FUNCTION

해설 | 절차형 SQL을 이용하여 PROCEDURE, TRIGGER, USER DEFINED FUNCTION을 만들 수 있다.

51 옵티마이저에 대한 설명으로 적절하지 않은 것은?

① 옵티마이저는 질의에 대해 실행 계획을 생성한다.
② 비용 기반 옵티마이저는 적절한 인덱스가 존재하면 반드시 인덱스를 사용한다.
③ 규칙 기반 옵티마이저에서 제일 낮은 우선순위는 전체 테이블 스캔이다.
④ 비용 기반 옵티마이저는 비용 계산을 위해 다양한 통계정보를 사용한다.

해설 | 비용 기반 옵티마이저는 비용을 기반으로 최적의 작업을 수행한다. 따라서 인덱스 스캔보다 전체 테이블 스캔이 비용이 낮다고 판단하면 적절한 인덱스가 존재하더라도 전체 테이블 스캔으로 SQL문을 수행할 수 있다.

52 실행 계획에 대한 설명으로 적절하지 않은 것은?

① 실행 계획은 SQL문의 처리를 위한 절차와 방법이 표현된다.
② 실행 계획이 다르면 결과도 달라질 수 있다.
③ 실행 계획은 액세스 기법, 조인 순서, 조인 방법 등으로 구성된다.
④ 최적화 정보는 실행 계획의 단계별 예상 비용을 표시한 것이다.

해설 | 동일 SQL문에 대해 실행 계획이 다르다고 결과가 달라지는 않는다. 그러나 실행 계획의 차이로 성능이 달라질 수 있다.

53 SQL 처리 흐름도에 대한 설명으로 적절하지 않은 것은?

① 실행 계획을 시각화한 것이다.
② SQL문의 처리 절차를 시각적으로 표현한 것이다.
③ 인덱스 스캔 및 전체 테이블 스캔 등의 액세스 기법을 표현할 수 있다.
④ 성능적인 측면의 표현은 고려하지 않는다.

해설 | SQL 처리 흐름도에서는 성능적인 측면도 표현할 수 있다. 일량적인 측면의 표현과 인덱스 스캔 또는 테이블 스캔 등을 표현할 수 있다.

54 다음 설명 중 적절한 것은 무엇인가?

① 인덱스는 인덱스 구성 칼럼으로 항상 오름차순으로 정렬된다.
② 비용 기반 옵티마이저는 인덱스 스캔이 항상 유리하다고 판단한다.
③ 규칙 기반 옵티마이저는 적절한 인덱스가 존재하면 항상 인덱스를 사용하려고 한다.
④ 인덱스 범위 스캔은 항상 여러 건의 결과가 반환된다.

해설 |
• 인덱스는 내림차순으로 생성 및 정렬된다.
• 비용적인 측면에서는 전체 테이블 스캔이 유리할 수 있다.
• 규칙 기반 옵티마이저의 규칙에 따라 적절한 인덱스가 존재하면 전체 테이블 스캔보다는 항상 인덱스를 사용하려고 한다.
• 인덱스 범위 스캔은 결과 건수만큼 반환한다. 결과가 없으면 한 건도 반환하지 않을 수 있다.

55 조인에 대한 설명으로 적절하지 않은 것은 다음 중 무엇인가?

① Nested Loop Join은 중첩된 반복문과 유사한 형식이다.
② FROM절에 나열된 모든 테이블이 동시에 조인 작업이 수행된다.
③ Nested Loop Join은 선행 테이블의 조건을 만족하는 건수만큼 반복 수행된다.
④ Hash Join은 작은 테이블을 선행 테이블로 사용하는 것이 성능관점에서 좋다.

해설 | FROM절에 아무리 많은 테이블이 나열되더라도 항상 2개씩 조인된다. 테이블과 테이블 사이 또는 앞에서 이미 수행된 조인의 결과 집합과 테이블, 조인 결과와 조인 결과 사이에서 조인이 처리된다.

56 다음 중에서 DDL(Data Definition Language)에 해당되지 않는 것은?

① REVOKE
② CREATE INDEX
③ DROP TABLE
④ ALTER TABLE

해설 |
• DDL(Data Definition Language)은 SQL문 중에서 생성에 관련된 것으로 CREATE TABLE, ALTER TABLE, DROP TABLE, CREATE VIEW, DROP VIEW가 있다.
• REVOKE는 권한을 삭제하는 것으로 DCL(Data Control Language)이다.

57 다음의 설명으로 올바른 것은?

조인되는 N개의 테이블을 모두 정렬한 후에 조인을 수행한다.

① Hash Join
② Inner Join
③ Nested Loop Join
④ Sort Merge

해설 | Sort Merge 조인(Join)은 테이블을 정렬(Sort)한 후에 정렬된 테이블을 병합(Merge)하면서 조인을 실행한다.

Sort Merge 조인

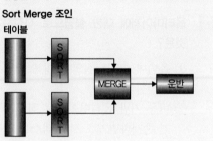

58 SELECT문의 처리 순서로 올바른 것은?

```
SELECT deptno, sum(sal)
FROM dept
WHERE deptno > 10
GROUP BY deptno
ORDER BY deptno;
```

① WHERE, GROUP BY, ORDER BY, FROM, SELECT
② FROM, WHERE, GROUP BY, SELECT, ORDER BY
③ SELECT, FROM, WHERE, GROUP BY, ORDER BY
④ ORDER BY, SELECT, WHERE, GROUP BY, FROM

해설 | **SELECT문 실행 순서**

실행 순서	설명
해당 테이블	FROM
조건	WHERE
그룹	GROUP BY
그룹조건	HAVING
해당 칼럼	SELECT
정렬	ORDER BY

59 다음의 SQL문에 대한 설명으로 올바르지 않은 것은?

가. 실제 데이터

DEPTNO	SAL
10	
10	1000
10	2000
20	
20	500

나. SELECT문
SELECT DEPTNO, SUM(NVL(SAL,0)) FROM DEPT GROUP BY DEPTNO;

① SELECT문에 WHERE 조건이 없으므로 연산에 참여하는 총 행 수는 5개이다.
② DEPTNO 10의 합계는 3000이고 20의 합계는 500이다.
③ NVL(SAL, 0)문에서 NVL은 NULL에 대한 합계오류를 예방한다.
④ 부서별 합계를 계산할 때 NULL값을 만나면 0으로 치환한다.

해설 | 그룹 함수를 사용하는 경우 NULL값은 연산에서 제외된다. 그래서 NVL 함수를 사용하는 것은 합계 오류 예방과는 전혀 관계가 없다.

60 데이터베이스 사용자 PSJ에 CREATE TABLE 권한이 부여되었다. (   )에 들어가야 하는 것은 무엇인가?

( ) CREATE TABLE TO PSJ

① GRANT
② REVOKE
③ INSERT
④ COMMIT

해설 | GRANT는 권한을 부여하는 SQL문이다. 반대로 권한을 취소하는 것은 REVOKE이다.

GRANT 문법

GRANT privileges **ON** object **TO** user;

위의 문법에서 privileges는 권한을 의미한다. 예를 들어 SELECT, INSERT, UPDATE, DELETE 등이 있다. object는 데이터베이스에서 사용하는 자원을 의미한다. 이러한 자원 중에서 가장 많이 사용되는 것은 테이블이다. user는 권한을 부여할 데이터베이스 사용자 ID이다.

GRANT 사용

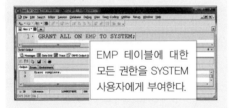

EMP 테이블에 대한 모든 권한을 SYSTEM 사용자에게 부여한다.

61 다음 주어진 SQL문을 수행한 결과 영구적으로 반영되는 것은 무엇인가?

```
INSERT INTO TAB1 VALUES(1);
INSERT INTO TAB1 VALUES(2);
SAVEPOINT SV1;
UPDATE TAB1 SET COL1=7 WHERE COL1=2;
INSERT INTO TAB1 VALUES(9);
SAVEPOINT SV2;
DELETE TAB1 WHERE COL1 =7;
INSERT INTO TAB1 VALUES(11);
SAVEPOINT SV3;
INSERT INTO TAB1 VALUES(9);
ROLLBACK TO SV2;
COMMIT;
```

① 1, 7, 9
② 1, 9, 11
③ 1, 9, 11, 9
④ 1, 2

해설 | SQL문의 맨 하단에서 ROLLBACK TO SV2 명령어를 수행하면 SAVEPOINT SV2 지점까지 변경된 것을 모두 취소한다.

COL1
1
7
9

62 다음 주어진 그룹 함수와 동일한 결괏값을 반환하는 그룹 함수를 고르시오.

> GROUP BY CUBE(DEPTNO, JOB);

① GROUP BY ROLLUP(DEPTNO, JOB);
② GROUP BY (DEPTNO, JOB, (DEPT-NO, JOB), ());
③ GROUP BY DEPTNO UNION ALL GROUP BY JOB UNION ALL GROUP BY (DEPTNO, JOB);
④ GROUP BY GROUPING SETS (DEPTNO, JOB, (DEPTNO, JOB), ());

해설 | 그룹 함수 중 CUBE는 CUBE 함수에 제시된 칼럼에 대해서 결합 가능한 모든 집계를 계산한다.

CUBE

GROUPING SETS

63 다음 주어진 테이블에 대해서 아래와 같은 SQL문을 수행하였을 때 반환되는 ROW 값의 수는 무엇인가?

[A]	[B]	[C]
COL1	COL1	COL1
1	4	2
2	5	
3		
4		

> SELECT * FROM A
> UNION SELECT * FROM B
> MINUS SELECT * FROM C;

① 1
② 2
③ 3
④ 4

해설 | 주어진 SQL문에서 앞에 UNION 연산을 수행하면 1, 2, 3, 4, 5가 반환되고 이어서 minus를 수행하면 1, 3, 4, 5가 반환된다.

COL1
1
3
4
5

64 다음 주어진 테이블에서 아래와 같은 결과가 반환되도록 SQL문의 빈칸에 들어갈 올바른 것을 고르시오.

[SQLD_64]

남성의류	여성의류	의류번호
아웃솔더	양말	1
가디건	아웃솔더	2
겨울외투	가디건	3
자켓	겨울외투	4
	자켓	5
숏바지	롱바지	6
양말	숏바지	7

[결과]

남성의류	여성의류	의류번호
	자켓	5
자켓	겨울외투	4
겨울외투	가디건	3
가디건	아웃솔더	2
아웃솔더	양말	1
양말	숏바지	7
숏바지	롱바지	6

```
SELECT * FROM SQLD_64
START WITH (    ㄱ    )
CONNECT BY PRIOR (    ㄴ    );
```

① (ㄱ) 남성의류, (ㄴ) 남성의류 = 여성의류;
② (ㄱ) 여성의류, (ㄴ) 여성의류 = 남성의류;
③ (ㄱ) 여성의류 IS NULL, (ㄴ) 남성의류 = 여성의류;
④ (ㄱ) 남성의류 IS NULL, (ㄴ) 여성의류 = 남성의류;

해설 ㅣ 결괏값에서 남성의류 속성값이 NULL부터 시작하므로 ㄱ. 보기에는 남성의류 IS NULL이 와야 한다. 남성의류를 상위계층, 여성의류를 하위계층으로 하며 각 남성의류별 여성의류값이 계층적으로 조회되므로 ㄴ. 보기에는 여성의류 = 남성의류가 와야 한다.

```
SELECT * FROM SQLD_64
START WITH 남성의류 IS NULL
CONNECT BY PRIOR 여성의류=남성의류;
```

65 다음 주어진 테이블에서 부서코드 100의 상위부서코드를 찾는 SQL문을 만들도록 빈칸을 채워 넣으시오.

[SQLD_65]

부서id	부서코드	상위부서코드
10	50	0
20	100	50
30	150	100
40	200	150
50	250	200

```
SELECT 상위부서코드
FROM SQLD_65
(   ㄱ   ) 부서코드 = 100
(   ㄴ   ) 상위부서코드 = 0
(      ㄷ      ) 부서코드 = 상위부서코드;
```

① ㄱ: WHERE, ㄴ: START,
   ㄷ: CONNECT BY
② ㄱ: WHERE, ㄴ: START WITH,
   ㄷ: CONNECT BY PRIOR
③ ㄱ: WHERE, ㄴ: START,
   ㄷ: CONNECT BY PRIOR
④ ㄱ: WHERE, ㄴ: END WITH,
   ㄷ: CONNECT BY PRIOR

부서코드 100부터 시작하여 상위부서코드를 상위계층, 부서코드를 하위계층으로 하여 각 상위부서코드별 부서코드값이 계층적으로 조회되는데 Where 조건으로 부서코드 = 100에 대한 상위부서코드값이 조회된다. START WITH 문법으로 상위부서코드가 0인 행부터 전개를 시작한다.

이 때 전개가 시작되는 행을 "기준행", 나머지 비교할 행들을 "나머지행" 이라고 한다면, 전개시 CONNECT BY 절에서 PRIOR가 붙은 부분은 기준행, 반대편을 나머지행으로 이해를 하면 쉽다.

예를 들어 전개를 시작하는 행이 상위부서코드가 0인 행이라면, PRIOR 부서코드 = 상위부서코드의 의미는 기준행의 100(부서코드)가 비교할 나머지 행들의 상위부서코드가 일치하면 전개를 하는 의미이다.

전개가 완료되면 그 다음 계층에서 똑같이 반복을 통해 계층 전개를 하게 되고, 전개가 완료된 후에 WHERE 절을 통해 필터링이 적용된다. 이 때 부서코드가 100인 행의 상위부서코드는 50이 된다.

```
SELECT 상위부서코드
FROM SQLD_65
WHERE 부서코드 = 100
START WITH 상위부서코드 = 0
CONNECT BY PRIOR 부서코드 = 상위
부서코드
```

[결과]

	COL1
▶	50

66 다음 주어진 테이블에서 아래의 SQL문과 다른 값을 반환하는 SQL문을 고르시오.

[SQLD_66]

COL1	COL2
x	y
가	나
A	B
다	라
a	b
1	2

select * from SQLD_66 where (COL1, COL2) in (('x', 'y'), ('가', '나'));

① select * from SQLD_66 where (COL1= 'x' and COL2= '가') or (COL1= 'y' and COL2= '나');

② select * from SQLD_66 where (COL1 = 'x' and COL2 = 'y') or (COL1 = '가' and COL2 = '나');

③ select * from SQLD_66 where not (COL1, COL2) in (('A', 'B'),('다', '라'),('a', 'b'),('1', '2'));

④ select * from SQLD_66 where (COL1 = 'x' or COL1 = '가') and (COL2 = 'y' or COL2 = '나');

해설 | 위의 SQL문은 COL1과 COL2 값으로 각각 (x, y) , (가, 나)를 갖는 행들이 반환되지만 ①번은 COL1과 COL2 값으로 각각 (x, 가), (y, 나) 값을 갖는 행들이 반환한다.

①번을 위의 SQL문과 동일한 결괏값을 반환하도록 하려면 ②번과 같이 select * from SQLD_66 where (COL1 = 'x' and COL2 = 'y') or (COL1 = '가' and COL2 = '나');로 변경시킨다.

주어진 SQL문을 수행한 결괏값

```
SELECT * FROM SQLD_66
WHERE (COL1, COL2) IN (('x', 'y'), ('가',
'나'))
```

	COL1	COL2
▶	X	Y
	가	나

67 다음 주어진 테이블에서 아래와 같은 결괏값을 반환하는 SQL문을 고르시오.

[SQLD_67]

반	이름
1	꿍쥐
1	꿍쥐
1	꿍쥐
2	소태
2	룰라
3	소희
3	소희

[결과]

반	결괏값
1	1
2	2
3	1

①
```
select 반,
count(*) AS "결괏값"
from SQLD_67
group by 반;
```

②
```
select 반,
count(1) AS "결괏값"
from SQLD_67
GROUP BY 반;
```

③
```
select 반,
count(distinct 이름) AS "결괏값"
from SQLD_67
group by 반;
```

④
```
select
count(case when 반=1 then 1 end) as
"결괏값"
count(case when 반=2 then 1 end) as b,
count(case when 반=3 then 1 end) as c
from SQLD_67;
```

해설 | ③번에서 주어진 테이블을 '반' 속성별로 그룹화한 다음 각 '반' 속성별 행의 수를 count하는데 distinct 인자로 중복되는 이름값은 제외하고 count를 수행하여 결괏값과 같이 반환된다.

68 다음 주어진 테이블에서 아래와 같은 결괏값을 반환하도록 아래의 SQL문의 빈칸에 들어갈 올바른 것을 고르시오.

[SQLD_29]

이름	부서	직책	급여
'조조'	'경영지원부'	'부장'	300
'유비'	'경영지원부'	'과장'	250
'제갈량'	'인사부'	'대리'	250
'사마의'	'인사부'	'대리'	200
'관우'	'영업부'	'사원'	150
'장비'	'영업부'	'사원'	100

[결과]

순위	이름	부서	직책	급여
1	조조	경영지원부	부장	300
2	유비	경영지원부	과장	250
2	제갈량	인사부	대리	250
3	사마의	인사부	대리	200
4	관우	영업부	사원	150
5	장비	영업부	사원	100

```
SELECT (        ) OVER (ORDER BY 급여
desc) as 순위,
이름, 부서, 직책, 급여
FROM SQLD_29;
```

① RANK()
② NTILE()
③ ROW_NUMBER()
④ DENSE_RANK()

그룹 내 순위 함수

1) RANK() : 레코드 단위로 순차적으로 순위를 부여하며 같은 값에 대해서는 동일한 순위를 부여하고 중복된 순위 다음에는 해당 개수만큼 건너뛴 다음 순위를 부여한다.
2) ROW_NUMBER() : 레코드 단위로 동일한 값이라도 매번 새로운 순위를 부여한다.
3) DENSE_RANK() : 중복된 순위 다음에는 바로 다음 순위를 부여한다.

69 다음 주어진 테이블에서 SELECT문을 수행하였을 때 결괏값으로 다른 것을 고르시오.

[A]

COL1
NULL
0
NULL
0
NULL

① select case A.COL1 when null then −1 else 0 end as C1 from A;
② select case when A.COL1 is null then −1 else 0 end as C2 from A;
③ select decode(A.COL1, null, −1, A.COL1) as C3 from A;
④ select nvl(A.COL1, −1) as C4 from A;

①번 결과

	C1
▶	0
	0
	0
	0
	0

②번 결과

	C2
▶	−1
	0
	−1
	0
	−1

③번 결과

	C3
▶	−1
	0
	−1
	0
	−1

④번 결과

	C4
▶	−1
	0
	−1
	0
	−1

70 주어진 테이블에서 아래와 같은 결괏값을 반환하는 SQL문을 고르시오.

[SQLD_70]

회원번호	주문일자	주문금액
100	20181101	10000
100	20181102	20000
100	20181103	30000
101	20181101	10000
101	20181102	20000
101	20181110	15000
101	20181201	18000
104	20181201	5000
104	20181103	1000

[결과]

회원번호	주문일자	주문금액
101	20181102	20000
101	20181201	18000
101	20181110	15000
101	20181101	10000

① select * from SQLD_70 order by 주문금액 desc;
② select * from SQLD_70 where 회원번호 = 101 order by 주문금액 desc;
③ select * from SQLD_70 where 회원번호 = 101 order by 주문금액;
④ select * from SQLD_70 where 회원번호 = 101;

해설 ┃ 위의 결과값은 주어진 SQLD_70 테이블에서 회원번호 = 101에 해당하는 ROW들을 먼저 선택한 후 선택된 ROW에 대해서 주문금액을 기준으로 내림차순 정렬한 것이다.

71 다음 주어진 테이블에서 아래의 SQL문을 수행하였을 때의 결괏값으로 올바른 것을 고르시오.

[SQLD_71]

COL1	COL2	COL3
1	null	1
2	10	13
2	10	12

select * from SQLD_71 order by COL1 desc, COL2 desc, COL3 desc;

①

COL1	COL2	COL3
1	null	1
1	10	12
2	10	13

②

COL1	COL2	COL3
2	null	13
2	10	12
1	10	1

③

COL1	COL2	COL3
2	10	13
2	10	12
1	null	1

④

COL1	COL2	COL3
2	10	1
2	10	12
1	null	13

해설 ┃ 해당 SQL문은 주어진 테이블인 SQLD_71에서 COL1, COL2, COL3 속성 순서대로 내림차순 정렬을 수행한다. 그래서 먼저 COL1에 대해서 내림차순 정렬을 수행하고 같은 COL1 값에 대해서는 COL2의 내림차순 정렬을 수행하고 같은 COL2 값에 대해서는 COL3을 기준으로 내림차순 정렬한다.

72 다음 주어진 테이블에 대해서 아래와 같은 결과값이 반환되도록 아래 SQL문의 빈칸에 들어갈 것을 고르시오.

[SQLD_72]

COL1	COL2	COL3
null	0	30
0	null	0
10	20	null
11	21	31
12	22	32

[결과]

A	B	C
12	0	33

```
select
(      ) AS A,
(      ) AS B,
(      ) AS C
from SQLD_72;
```

① max(COL2), min(COL2), sum(COL1)
② max(COL1), min(COL2), sum(COL2)
③ max(COL1), min(COL2), sum(COL1)
④ min(COL1), max(COL2), max(COL1)

해설 | A 속성은 COL1의 최댓값, B 속성은 COL2의 최솟값, C 속성은 COL1 속성의 합이다.

73 아래의 결괏값을 보고 SQL문의 빈칸에 들어갈 수 있는 내용을 고르시오.

[결과]

DEPTNO	JOB	SUM(SAL)
10	CLERK	1300
10	MANAGER	2450
10		3750
20	CLERK	1900
20	ANALYST	6000
20	MANAGER	2975
20		10875
		14625

```
SELECT DEPTNO, JOB, SUM(SAL)
FROM SQLD_73
GROUP BY (      );
```

① ROLLUP(DEPTNO, JOB)
② GROUPING SETS(DEPTNO, JOB)
③ DEPTNO, JOB
④ CUBE(DEPTNO, JOB)

해설 | 주어진 결괏값을 보면
1. DEPTNO별 합계, 2. DEPTNO, JOB별 합계, 3. 전체 합계가 조회되므로 빈칸에는 그룹 함수 중 ROLLUP이 와야 한다.

74 다음 SQL문의 실행 결과로 올바른 것을 고르시오.

DEPARTMENT_ID
NULL
10
20
30
40
50
220
230

```
SELECT DISTINCT DEPARTMENT_ID
FROM HR.EMPLOYEES A
WHERE A.DEPARTMENT_ID <= ALL (30,50);
```

① 10,20
② 10,20,30
③ 10,20,30,40
④ 10,20,30,40,50

해설 | ALL 연산자는 서브쿼리(Subquery) 값 모두가 조건에 만족하면 True를 반환한다.

테이블 생성

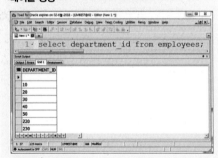

ALL 조건의 실행

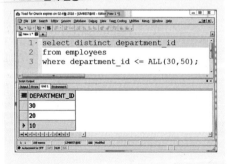

75 아래와 같은 테이블에 데이터가 있다. 각 SQL에 대한 결괏값이 잘못된 것은?

TABLE SQL_21_01		TABLE SQL_21_02	
N1	V1	N1	V1
1	A	1	A
2		2	
3	B	3	B
4	C		

① SELECT * FROM SQL_21_01 WHERE V1 IN (SELECT V1 FROM SQL_21_02);

N1	V1
1	A
3	B

② SELECT * FROM SQL_21_01 WHERE V1 NOT IN (SELECT V1 FROM SQL_21_02);

N1	V1
4	C

③ SELECT * FROM SQL_21_01 A WHERE EXISTS (SELECT 'X' FROM SQL_21_02 B WHERE A.V1 = B.V1);

N1	V1
1	A
3	B

④ SELECT * FROM SQL_21_01 A WHERE NOT EXISTS (SELECT 'X' FROM SQL_21_02 B WHERE A.V1 = B.V1);

N1	V1
2	
4	C

해설 | NOT 조건이므로 NULL 연산이 Unknown으로 처리되어 True로 반환되는 현상이 나타난다. 먼저, ①번 예문을 실행하면 다음과 같다.

IN 조건의 실행

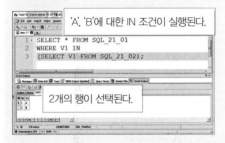

NOT IN

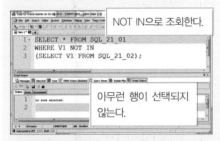

테스트 테이블 생성

```
create table SQL_21_01(
N1 number,
V1 varchar2(10));

insert into SQL_21_01 values(1,'A');
insert into SQL_21_01 values(2,NULL);
insert into SQL_21_01 values(3,'B');
insert into SQL_21_01 values(4,'C');

create table SQL_21_02(
N1 number,
V1 varchar2(10));

insert into SQL_21_02 values(1,'A');
insert into SQL_21_02 values(2,NULL);
insert into SQL_21_02 values(3,'B');
```

76 아래의 계층형 SQL에서 리프 데이터이면 1, 그렇지 않으면 0을 출력하고 싶을 때 사용하는 키워드로 알맞은 것은?

```
SELECT LEVEL,
LPAD(' ',4 * (LEVEL −1) || EMPNO,
MGR, ( ) AS ISLEAF FROM SCOTT.EMP
START WITH MGR IS NULL
CONNECT BY PRIOR EMPNO = MGR;
```

① CONNECT_BY_ISLEAF
② CONNECT_BY_ISCYCLE
③ SYS_CONNECT_BY_PATH
④ CONNECT_BY_ROOT

해설 | **CONNECT BY 키워드**

키워드	설명
LEVEL	검색 항목의 깊이를 의미한다. 즉, 계층구조에서 가장 상위 레벨이 1이 된다.
CONNECT_BY_ROOT	계층구조에서 가장 최상위 값을 표시한다.
CONNECT_BY_ISLEAF	계층구조에서 가장 최하위를 표시한다.
SYS_CONNECT_BY_PATH	계층구조의 전체 전개 경로를 표시한다.
NOCYCLE	순환구조가 발생 지점까지만 전개한다.
CONNECT_BY_ISCYCLE	순환구조 발생 지점을 표시한다.

Connect by

77 아래와 같은 테이블 TAB1, TAB2가 있을 때 아래 SQL의 결과 건수를 알맞게 나열한 것은?

TAB1	COL1	COL2	KEY1
	BBB	123	B
	DDD	222	C
	EEE	233	D
	FFF	143	E

TAB2	KEY2	COL1	COL2
	A	10	BC
	B	10	CD
	C	10	DE

SELECT * FROM TAB1 A INNER JOIN TAB2 B ON (A.KEY1 = B.KEY2);

SELECT * FROM TAB1 A LEFT OUTER JOIN TAB2 B ON (A.KEY1 = B.KEY2);

SELECT * FROM TAB1 A RIGHT OUTER JOIN TAB2 B ON (A.KEY1 = B.KEY2);

SELECT * FROM TAB1 A FULL OUTER JOIN TAB2 B ON (A.KEY1 = B.KEY2);

SELECT * FROM TAB1 A CROSS JOIN TAB2 B;

① 2, 4, 3, 5, 12
② 2, 4, 5, 3, 12
③ 2, 3, 4, 5, 12
④ 2, 4, 3, 7, 12

해설 | TAB1 테이블에는 행이 4개, TAB2 테이블에는 행이 3개가 있다. KEY 칼럼을 사용해서 INNER JOIN 을 하면 같은 것만 찾는다. 따라서 TAB1과 TAB2 테이블의 KEY 칼럼에서 'B'와 'C'가 같기 때문에 2개의 행이 출력된다.

INNER JOIN

INNER JOIN으로 총 2건이 출력된다.

LEFT OUTER JOIN은 INNER JOIN을 하고 왼쪽 테이블에 있는 것도 모두 출력한다. 그래서 INNER JOIN으로 2개의 행이 출력되었다. 그리고 왼쪽에 테이블이 TAB1이고 TAB1의 데이터 중 INNER JOIN으로 출력된 2건 이외에도 2건이 더 있다. 따라서 나머지 행도 출력하는데 이것이 LEFT OUTER JOIN이다. 결과적으로 총 4건의 행이 출력된다.

LEFT OUTER JOIN

LEFT OUTER JOIN으로 총 4건이 출력된다.

RIGHT OUTER JOIN은 기준이 되는 테이블이 오른쪽에 있는 테이블이 되므로 TAB2가 된다. TAB2는 총 3건의 행이 있으므로 RIGHT OUTER JOIN의 총 결과는 3건이 된다.

RIGHT OUTER JOIN

RIGHT OUTER JOIN으로 총 3건이 출력된다.

FULL OUTER JOIN은 두 개의 테이블 모두를 OUTER JOIN 한다. 그래서 INNER JOIN의 결과 2건과 TAB1의 테이블 2건, TAB2에 1건을 모두 출력해서 총 5건이 된다.

FULL OUTER JOIN

FULL OUTER JOIN으로 총 5건이 출력된다.

CROSS JOIN은 조인 키가 없이 조인을 실행한다. 그 래서 TAB1의 행 4건과 TAB2의 행 3건을 조인해서 4*3=12건이 출력된다.

CROSS JOIN

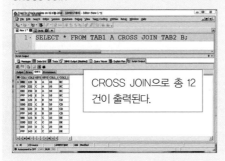

CROSS JOIN으로 총 12 건이 출력된다.

테스트 테이블 및 데이터 생성

```
Create table TAB1(
  COL1 varchar2(10),
  COL2 number(10),
  KEY1 varchar2(10)
);

insert into TAB1 values('BBB', 123, 'B');
insert into TAB1 values('DDD', 222, 'C');
insert into TAB1 values('EEE', 233, 'D');
insert into TAB1 values('FFF', 143, 'E');

Create table TAB2(
  KEY2 varchar2(10),
  COL1 number(10),
  COL2 varchar2(10)
);

insert into TAB2 values('A', 10, 'BC');
insert into TAB2 values('B', 10, 'CD');
insert into TAB2 values('C', 10, 'DE');
```

78 아래 SQL에서 출력되는 ROWS의 개수를 구 하시오.

[EMP TABLE]

DEPTNO	JOB	SAL
20	CLERK	800
30	SALESMAN	1600
30	SALESMAN	1250
20	MANAGER	2975
30	SALESMAN	1250
30	MANAGER	2850
10	MANAGER	2450
20	ANALYST	3000
10	PRESIDENT	5000
30	SALESMAN	1500
20	CLERK	1100
30	CLERK	950
20	ANALYST	3000
10	CLERK	1300

[DEPT TABLE]

DEPTNO	DNAME
10	ACCOUNTING
20	RESEARCH
30	SALES
40	OPERATIONS

```
SELECT DNAME,JOB, COUNT(*) "Total
Emp", SUM(SAL) "Total Sal"
FROM SCOTT.EMP A, SCOTT.DEPT B
WHERE A.DEPTNO = B.DEPTNO
GROUP BY CUBE(DNAME,JOB);
```

① 10건
② 14건
③ 18건
④ 20건

해설 | DEPTNO로 조인을 하고 DNAME과 JOB으로 CUBE를 실행했다. CUBE는 전체합계와 각 칼럼별로 부분합계를 출력한다.

SQL 실행

CUBE는 입력된 칼럼들의 모든 조합으로 집계를 출력한다. 예를 들어 CUBE(A,B)는 A, B, (A,B), ( )로 집계한다.

출력 데이터 분석

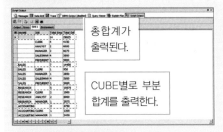

테스트 테이블 및 데이터 생성

```
Create table DEPT(
  deptno number(10),
  dname  varchar2(20)
);

insert into DEPT values(10, 'ACCOUNT-
ING');
insert into DEPT values(20, 'RE-
SEARCH');
insert into DEPT values(30, 'SALES');
insert into DEPT values(40, 'OPERA-
TIONS');

Create table EMP(
  deptno number(10),
  job    varchar2(20),
  sal    number(10)
);
```

```
insert into EMP values(20, 'CLERK', 800);
insert into EMP values(30, 'SALESMAN',
1600);
insert into EMP values(30, 'SALESMAN',
1250);
insert into EMP values(20, 'MANAGER',
2975);
insert into EMP values(30, 'SALESMAN',
1250);
insert into EMP values(30, 'MANAGER',
2850);
insert into EMP values(10, 'MANAGER',
2450);
insert into EMP values(20, 'ANALYST',
3000);
insert into EMP values(30, 'PRESIDENT',
5000);
insert into EMP values(30, 'SALESMAN',
1500);
insert into EMP values(20, 'CLERK', 1100);
insert into EMP values(30, 'CLERK', 950);
insert into EMP values(20, 'ANALYST',
3000);
insert into EMP values(10, 'CLERK', 1300);
```

79 다음 중 아래 테이블 정의와 인덱스 구조를 참고하여, 인덱스를 효율적으로 액세스할 수 없는 검색조건을 고르시오.

```
create table 주문 (
    주문번호      int           not null,
    주문자명      varchar(40)   null,
    주문금액      money         null,
    주문일자      varchar(8)    null );

create unique index 주문_pk on 주문 (주문번호);
create index 주문_ind11 on 주문 (주문자명);
create index 주문_ind12 on 주문 (주문일자, 주문금액);
```

① where 주문번호 between 1 and 10
② where 주문자명 like '%홍길동%'
③ where 주문일자 >= '20181201'
④ where 주문일자 = '20181201'

해설 | ②번은 LIKE 검색 문자열 앞뒤에 모두 '%' 기호를 붙였으므로 정상적인 Index Range Scan이 불가능하다.

80 각각 학생과 학과의 정보를 저장하는 릴레이션 student와 department가 있다고 가정하자. 이때 "2명 이상의 학생을 갖는 학과에 대해 성적(score) 평균이 80 이상인 학과의 학과코드(dno), 학과명(dname), 학생수를 검색하시오"라는 질의를 SQL문으로 바르게 표현한 것은?

[student]

sno	sname	address	score	dno
100	HONG	Seoul	05	100
300	LEE	Busan	90	200
200	KIM	Jeju	85	100
500	HONG	Busan	95	300
400	SON	Seoul	80	300

[department]

dno	dname
100	computer
200	electronics
300	MIS

① SELECT d.dno, d.dname, count(*)
FROM student s, department d
WHERE s.dno = d.dno and avg(score) >= 80
GROUP BY d.dno, d.dname
HAVING count(*) >= 2;

② SELECT d.dno, d.dname, count(*)
FROM student s, department d
WHERE s.dno = d.dno
GROUP BY d.dno, d.dname
HAVING count(*) >= 2 and avg(score) >= 80;

③ SELECT d.dno, d.dname, count(*)
FROM student s, department d
WHERE s.dno = d.dno and
s.dno = (SELECT dno FROM student
GROUP BY dno
HAVING avg(score) >= 80)
GROUP BY d.dno, d.dname;

④ SELECT d.dno, d.dname, count(*)
FROM student s, department d
WHERE s.dno = d.dno and
dno IN (SELECT dno, dname
FROM student
GROUP BY dno
HAVING avg(score) >= 80)
GROUP BY d.dno, d.dname;

WHERE절에 집계함수를 사용할 수 없다.

WHERE절에 avg()를 사용해서 오류 발생

```
SELECT d.dno, d.dname, count(*)
FROM student s, department d
WHERE s.dno = d.dno
and avg(score) >= 80
GROUP BY d.dno, d.dname
HAVING count(*) >= 2;
```

서브쿼리가 멀티 행(Multi Row)을 리턴(Return)하기 때문에 "=" 절로 받을 수가 없다.

멀티 행 서브쿼리

```
SELECT d.dno, d.dname, count(*)
FROM student s, department d
WHERE s.dno = d.dno and
s.dno = (SELECT dno
        FROM student
        GROUP BY dno
        HAVING avg(score) >= 80)
GROUP BY d.dno, d.dname;
```

GROUP BY에서 dno가 어느 테이블의 칼럼인지 알 수가 없다.

GROUP BY 오류

```
SELECT d.dno, d.dname, count(*)
FROM student s, department d
WHERE s.dno = d.dno and dno IN
  (SELECT dno, dname FROM student
  GROUP BY dno
  HAVING avg(score) >= 80)
GROUP BY d.dno, d.dname;
```

81 다음 중 인덱스를 사용할 수 없는 조건에 해당되지 않는 것은?

① 인덱스가 사용되는 칼럼에 NVL(Key, 0)을 사용했다.

② 인덱스가 사용되는 칼럼에 to_char(vintagedate, 'yyyymmdd') = sysdate를 사용했다.

③ 인덱스가 사용되는 칼럼에 vintageyear = to_char(sysdate, 'yyyy')를 사용했다.

④ 인덱스가 사용되는 칼럼에 name||'' = 'lim'을 사용했다.

해설 ┃ ③번의 경우 sysdate를 to_char() 함수를 사용해서 vintageyear로 형변환을 수행했기 때문에 vintageyear가 형변환이 발생하지 않는다. 그래서 인덱스를 사용할 수 있다.

인덱스 실행

SQL문	Index를 사용할 수 없는 이유
NVL(Key, 0)	– NVL() 함수로 NULL 값을 검사하였다. – 따라서 Key 칼럼의 인덱스를 사용할 수가 없다.
to_char(vintagedate, 'yyyymmdd') = sysdate	to_char() 함수로 인덱스 키 칼럼을 형변환하면 인덱스를 사용할 수가 없다.
name||'' = 'lim'	"||"는 문자열을 결합하는 것으로 name의 인덱스를 변경하였으므로 인덱스를 사용할 수가 없다.

82 사원 테이블에 사원번호는 기본키로 설정되어 있다. SQL문으로 사원번호 1번을 검색하는데 사원 테이블에는 하나의 ROW만 저장되어 있다. 이때 유리한 스캔 방식은 무엇으로 판단되는가?

① Unique Index Scan
② Non-Unique Index Scan
③ Index Full Scan
④ Table Full Scan

해설 | 하나의 데이터(행)를 읽기 위해서는 인덱스를 사용하지 않고 테이블을 FULL SCAN하는 것이 효율적이다. 즉, 검색되는 행이 1건이므로 굳이 인덱스를 읽지 않고 바로 테이블을 검색해야 한다.

SQL FULL SCAN

83 다음 중 해시 조인(Hash Join)에 대한 설명으로 올바르지 않은 것은?

① 해시 조인은 해시 함수를 사용해서 주소를 계산하고 조인을 수행한다.
② 해시 조인을 할 때는 선행 테이블의 크기가 작아야 한다.
③ 해시 조인은 CPU 연산이 많이 발생한다.
④ 해시 조인은 랜덤 액세스(Random Access)로 인하여 부하가 발생한다.

해설 | 해시 조인은 해시 함수를 사용하므로 CPU를 많이 사용하지만, 랜덤 액세스는 발생하지 않는다. 랜덤 액세스는 Nested Loop 조인이 발생한다.

84 Nested Loop 방식의 조인 절차로 옳은 것을 고르시오.

(1) 인덱스에서 추출한 레코드 식별자를 이용하여 후행 테이블을 액세스한다.
(2) 선행 테이블의 조인 키를 가지고 후행 테이블에 조인 키가 존재하는지 찾으러 가서 조인을 시도한다.
(3) 후행 테이블의 인덱스에 선행 테이블의 조인 키가 존재하는지 확인한다.
(4) 선행 테이블에서 조건을 만족하는 첫 번째 행을 찾는다.

① (1) → (2) → (4) → (3)
② (3) → (2) → (1) → (4)
③ (4) → (2) → (3) → (1)
④ (4) → (3) → (2) → (1)

해설 | **Nested Loop**
(1) 선행 테이블에서 조건을 만족하는 첫 번째 행을 찾는다.
(2) 선행 테이블의 조인 키를 가지고 후행 테이블에 조인 키가 존재하는지 찾으러 가서 조인을 시도한다.
(3) 후행 테이블의 인덱스에 선행 테이블의 조인 키가 존재하는지 확인한다.
(4) 인덱스에서 추출한 레코드 식별자를 이용하여 후행 테이블을 액세스한다.

Nested Loop 실행

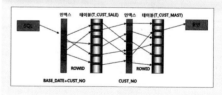

85 Sort Merge 방식의 조인이 Nested Loop 방식 조인보다 효율적으로 판단되는 것을 고르시오.

① 기본키와 외래키 관계에서 외래키에 인덱스가 없을 때
② 사용자가 발주한 주문에 대해서 체결 정보 한 건을 확인할 때
③ 병렬로 테이블을 읽고 SORT_AREA_SIZE가 작은 경우
④ Random Access가 자주 발생하지 않을 때

해설 | Sort Merge 방식의 조인은 두 개의 테이블을 Sort 한 후에 Merge를 한다. Merge가 완료되면 한 번의 Full Scan으로 데이터를 검색한다. 따라서 기본키와 외래키 관계에서 외래키에 인덱스가 없을 때 옵티마이저가 Sort Merge 방식의 조인으로 동작하게 한다.

USE_MERGE Hint를 사용해서 Sort Merge Join 확인

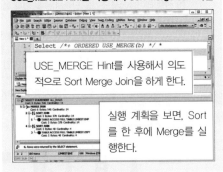

USE_MERGE Hint를 사용해서 의도적으로 Sort Merge Join을 하게 한다.

실행 계획을 보면, Sort를 한 후에 Merge를 실행한다.

86 다음 SELECT문에서 TABLE을 탐색하지 않고 Fetch 하려고 한다. INDEX 생성문으로 올바른 것을 고르시오.

Select empno, ename from emp where empno = 1;

① Create index ind_emp on emp (empno);
② Create index ind_emp on emp (empno, deptno);
③ Create table emp_test (empno varchar2(20) primary key, ename varchar2(50)) organization index;
④ Create Index ind_emp on emp (empno, empname) organization index;

해설 | 테이블을 참조하지 않는 인덱스를 생성해야 한다. 즉, 인덱스의 Key가 Fetch하는 추출의 칼럼으로 이루어진 인덱스로 IOT(Index-Organized Table)를 의미한다.

IOT(Index-Organized Table)

IOT를 생성한다.

IOT에 대한 정보는 DBMS Dictionary에서 user_tab_columns, user_indexes를 조인해서 정보를 알 수 있다.

DBMS Dictionary에서 IOT 확인하기

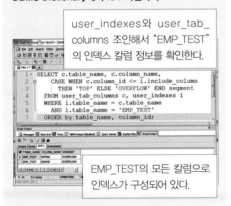

user_indexes와 user_tab_columns 조인해서 "EMP_TEST"의 인덱스 칼럼 정보를 확인한다.

EMP_TEST의 모든 칼럼으로 인덱스가 구성되어 있다.

emp_test 테이블을 FULL SCAN 하면 TABLE FULL SCAN이 아니라 INDEX FAST FULL SCAN이 나오는 것을 확인할 수 있다.

IOT를 SELECT 해보기

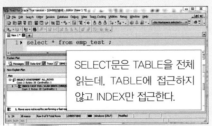

SELECT문은 TABLE을 전체 읽는데, TABLE에 접근하지 않고 INDEX만 접근한다.

87 다음 중 자신과 성별이 같은 부양가족을 가진 직원의 이름을 검색하는 질의를 SQL로 적절하게 표현한 것을 고르시오.

① SELECT E.이름
FROM 직원 AS E
WHERE E.직원번호 LIKE (SELECT 직원번호 FROM 부양가족 WHERE E.성별 = 성별);

② SELECT E.이름
FROM 직원 AS E WHERE NOT EXISTS (SELECT * FROM 부양가족 WHERE E.직원번호 = 직원번호);

③ SELECT E.이름
FROM 직원 AS E
WHERE EXISTS (SELECT * FROM 부양가족 WHERE E.직원번호 = 직원번호 AND E.성별 = 성별);

④ SELECT E.이름
FROM 직원 AS E
WHERE NOT EXISTS (SELECT * FROM 부양가족 WHERE E.직원번호 = 직원번호 AND E.성별 = 성별);

해설 |
① LIKE 문이 IN으로 변경된다. 하지만 ①번은 오류이다.
② 부양가족이 존재하지 않는 직원 이름을 조회한다.
④ 부양가족이 존재하지 않고 성별이 같은 직원 이름을 조회한다.

다중 행 쿼리 기법 : all, any
• all : 서브쿼리의 결괏값 중 모든 값이 만족되어야 결과값을 반환한다.
• any : 서브쿼리의 결괏값 중 어느 하나의 값이라도 만족이 되면 결괏값을 반환한다.

88 주식의 정보를 조회하는 프로그램이 있다. 이 때, 일자(BASE_DATE)와 종가(LAST_JUKA), 전일대비(DEBI_VAL)를 출력하는 SQL문으로 올바른 것을 고르시오.

[결과]

BASE_DATE	LAST_JUKA	DEBI_VAL
20230105	635.99	−39.18
20230106	596.81	−49.6
20230107	547.21	12.18

[기초 데이터]

```
SELECT BASE_DATE, LAST_JUKA
FROM TEST_A A;

BASE_DATE          LAST_JUKA
―――――――――――――――――――――――
20230104           638.86
20230105           635.99
20230106           596.81
20230107           547.21
20230108           559.39
```

①
```
SELECT  A.BASE_DATE,
        A.LAST_JUKA,
        B.LAST_JUKA−A.LAST_JUKA DEBI_VAL
FROM
(SELECT ROWNUM ROW1,
        BASE_DATE,
        LAST_JUKA
FROM TEST_A
) a,
(SELECT ROWNUM ROW1,
        BASE_DATE,
        LAST_JUKA
FROM TEST_A
WHERE BASE_DATE > '20230104'
) b
WHERE A.ROW1 = B.ROW1;
```

②
```
SELECT  A.BASE_DATE,
        A.LAST_JUKA
FROM
(SELECT ROWNUM ROW1,
        BASE_DATE,
        LAST_JUKA
FROM TEST_A
) a,
(SELECT ROWNUM ROW1,
        BASE_DATE,
        LAST_JUKA
FROM TEST_A
WHERE BASE_DATE > '20230104'
) b
WHERE A.ROW1 = B.ROW1
AND A.BASE_DATE > '20230104';
```

③
```
SELECT  A.BASE_DATE,
        A.LAST_JUKA,
        B.LAST_JUKA−A.LAST_JUKA  DEBI_VAL
FROM
(SELECT ROWNUM ROW1,
        BASE_DATE,
        LAST_JUKA
FROM TEST_A
) a,
(SELECT ROWNUM ROW1,
        BASE_DATE,
        LAST_JUKA
FROM TEST_A
WHERE BASE_DATE > '20230104'
) b
WHERE A.BASE_DATE > '20230104';
```

④
```
SELECT  A.BASE_DATE,
            A.LAST_JUKA,
        B.LAST_JUKA-A.LAST_JUKA DEBI_VAL
FROM
(SELECT ROWNUM ROW1,
            BASE_DATE,
            LAST_JUKA
FROM TEST_A
) a,
(SELECT ROWNUM ROW1,
            BASE_DATE,
            LAST_JUKA
FROM TEST_A
WHERE BASE_DATE > '20230104'
) b
WHERE A.ROW1 = B.ROW1
AND A.BASE_DATE > '20230104';
```

해설 | LAG 및 LEAD 함수를 사용하지 않고 이전 행과 다음 행의 값을 구하는 SQL문이다. 만약 LAG 함수와 LEAD 함수를 사용한다면 좀 더 쉽게 SQL문을 작성할 수가 있다. LAG 함수는 이전 행의 값을 구하고 LEAD 함수는 다음 행의 값을 구한다.

ROWNUM을 사용해서 조인을 한다.
즉, 현재일, 이전일, 현재가, 전일가가
존재하는 행으로 변환된다.

89 다음 중 홍길동 사용자에게 아래의 작업을 실행할 수 있도록 권한을 부여한 것으로 올바른 것은 무엇인가?

Update emp set sal=1000
where deptno=100;

① grant select, update on emp to 홍길동;
② grant select, update on emp;
③ revoke select, update on emp;
④ grant create table on 홍길동 on emp;

해설 | Grant는 권한을 부여하는 SQL문이고 Revoke는 권한을 삭제하는 SQL문이다. Grant구의 문법은 'Grant 권한 on 테이블 to 사용자'이다.

권한 부여

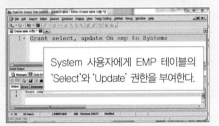

System 사용자에게 EMP 테이블의 'Select'와 'Update' 권한을 부여한다.

DBA_ROLE_PRIVS Dictionary를 확인해서 데이터베이스 사용자에게 부여된 Role을 확인할 수 있다.

사용자에게 부여된 롤(Role) 확인

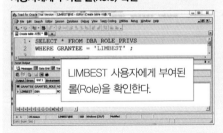

LIMBEST 사용자에게 부여된 롤(Role)을 확인한다.

90 다음 SQL문에 대한 설명으로 올바른 것은?

```
SELECT *
FROM SQLD_33
WHERE EMP_NAME LIKE 'A%'
```

① 테이블의 EMP_NAME이 A 또는 a로 시작하는 모든 ROW
② 테이블의 EMP_NAME이 A로 시작하는 모든 ROW
③ 테이블의 EMP_NAME이 A로 끝나는 모든 ROW
④ 테이블의 EMP_NAME이 A 또는 a로 끝나는 모든 ROW

해설 | 특정 문자로 시작하는 것을 조회하기 위해서는 LIKE문을 사용해야 한다. 그리고 'A%'는 A로 시작하는 것을 조회한다.

91 릴레이션 'employee'와 'department'에서 다음 SQL 질의문의 수행 결과는?

employee

eno	ename	address	score	dno
10	Hong	서울	80	100
20	Kim	대전	90	200
30	Lee	강릉	90	100
40	Kim	대전	95	200
50	Hong	서울	65	300

department

dno	dname
100	영업
200	개발
300	서비스

```
SELECT e.dno, d.dname, e.ename, e.score
FROM employee e, department d
WHERE e.dno = d.dno and (e.dno, score) IN
          (SELECT dno, max(score)
           FROM employee GROUP BY dno);
```

① {(100, 영업, Lee, 90), (200, 개발, Kim, 95), (300, 서비스, Hong, 65)}
② {(100, 영업, Lee, 90), (200, 개발, Kim, 95)}
③ {(100, 영업, Lee, 90)}
④ {(100, 영업, Hong, 80), (100, 영업, Lee, 90), (200, 개발, Kim, 90), (200, 개발, Kim, 95), (600, null, Hong, 65)}

해설 | 실제 위의 문제에 대해서 테이블을 생성하고 데이터를 입력한다.

테이블 생성 및 데이터 입력

```
Create table employee(
    eno number(10),
    ename varchar2(20),
    address varchar2(100),
    score number(5),
    dno number(3)
);

Create table department(
    dno number(3),
    dname varchar2(20)
);

insert into employee values(10, 'Hong',
'서울', 80, 100);
insert into employee values(20, 'Kim',
'대전', 90, 200);
insert into employee values(30, 'Lee',
'강릉', 90, 100);
insert into employee values(40, 'Kim',
'대전', 95, 200);
insert into employee values(50, 'Hong',
'서울', 65, 300);

insert into department values(100, '영업');
insert into department values(200, '개발');
insert into department values(300, '서비
스');
commit;
```

SELECT문 실행

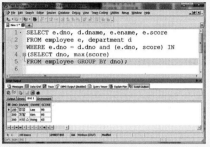

위의 SQL문에서 WHERE절에 있는 서브쿼리만 실행하면 다음과 같다. 즉, DNO와 MAX(SCORE) 값이 {100, 90}, {300, 65}, {200, 95} 이다.

서브쿼리(Subquery) 실행 결과

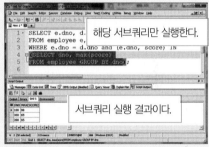

위의 결과에 대해서 "IN"문을 사용해서 조인을 하므로 {(100, 영업, Lee, 90), (200, 개발, Kim, 95), (300, 서비스, Hong, 65)}가 조회된다.

92 다음의 데이터베이스에서 '부양가족을 2명 이상 가진 사원의 사번(eno), 성명(ename), 부양가족 수를 검색'하는 질의를 SQL로 적절하게 표현한 것은?

> employee(eno, ename, adddress, score, dno)
> dependent(eno, ename, birthday, relation)

① SELECT eno, ename, count(*)
  FROM employee e, dependent d
  WHERE e.eno = d.eno and count(*) >= 2
  GROUP BY d.eno;

② SELECT e.eno, e.ename, count(*)
  FROM employee e, dependent d
  WHERE EXISTS (SELECT *
    FROM dependent
    GROUP BY eno
    HAVING count(*) >= 2)
  GROUP BY e.eno, e.ename;

③ SELECT e.eno, e.ename, t.cnt
  FROM employee e,
    (SELECT eno, count(*) as cnt
    FROM dependent GROUP BY
    eno HAVING count (*) >= 2) t
  WHERE e.eno = t.eno;

④ SELECT e.eno, e.ename, count(*)
  FROM employee e, dependent d
  WHERE e.eno = d.eno
  GROUP BY e.eno, e.ename
  HAVING count(*) >= 3;

> 해설 | 위의 문제는 GROUP BY ~ HAVING절을 파악하는 것으로 GROUP BY에 조건을 걸기 위해서는 HAVING절을 사용해야 하며 ①번의 경우 count(*) 조건을 사용하기 위해서 HAVING절을 사용해야 한다. ②번은 서브쿼리 SELECT문에 집계함수가 존재하지 않는다. ④번은 HAVING count(*)의 "3"이 2가 되면 올바르게 실행된다.

93 다음 중 인덱스 튜닝에 대해 잘못 설명하고 있는 것은?

① 인덱스를 경유한 테이블의 Random 액세스 부하가 심할 때, 클러스터 테이블이나 IOT를 활용하는 방안을 고려할 수 있다.

② 인덱스를 경유한 테이블 액세스 횟수가 같더라도 인덱스 구성에 따라 스캔 효율이 달라진다. 따라서 인덱스 스캔 효율을 높이기 위해 인덱스 칼럼 순서를 바꿔야 할 때가 종종 있다.

③ 조건절이 Where deptno = 10 and ename = 'SCOTT'일 때 인덱스를 [deptno + ename] 순으로 구성하나 [ename + deptno] 순으로 구성하나 인덱스 스캔 효율에 차이가 없다.

④ 인덱스 튜닝의 핵심 요소 중 하나는 불필요한 테이블 Random 액세스가 발생하지 않도록 하는 데에 있다. 이를 위해 인덱스 칼럼 순서를 바꿔주는 것도 큰 효과가 있다.

> 해설 | 인덱스 칼럼 순서를 아무리 바꾸어도 테이블 Random 액세스 횟수는 줄지 않는다.

94 다음 테이블에 대한 매출 누적을 구하는 SQL 문을 작성하시오. (윈도우 함수 사용)

[데이터, 테이블명 : 매출]

영업사원	판매월	매출
홍길동	1	1000
홍길동	2	2000
갑순이	1	3000
갑순이	2	2000

[결과]

영업사원	판매월	누적매출
홍길동	1	1000
홍길동	2	3000
갑순이	1	3000
갑순이	2	5000

① Select 영업사원, 판매월, sum(매출) over (partition by 영업사원 order by 판매월 range between unbounded preceding and current row) 누적매출 from 매출;

② Select 영업사원, 판매월, sum(매출) over (partition by 영업사원 order by 판매월 range between unbounded preceding) 누적매출 from 매출;

③ Select 영업사원, 판매월, sum(매출) over (partition by 판매월 range between unbounded preceding and current row) 누적매출 from 매출;

④ Select 영업사원, 판매월, sum(매출) from group by 영업사원, 판매월;

해설 | Select 영업사원, 판매월, sum(매출) over (partition by 영업사원 order by 판매월 range between unbounded preceding and current row) 누적매출 from 매출;
영업사원별 누적 매출이므로 "partition by 영업사원" 을 사용해야 한다. 그리고 unbounded preceding와 current row는 시작부터 현재행까지를 의미한다.

테이블 생성 및 데이터 입력

```
Create table 매출(
    영업사원  varchar2(20),
    판매월    char(1),
    매출      number(5)
);

insert into 매출 values('홍길동','1',1000);
insert into 매출 values('홍길동','2',2000);
insert into 매출 values('갑순이','1',3000);
insert into 매출 values('갑순이','2',2000);
commit;
```

누적 매출액

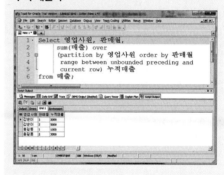

95 다음 SQL문의 실행 결과는 무엇인가?

SELECT COALESCE(NULL, '2', '1') FROM DUAL;

① 1   ② 2
③ 3   ④ NULL

해설 | COALESCE 함수는 NULL이 아닌 첫 번째 값을 리턴하는 함수이다. 즉, 위의 문제에서 첫 번째는 NULL이고 두 번째는 '2'이다. 따라서 '2'가 리턴된다.

SQL문 실행

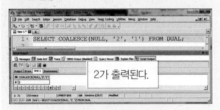

2가 출력된다.

96 다음의 SQL문 실행 결과는 무엇인가?

SELECT * FROM dual WHERE NULL = NULL;

① NULL
② 1
③ X
④ 공집합

해설 | SQL문에서 NULL과 NULL을 비교할 수가 없다. 만약 NULL 값을 조회하려면 is null을 사용해야 하고 NULL이 아닌 것을 조회하려면 is not null을 사용해야 한다.

NULL 비교

NULL과 NULL을 비교하면 공집합을 되돌린다.

아무런 ROW가 나오지 않는다.

NULL 값 조회하기

NULL 값의 조회는 is null을 사용해야 한다.

위의 예에서 NULL이 아닌 것을 조회하려면 "SE-LECT * FROM EMP WHERE mgr is not null"을 사용하면 된다.

97 그룹 내 행 순서 관련 함수에 속하지 않는 함수를 모두 고르시오.

① FIRST_VALUE
② LAST_VALUE
③ RANK
④ LAG

해설 | RANK 함수는 순위를 구하는 윈도우 함수로 행의 순서와는 관련이 없다.

RANK 함수 사용

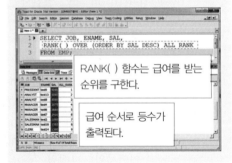

RANK( ) 함수는 급여를 받는 순위를 구한다.

급여 순서로 등수가 출력된다.

98 다음은 윈도우 함수에 대한 설명이다. 현재 행을 기준으로 파티션 내에서 앞의 한 건, 현재행, 뒤의 한 건을 범위를 지정하는 Over의 옵션은?

① ROWS BETWEEN 1 PRECEDING AND 1 FOLLOWING
② RANGE UNBOUNDED PRECEDING
③ ROWS BETWEEN CURRENT ROW AND UNBOUNDED FOLLOWING
④ ROWS BETWEEN 1 AND 2

해설 | 윈도우 함수의 의미는 다음과 같다.

윈도우 함수 구성

윈도우 함수	내용
ROWS	물리적 단위로 행을 지정한다.
RANGE	논리적 주소에 의한 행 집합을 지정한다.
BETWEEN ~ AND	윈도우의 시작과 끝을 지정한다.
UNBOUNDED PRECEDING	윈도우의 시작 위치가 첫 번째 행임을 의미한다.
UNBOUNDED FOLLOWING	윈도우의 마지막 위치가 마지막 행임을 의미한다.
CURRENT ROW	윈도우 시작 위치가 현재 행임을 의미한다.

99 CONNECT BY에 대한 설명으로 맞지 않은 것은?

① CONNECT_BY_ISLEAF는 전개과정에서 LEAF 데이터이면 0, 아니면 1을 가진다.
② CONNECT_BY_ISCYCLE는 ROOT 까지의 경로에 존재하는 데이터를 의미한다.
③ CONNECT_BY_ROOT는 ROOT 노드의 정보를 표시한다.
④ SYS_CONNECT_BY_PATH는 하위 레벨의 칼럼까지 모두 표시한다.

해설 | CONNECT_BY_ISLEAF는 전개과정에서 LEAF 데이터이면 1, 아니면 0을 가진다.

100 그룹 내 순위 관련 WINDOW 함수의 특징으로 올바르지 않은 것을 고르시오.

① RANK 함수는 동일한 값에 대해서는 동일한 순위를 부여한다.
② DENSE_RANK 함수는 RANK 함수와 흡사하며, 동일한 순위를 하나의 건수로 취급한다.
③ RCUMM_RANK 함수는 누적된 순위를 부여한다.
④ RANK 함수가 동일한 값에 대해서는 동일한 순위를 부여하는 데 반해, ROW_NUMBER 함수는 고유한 순위를 부여한다.

해설 | RCUMM_RANK는 존재하지 않는 함수이다.

101 다음은 Order by에 대한 설명이다. 올바르지 않은 것은?

① 기본적으로 정렬순서는 오름차순으로 정렬되지만 DESC를 사용하면 내림차순으로 정렬한다.
② 오름차순으로 숫자형 데이터 타입을 정렬하면 가장 작은 값부터 출력된다.
③ SQL Server에서 오름차순으로 정렬하면 NULL 값이 가장 먼저 나온다.
④ 날짜형 데이터 타입을 오름차순으로 정렬하면 날짜 값이 가장 늦은 날짜가 먼저 출력된다.

해설 | 날짜형 데이터를 오름차순으로 출력하며 다음과 같다. 날짜형 데이터를 출력하기 위해서 sysdate를 사용하고 어제 날짜를 구하기 위해서 sysdate-1을 한다. 이것을 Union all로 합집합을 만든 다음에 Order by로 정렬을 한다.

날짜형 데이터 오름차순 정렬

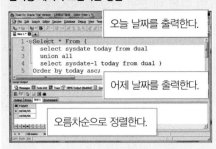

102 CASE문에서 ELSE를 생략하면 어떤 현상이 발생되는가?

① ELSE를 생략하고 작성하면 실행 시 ELSE 조건이 참이 되며 오류가 발생한다.
② ELSE 조건이 만족하게 되면 공집합이 리턴 된다.
③ ELSE 조건을 만족하게 되면 무시된다.
④ ELSE 조건이 만족하게 되면 NULL이 된다.

해설 | CASE문은 IF~THEN~ELSE를 구현할 수 있는 SQL문이다. 즉, 어떤 조건이 참이면 A를 실행하고 그렇지 않으면 B를 실행하라는 것이다. CASE문에서 ELSE 조건을 생략하면 NULL이 되돌려진다.

CASE문

구분	설명
문법	CASE [expression] 　　WHEN condition_1 THEN result_1 　　WHEN condition_2 THEN result_2 　　... 　　WHEN condition_n THEN result_n 　　ELSE result END
예제	SELECT table_name, CASE 　　WHEN owner='SYS' THEN 'The owner is SYS' 　　WHEN owner='SYSTEM' THEN 'The owner is SYSTEM' 　　ELSE 'The owner is another value' END FROM all_tables;

103 다음의 SQL문과 동일한 것을 고르시오.

Select NVL(Name,'없음') From Emp;

① Select Case When Name IS NOT NULL THEN NAME ELSE '0' END AS USER_NAME
   From Emp;

② Select Case When Name IS NOT NULL THEN '0' ELSE NAME END AS USER_NAME
   From Emp;

③ Select Case When Name IS NULL THEN '없음' ELSE NAME END AS USER_NAME
   From Emp;

④ Select Case When Name IS NULL THEN '없음' ELSE '0' END AS US-ER_NAME
   From Emp;

해설 | IS NULL 함수는 만약 NULL이면 "없음"을 출력하고 그렇지 않으면 NAME 칼럼의 값을 출력하는 것이다.

CASE문으로 IS NULL 구현

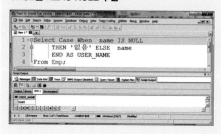

104 우선순위를 계산하는 윈도우 함수에서 동일한 우선순위가 나와도 고유의 값을 부여하기 위한 방법으로 올바른 것은 무엇인가?

① Select RANK( ) OVER (PARTITION BY DEPTNO ORDER BY SAL DESC) DEPT_RANK;

② Select DENSE_RANK( ) OVER (PARTITION BY DEPTNO ORDER BY SAL DESC) DEPT_RANK;

③ Select ROW_NUMBER( ) OVER (PARTITION BY DEPTNO ORDER BY SAL DESC) DEPT_RANK;

④ Select UNIQUE_RANK( ) OVER (PARTITION BY DEPTNO ORDER BY SAL DESC) DEPT_RANK;

해설 | 윈도우 ROW_NUMBER() 함수는 동일한 우선순위가 나올 때 고유 값을 부여한다.

ROW_NUMBER( ) 윈도우 함수

105 서브쿼리의 종류 중에 서브쿼리를 실행하고 한 행, 한 칼럼을 반환하는 서브쿼리를 무엇이라고 하는가?

① Looping
② Scala Subquery
③ Associative Subquery
④ Access Subquery

해설 | 스칼라 서브쿼리(Scala Subquery)는 SELECT문에서 사용하는 서브쿼리로 한 행만 반환한다.

스칼라 서브쿼리 사용

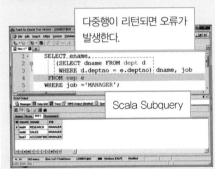

위치에 따른 서브쿼리 명칭

서브쿼리	특징
스칼라 서브쿼리	SELECT문에서 사용하는 서브쿼리로 한 행만 반환한다.
인라인 뷰	FROM절에 있는 서브쿼리를 의미한다.
서브쿼리	WHERE절에 있는 서브쿼리이다.

106 다음의 내용 중에서 ROWNUM을 올바르게 사용하지 않은 것은?

① SELECT ROWNUM, ENAME FROM EMP;
② SELECT EMPNO FROM EMP WHERE ROWNUM=1;
③ SELECT ENAME FROM EMP WHERE ROWNUM=2;
④ SELECT DEPTNO FROM EMP WHERE ROWNUM ⟨ 10;

해설 | ROWNUM은 SELECT문에서 행이 인출될 때 행에 부여되는 일렬번호이다. 만약 ROWNUM을 1, 2, 3, 4 등으로 인출하고 조건에 부여하려면 인라인 뷰를 사용해야 한다.
즉, ③번 지문과 같이 실행하려면 다음과 같이해야 한다.

ROWNUM 사용

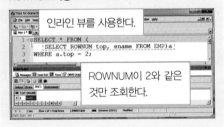

107 Subquery의 종류 중에서 Subquery가 Mainquery의 제공자 역할을 하고 Mainquery의 값이 Subquery에 주입되지 않는 유형은 무엇인가?

① Filter형 Subquery
② Early Filter형 Subquery
③ Associative Subquery
④ Access Subquery

해설 | Access Subquery는 제공자 역할을 하는 서브쿼리이다.

SQL 개선 측면에서 서브쿼리의 종류

서브쿼리	특징
Access Subquery	쿼리의 변형이 없고 제공자의 역할을 하는 서브쿼리이다.
Filter Subquery	쿼리의 변형이 없고 확인자 역할을 하는 서브쿼리이다.
Early Filter Subquery	쿼리의 변형이 없고 서브쿼리가 먼저 실행하여 데이터를 걸러낸다.

108 다음 중에서 집합 연산자의 종류에 해당되지 않은 것을 고르시오.

① Union all
② Union
③ Project
④ Except

해설 | 집합 연산자(SET OPERATOR)는 두 개 이상의 테이블에서 조인을 하지 않고 관련된 데이터를 조회한다.

집합 연산자 종류

집합 연산자	특징
UNION	중복된 행을 제거하고 합집합을 만든다.
UNION ALL	중복된 행을 제거하지 않고 합집합을 만든다.
INTERSECT	여러 개의 SQL문에 대해서 교집합을 만든다.
EXCEPT	SQL문에 대해서 차집합을 만든다. EXCEPT와 동일한 것은 MINUS이다. 즉, MS-SQL은 EXCEPT를 사용하고 ORACLE은 MINUS를 사용한다.

109 ANSI/ISO 표준 SQL에서 두 테이블 간에 동일한 칼럼 이름을 가지는 것을 모두 출력하는 조인 방식은 무엇인가?

① Inner Join
② Cross Join
③ Natural Join
④ Using

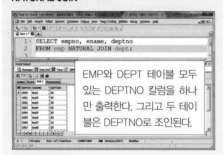
110 두 개 릴레이션 Student와 Department가 있을 때, 질의문 "SELECT * FROM Student s, Department d WHERE s.dept 〉 100;"을 수행하려고 한다. 이 질의 수행으로 생성되는 결과 릴레이션의 차수(Degree)와 카디널리티(Cardinality)는 각각 얼마인가? (단, 릴레이션 Student의 애트리뷰트 '소속(dept)'은 릴레이션 Department의 애트리뷰트 '코드(dno)'를 외부키로 참조한다)

[Student]

학번 (sno)	성명 (sname)	주소 (address)	성적 (score)	소속 (dept)
9801	홍길동	서울	80	100
9802	김철수	대전	90	200
9803	이순자	강릉	90	100
9805	이원영	부산	95	200
9806	홍남순	서울	65	300

[Department]

코드(dno)	학과명 (dname)	학과장 (manager)
100	정통	이순신
200	전자	강감찬
300	기계	김유신

① 차수=5, 카디널리티=3
② 차수=5, 카디널리티=2
③ 차수=8, 카디널리티=9
④ 차수=8, 카디널리티=3

111 다음 student 테이블을 이용하여 아래의 SQL을 수행하였을 때 실행 결과는?

[student]

name	term	degree	department
Kim	5	3.5	computer
Lee	5	4	computer
Park	7	2.5	physics
Choi	7	2.8	physics
Ryu	6	3	math
Jo	3	3.5	math
Yang	1	2	math

```
SELECT count ( * )
FROM student
GROUP BY department
HAVING count( * ) > 2 ;
```

① 0   ② 1
③ 2   ④ 3

해설 | SELECT문을 보면 department로 GROUP BY한다. 그러면 총 3개의 그룹이 만들어진다. computer, physics, math이다. 3개의 그룹 중에서 개수가 2개 초과인 것을 조회하기 위해서 "HAVING count(*) > 2"문을 사용했다. 따라서 2개 초과인 것은 math이고 math는 총 3개가 있으므로 3이 된다.

112 다음 7개의 SQL 문장이 성공적으로 수행되었다고 하자.

```
create table 학과
(학과번호    char(10) primary key,
 학과명    char(10));
create table 학생
(학번    char(10) primary key,
 소속학과    char(10),
 foreign key  (소속학과) references 학과(학과번호)
on delete cascade
on update set null);
insert into 학과 values ('1', '전산과');
insert into 학과 values ('2', '전기과');
insert into 학생 values ('100', '1');
insert into 학생 values ('200', '2');
insert into 학생 values ('300', '2');
```

세 개의 SQL 문장이 성공적으로 실행되었을 때, select 문장의 결과는 각각 무엇인가?

```
select count(학번) from 학생;
delete from 학과 where 학과번호 = '2';
select count(학번) from 학생;
```

① 3, 1   ② 3, 2
③ 3, 3   ④ 3, null

해설 | "select count(학번) from 학생"은 학생 테이블에 총 3개를 삽입(Insert)했으므로 3이 된다. 그리고 "delete from 학과 where 학과번호 = '2'"를 삭제한다. 학과 테이블에서 학과번호 "2"를 삭제하면 학생 테이블과 외래키 관계로 있고 "on delete cascade"가 설정되어 있다. 따라서 학생 테이블에 학과번호 2번은 모두 자동 삭제된다. 그러면 학생 테이블에는 학과번호 "1"번만 남게 되기 때문에 1개이다.

113 다음과 같은 문장으로 사원 테이블을 생성하였다.

> create table 사원 (번호 char(10) primary key,
> 월급 integer);

사원 테이블에 유효한 데이터를 로드한 후, 아래 두 SQL문을 성공적으로 실행하였다. SQL A와 SQL B의 실행 결과로 옳은 것은?

> SQL A : select count(번호) from 사원 where
> 월급 >= 100000 or 월급 < 100000;
> SQL B : select count(번호) from 사원;

① SQL A와 SQL B의 결과는 항상 같다.
② SQL A와 SQL B의 결과는 항상 다르다.
③ SQL A와 SQL B의 결과는 다를 수 있으며, 그 이유는 월급 필드에 널(NULL)값이 존재할 수 있기 때문이다.
④ SQL A와 SQL B의 결과는 다를 수 있으며, 그 이유는 번호 필드에 널(NULL)값이 존재할 수 있기 때문이다.

해설 | Count()는 행 수를 계산하는 집계함수이다. 집계함수의 특성은 NULL 값을 제외한다는 것이다. 그래서 NULL 값이 존재하는 경우 집계 결과는 달라질 수 있다. 번호 칼럼은 PK이므로 값이 무조건 들어있다. 즉, COUNT(번호)는 모든 행의 개수를 출력한다. 반면에 월급 칼럼에 NULL이 들어있을 경우에는 WHERE 월급 >= 100000 OR 월급 < 100000 이 부분에서 NULL은 정상적인 비교가 되지않아 행이 조회되지 않는다. 즉 출력되는 행의 개수가 달라질 수 있다는 의미이다.

114 다음 SQL 문장 중 COLUMN1의 값이 널(NULL)이 아닌 경우를 찾아내는 문장으로 가장 적절한 것은?

① SELECT * FROM T_TEST WHERE COLUMN1 IS NOT NULL;
② SELECT * FROM T_TEST WHERE COLUMN1 < > NULL;
③ SELECT * FROM T_TEST WHERE COLUMN1 != NULL;

④ SELECT * FROM T_TEST WHERE COLUMN1 NOT NULL;

해설 | SELECT문으로 NULL 값을 조회하려면 IS NULL을 사용하고 NULL이 아닌 것을 조회하려면 IS NOT NULL을 사용해야 한다.

115 숫자형 함수 적용과 그 결괏값이 올바르지 않은 것은?

① ABS(-30) = 30
② SIGN(-50) = -1
③ MOD(7,3) = 2
④ CEIL(38.12) = 39

해설 | **단일행 숫자형 함수**

숫자형 함수	주요 내용
ABS(숫자)	- 절대값을 되돌려 준다. - 예) SELECT ABS(-3.46) FROM DUAL; 이면 3.46을 되돌려 준다.
SIGN(숫자)	- 양수, 음수, 0을 구분한다. - 예) SELECT SIGN(3.46) FROM DUAL; 이면 1(양수)을 되돌려 준다.
CEIL/ CEILING (숫자)	숫자보다 크거나 같은 최소의 정수를 되돌려 준다.
FLOOR(숫자)	- 숫자보다 작거나 같은 최소의 정수를 되돌려 준다. - 예) SELECT Floor(3.46) FROM DUAL; 이면 3을 되돌려 준다.
ROUND (숫자 [,m])	- m의 기본값은 0이고 m+1 자리에서 반올림한다. - 예) SELECT Round(3.46) FROM DUAL; 이면 3을 되돌려 준다.
TRUNC (숫자 [,m])	- m의 기본값은 0이고 m+1 자리를 자른다. - 예) SELECT Trunc(3.46) FROM DUAL; 이면 3을 되돌려 준다.

SQL 실행

116 다음 SQL문의 결과로 출력되는 데이터는 무엇인가?

```
SELECT NEXT_DAY
(ADD_MONTHS (sysdate,6),'월요일')
FROM dual;
```

① 오늘 날짜로부터 6일 후 첫 번째 월요일을 출력한다.
② 오늘 날짜로부터 6개월 후 두 번째 월요일을 출력한다.
③ 오늘 날짜로부터 6개월 후 첫 번째 월요일을 출력한다.
④ 오늘 날짜로부터 6일 후 두 번째 월요일을 출력한다.

해설 | ADD_MONTHS 함수는 6개월을 더하고 NEXT_DAY 함수는 지정된 요일의 첫 번째 날짜를 출력한다. 즉, 문제에서는 6개월 후 첫 번째 월요일을 출력한다.

SQL문 실행

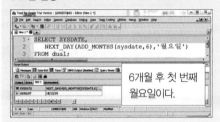

6개월 후 첫 번째 월요일이다.

117 다음 중 옳지 않은 것은?

① Length('LIMBEST') = 8
② CASE 문은 If – Then – Else를 구현할 수 있다.
③ (날짜1 – 날짜2)의 결과는 일수가 나온다.
④ COUNT(표현식)은 표현식의 값이 NULL 값인 것을 제외한 행 수를 출력한다.

해설 | ①번의 길이는 7이다. 그리고 ④번의 집합함수를 사용하면 집합함수에서 NULL은 제외된다.

날짜형 SQL

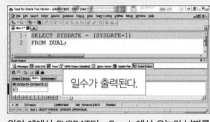

일수가 출력된다.

위의 예에서 SYSDATE는 Oracle에서 오늘의 날짜를 출력한다.

118 다음 결과는 2개의 테이블을 어떤 Join으로 진행한 것인가?

EMPNO	DEPTNO
7902	20
7934	10
	40
8031	

① Natural Join
② Right Outer Join
③ Left Outer Join
④ Full Outer Join

해설 | 위의 결과를 보면 EMPNO와 DEPTNO 각각에 서로 없는 것이 있다. 그래서 FULL OUTER JOIN이 된다.

119 다음 설명 중 옳지 않은 것은?

① Union과 Union All은 성능 차이가 없다.
② Natural 조인에 해당하는 칼럼은 테이블의 칼럼명이 동일하다.
③ View는 실제 데이터를 가지고 있지 않는다.
④ 서브쿼리는 Order by절에 사용할 수 있다.

해설 | 성능 측면에서는 Union보다 Union All이 우수하다. 그 이유를 알기 위해서 SQL을 만들고 실행 계획을 확인하면 다음과 같다.

다음의 결과를 확인해보면 UNION은 내부적으로 SORT(정렬)가 발생하는 것을 확인할 수가 있다. 하지만 UNION ALL은 SORT가 발생하지 않는다. 즉, 성능 측면에서는 UNION ALL이 유리하다는 것이다.

UNION 실행 계획

UNION ALL 실행 계획

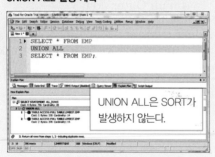

120 테이블 3개를 조인하려면 최소 몇 개의 조건절이 필요한가?

① 1   ② 2
③ 3   ④ 4

해설 | 테이블 3개를 조인하려면 최소 2개의 조건절이 필요하다.
```
select *
from a, b, c
where a.no=b.no
and b.no=c.no;
```

121 다음 SQL문에서 (   )에 들어갈 알맞은 명령어는 무엇인가?

```
SELECT * FROM EMP a (        ) DEPT b
ON a.DEPTNO=b.DEPTNO;
```

[결과]

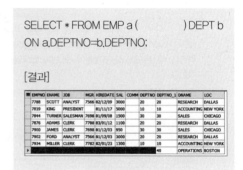

① FULL OUTER JOIN
② LEFT OUTER JOIN
③ RIGHT OUTER JOIN
④ CROSS JOIN

해설 | DEPT 테이블에 있는 40번이 조회되고 EMP 테이블은 NULL로 조회되므로 RIGHT OUTER JOIN 이다.

122 다음의 SQL 실행 결과를 한 행으로 1, 1이 조회되게 변경하시오.

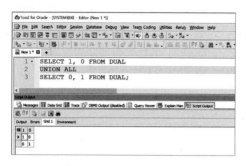

① 전체 SQL을 INLINE 뷰로 해서 SUM 함수를 사용한다.
② 전체 SQL을 INLINE 뷰로 해서 MIN 함수를 사용한다.
③ 전체 SQL을 INLINE 뷰로 해서 COUNT 함수를 사용한다.
④ 전체 SQL을 INLINE 뷰로 해서 NVL 함수를 사용한다.

해설 | 서브쿼리를 사용하고 집계 함수로 SUM을 하면 된다.

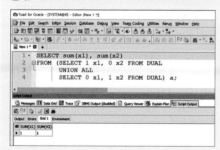

123 다음의 SQL문과 그 결과를 보고 효과적인 인덱스를 생성하시오.

① CREATE INDEX IND_SAL ON EMP(SAL ASC);
② CREATE INDEX IND_SAL ON EMP(SAL);
③ CREATE INDEX IND_SAL ON EMP(SAL DESC);
④ CREATE INDEX IND_SAL ON EMP;

해설 | SAL이 큰 순으로 조회되었으므로 내림차순 인덱스를 생성해야 한다.

SAL 인덱스 생성

CREATE INDEX IND_SAL ON EMP(SAL DESC);

SAL 인덱스 생성 후 조회

SAL 칼럼에 대해서 내림차순 인덱스를 생성하고 다시 조회하면 ORDER BY구가 필요없다. 즉, SORT가 유발되지 않는다. 물론 WHERE 조건에서 인덱스를 실행할 수 있고 "SAL > 0"은 넣어야 한다.

124 EMP 테이블에서 1부터 5개의 행만 조회하는 SQL문을 작성하시오. 작성할 SQL문은 ROWNUM을 사용하시오.

① SELECT * FROM (SELECT ROWNUM AS LIST, EMPNO FROM EMP) WHERE LIST 〈=5;

② SELECT * FROM (SELECT ROWNUM AS LIST, EMPNO FROM EMP WHERE ROWNUM 〈=5);

③ SELECT ROWNUM AS LIST, EMPNO FROM EMP WHERE ROWNUM 〈=5;

④ SELECT * FROM (SELECT ROWNUM AS LIST, EMPNO FROM EMP);

해설 |

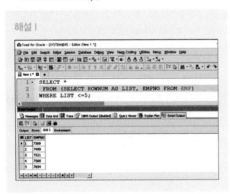

125 릴레이션 Emp, Dept가 다음과 같이 정의되어 있다. 부서에 사원이 한 명도 없는 부서(deptno)를 검색하는 질의를 작성했을 때, 가장 거리가 먼 것은? (단, Emp의 deptno는 Dept의 deptno를 참조하는 외래키이며, 모두 값이 존재)

Emp(empno, ename, job, mgr, hiredate, sal, comm, deptno)
Dept(deptno, dname, loc)

① SELECT deptno FROM Dept WHERE deptno NOT IN (SELECT deptno FROM Emp);

② SELECT deptno FROM Dept a WHERE NOT EXISTS (SELECT * FROM Emp b WHERE a.deptno =b.deptno);

③ SELECT b.deptno FROM Emp a RIGHT OUTER JOIN Dept b ON a.deptno = b.deptno WHERE empno IS NULL;

④ SELECT deptno FROM Dept WHERE deptno 〈 〉 ANY (SELECT deptno FROM Emp);

해설 | DEPT 테이블 생성

DEPT 테이블에 테스트 데이터 입력

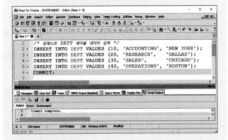

EMP 테이블 생성

EMP 테이블에 데이터 입력

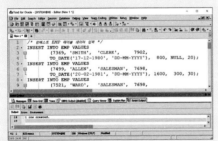

부서에 사원이 한명도 없는 부서(deptno)를 검색하는 질의를 작성한다.

①번 SQL문

위의 예를 보면 부서번호(DEPTNO)가 40번인 곳에 사원이 없다는 것을 알 수가 있다.

②번 SQL문

③번 SQL문

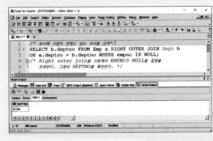

④번 SQL문

126 다음 릴레이션에 대하여 아래와 같이 인덱스를 생성하였다. 다음 중 생성된 인덱스에 의하여 검색 속도를 향상시킬 수 있는 질의로 가장 적절하지 않은 것은?

〈릴레이션〉
Articles(ID, title, journal, issue, year, start-page, endpage, TR_ID)

〈설명〉
논문(Articles) 릴레이션은 과학 논문에 관한 정보를 포함하고 있다. 각 논문은 고유의 ID를 가지고 있으며, 논문 제목(title)과 저널명(journal), 권(issue), 발행연도(year), 시작페이지(startpage), 끝 페이지(endpage) 정보를 포함하고 있다. 논문이 기술 리포트(technical report)에 게재된 적이 있으면 TR_ID 번호가 기록된다. 각 저널에는 고유의 일련번호인 권(issue) 번호가 있으며, 논문에는 시작페이지와 끝 페이지가 기록된다.

〈인덱스〉
CREATE INDEX Idx1 ON Articles(year, start-page);
CREATE INDEX Idx2 ON Articles(startpage, endpage);
CREATE INDEX Idx3 ON Articles(journal, is-sue, year);

① SELECT title FROM Articles WHERE journal = 'JACM' AND issue = 55;
② SELECT title FROM Articles WHERE endpage − startpage 〉 50;
③ SELECT title FROM Articles WHERE year 〉 1995 AND year 〈 2000;
④ SELECT title FROM Articles WHERE journal = 'JACM';

해설 | 위의 문제는 문제의 지문이 길어서 어려워 보이지만, 굳이 문제의 지문을 보지 않고 INDEX와 SE-LECT문의 WHERE절만 봐도 정답을 알 수 있다.
즉, 아래의 SQL문을 보면 "endpage − startpage"를 수행하기 때문에 인덱스 변형이 발생하였다. 인덱스는 변형이 일어나면 실행되지 않는다. 따라서 성능 측면에서 가장 문제가 있는 SQL문은 ②번이 된다.

SELECT title FROM Articles WHERE endpage − startpage 〉 50;

127 테이블 R과 S가 다음과 같을 때, 아래 SQL문 (SELECT 구문)의 실행 결과로 옳은 것은?

[R]

EID	ENAME	PHONE	SEX	DID
823	Kim	8491	M	100
434	Park	8488	F	101
180	Lee	8592	M	101
510	Choi	8598	F	100

[S]

DID	DNAME	ROOM
100	Head	A403
101	Sales	A401
102	Proj1	A301
103	Proj2	B101
104	AS	B102

SELECT COUNT(*) FROM R, S;

① 4
② 5
③ 9
④ 20

해설 | SQL문에서 COUNT() 함수는 행 수를 확인하는 집계 함수이다. 그런데 R 테이블과 S 테이블에 조인 조건이 없어서 카텐시안 곱이 발생한다. 즉, R 테이블의 행 수가 4개이고 S 테이블의 행 수가 5개이므로 4*5=20이 조회된다.

128 다음의 SQL문에 대한 설명으로 올바르지 않은 것은?

```
SELECT JOB, ENAME, SAL,
    RANK( ) OVER (ORDER BY SAL DESC)
    ALL_RANK,
    RANK( ) OVER (PARTITION BY JOB
    ORDER BY SAL DESC) JOB_RANK
FROM EMP;
```

① SAL칼럼은 급여가 큰 순으로 조회된다.
② JOB별로 SAL이 큰 등수가 조회된다.
③ RANK( ) 함수를 사용했으므로 급여가 동일한 사람이 있다면, 조회 순서에 따라서 1등과 2등으로 표시된다.
④ PARTITION문을 사용해서 해당 파티션 내에서 순위를 계산한다.

> 해설 | RANK() 함수를 사용할 경우 급여가 동일한 사람이 있을 때 같은 등수로 조회된다.

129 다음의 SQL문에 대한 설명으로 올바르지 않은 것은?

```
SELECT ENAME, SAL
    , NTILE(4) OVER (ORDER BY SAL DESC)
    as DATA
FROM EMP ;
```

① DATA 필드가 가질 수 있는 값의 범위는 0~3까지이다.
② SAL이 큰 순으로 조회된다.
③ SAL의 값에 따라서 데이터를 4등분으로 분류해서 DATA 필드로 조회된다.
④ SAL의 마지막 행은 급여가 가장 작은 사람이다.

> 해설 | NTILE(ARGUMENT) 윈도우 함수는 데이터를 ARGUMENT 값으로 N등분하는 함수이다. 위의 예처럼 NTILE(4)는 1부터 4까지 4등분한다.

130 다음의 PREV_SAL은 어떤 윈도우 함수를 사용해야 하는가?

ENAME	HIREDATE	SAL	PREV_SAL
ALLEN	20–FEB–81	1600	
WARD	22–FEB–81	1250	1600
TURNER	08–SEP–81	1500	1250
MARTIN	28–SEP–81	1250	1500

① LEAD
② LAG
③ NTILE
④ LAST_VALUE

> 해설 | LAG() 윈도우 함수는 이전 행의 몇 번째 행 값을 가지고 올 수 있다.

131 다음 과일 테이블에 대한 SQL문 내의 비교조건을 해석한 것으로 올바르지 않은 것은?

[과일]

과일코드	과일명
10	오렌지
15	키위
19	파인애플

① "21 NOT IN (SELECT 과일코드 FROM 과일)"은 참이다.
② "19 < ANY (SELECT 과일코드 FROM 과일)"은 거짓이다.
③ "15 < ALL (SELECT 과일코드 FROM 과일)"은 참이다.
④ "19=ALL(SELECT 과일코드 FROM 과일)" 거짓이다.

> 해설 | ALL은 전부 일치하는 것만 출력하는 것으로 AND라고 생각하면 되고 ANY는 OR로 생각하면 된다. 그러므로 보기 ③번은 15보다 큰 것이 모두 일치해야 하는데 과일 테이블에 있는 15, 키위는 값이 크지 않고 같다.

132 부서와 사원 테이블을 생성하는 SQL 문장을 수행한 후 튜플 삽입으로 두 테이블의 상태가 다음과 같을 때, 테이블 연산 수행에 대한 설명으로 올바르지 않은 것은?

```
CREATE TABLE 부서 (
    부서번호 INT NOT NULL,
    부서명 VARCHAR(20),
    PRIMARY KEY(부서번호));

CREATE TABLE 사원 (
    사번 INT NOT NULL,
    이름 VARCHAR(20),
    부서번호 INT,
    PRIMARY KEY(사번),
    FOREIGN KEY(부서번호)
    REFERENCES 부서(부서번호));
```

[부서]

부서번호	부서명
1	자재부
2	영업부

[사원]

사번	이름	부서번호
11	홍길동	1
12	이순신	2

① 부서 테이블에서 (2, '영업부') 튜플을 삭제한다면 참조 무결성 제약조건을 위배한다.
② 사원 테이블에 (13, '강감찬', 'A1') 튜플을 삽입한다면 도메인 무결성 제약조건을 위배한다.
③ 사원 테이블에 (14, '김유신', 0) 튜플을 삽입한다면 참조 무결성 제약조건을 위배한다.
④ 부서 테이블에 (1, '연구부') 튜플을 삽입한다면 참조 무결성 제약조건을 위배한다.

해설 | 부서 테이블은 마스터 테이블이므로 사원 테이블에 없는 부서번호 등을 자유롭게 입력할 수 있다. 따라서 부서 테이블에 (1, '연구부')을 입력하는 것은 참조 무결성 위배가 아니다. 단, 부서테이블에 부서번호 칼럼은 PRIMARY KEY이므로 중복값이 입력되면 안된다. 즉, 이미 부서번호가 1인 대상이 있으므로, 무결성 제약 조건(PK중복)에 위배된다.

133 다음의 예에서 결괏값이 다른 하나는?

[SQLD_13]

고객	거래내역
철수	100
민정	
아름	300
예진	

① SELECT NULL*2 FROM SQLD_13;
② SELECT NULL*3 FROM SQLD_13;
③ SELECT NULL * NULL FROM SQLD_13;
④ SELECT count(고객) FROM SQLD_13 WHERE 거래내역 IS NULL;

해설 | ①, ②, ③번은 모두 SELECT NULL FROM SQLD_13; 과 같은 SQL문으로 모두 NULL을 반환하는데 ④번은 거래내역이 NULL인 고객의 수를 구하는 SQL문으로 결괏값 2를 반환한다.

134 도서(도서번호, 도서제목, 출판사명, 발행연도) 테이블에서, 2000년 이후에 10권 이상의 책을 발행한 출판사의 이름을 중복 없이 출력하는 SQL문으로 옳은 것은? (단, 출판사명이 동일한 출판사는 존재하지 않는 것으로 가정한다. 도서번호는 도서 테이블의 기본키이다)

① SELECT 출판사명 FROM 도서 WHERE 발행연도 >= 2000 ORDER BY COUNT(도서번호) >= 10;
② SELECT 출판사명 FROM 도서 WHERE 발행연도 >= 2000 AND COUNT(도서번호) >= 10 GROUP BY 출판사명;

③ SELECT 출판사명 FROM 도서
   WHERE COUNT(도서번호) >= 10
   GROUP BY 출판사명
   HAVING 발행연도 >= 2000;

④ SELECT 출판사명 FROM 도서
   WHERE 발행연도 >= 2000
   GROUP BY 출판사명
   HAVING COUNT(도서번호) >= 10;

해설 | 문제에서 10권 이상 구매한 사람을 출력하기 위해서 "HAVING COUNT(도서번호)>=10"의 HAVING절을 추가하고 발행연도가 2000 이후 이므로 WHERE절에 "발행연도 >=2000"을 넣어야 한다. 또한 출판사명은 이름에 중복이 없어야 하므로 GROUP BY구로 "출판사명"을 추가하면 된다.

135 다음의 SQL문이 실행되었을 때 결과 건수는?

TEST 테이블
(num1 : 계층번호, num2 : 상위 계층번호)

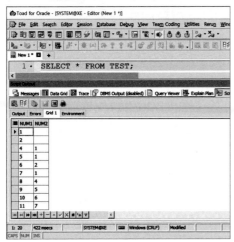

```
SELECT LEVEL,
    LPAD('** ', (LEVEL -1 )*2,' ') || num1 AS
    계층트리,
    num1, num2
FROM test
START WITH num2 IS NULL
CONNECT BY num1 = PRIOR num2;
```

① 0   ② 1
③ 2   ④ 4

해설 | 위의 SQL문은 num2 칼럼이 NULL인 것이 num1 칼럼의 1과 2번이다. 그리고 num1의 1과 2가 num2의 값과 같은 것을 찾는다.

TEST 테이블 생성

데이터 입력

```
insert into test(num1) values(1);
insert into test(num1) values(2);
insert into test(num1,num2) values(4,1);
insert into test(num1,num2) values(5,1);
insert into test(num1,num2) values(6,2);
insert into test(num1,num2) values(7,1);
insert into test(num1,num2) values(8,4);
insert into test(num1,num2) values(9,5);
insert into test(num1,num2) values(10,6);
insert into test(num1,num2) values(11,7);
```

Connect by 실행 결과

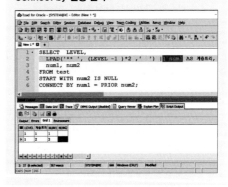

136 다음의 NOT EXISTS 구문을 동일한 결과가 출력되게 SQL문을 변경하시오.

> SELECT ... FROM 급여이력 S
> WHERE NOT EXISTS
> (SELECT 'X' FROM 사원 P
> WHERE P.사원번호 = S.사원번호)

> **[SQL문]**
> SELECT .... FROM 급여이력 S
> LEFT OUTER JOIN 사원 P
> ON (S.사원번호 = P.사원번호) WHERE (   );

① P.사원번호 = NULL
② P.사원번호 〉 0
③ P.사원번호 IS NOT NULL
④ P.사원번호 IS NULL

해설 | **P.사원번호 IS NULL**
NOT EXISTS는 OUTER JOIN으로 변경할 경우 NOT NULL 칼럼에 대해서 IS NULL로 검사하여 NOT EXISTS를 구현한다.

137 서브쿼리에 대한 설명으로 올바르지 않은 것은?

① 서브쿼리는 괄호를 사용해서 SELECT 문을 감싸서 사용하는 것이다.
② 서브쿼리는 비교 연산자와 함께 사용이 가능하다.
③ 메인쿼리는 스칼라 서브쿼리의 칼럼을 쓸 수 없다.
④ 서브쿼리는 SELECT, FROM, WHERE 등에서 사용이 가능하다.

해설 | 서브쿼리의 한 종류인 인라인뷰(Inline view)의 칼럼을 메인 쿼리에서 사용이 가능하다. 서브쿼리는 메인쿼리의 칼럼을 사용할 수 있다. 반대로 메인쿼리는 서브쿼리의 칼럼을 쓸 수 없으므로 스칼라 서브쿼리 등을 사용해야 한다.

138 "TEST" 테이블에 있는 NUM2 칼럼의 총 행은 10개이고 2개의 NULL 값이 있다. 다음의 SQL문을 실행할 경우 결괏값은?

> ㄱ : SELECT COUNT(*) FROM TEST;
> ㄴ : SELECT COUNT(NUM2) FROM TEST;

① ㄱ : 10, ㄴ : 10
② ㄱ : 10, ㄴ : 8
③ ㄱ : 8, ㄴ : 10
④ ㄱ : 8, ㄴ : 8

해설 | COUNT(칼럼명)을 실행하면 NULL 값은 제외된다.

SQL문 실행 결과

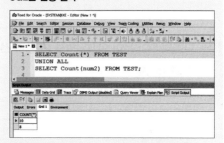

139 다음의 SQL문을 사용할 때, 날짜형 변수를 문자형으로 바꿀 수 있는 것은?

> SELECT SYSDATE FROM DUAL;

① TO_NUMBER
② TO_DATE
③ TO_CHAR
④ CONVERT

해설 | TO_CHAR문을 사용하면 문자형 타입으로 변환한다.

TO_CHAR 사용

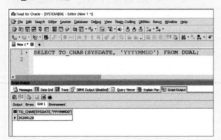

140 다음의 SQL문에 대한 설명으로 올바르지 않은 것은?

> ㄱ : SELECT SUM(SAL) FROM EMP
>   GROUP BY DEPTNO;
> ㄴ : SELECT SUM(SAL) FROM EMP
>   GROUP BY ROLLUP(DEPTNO);

① ㄱ은 부서별 합계를 출력한다.
② ㄱ과 ㄴ의 결과 행 수는 동일하다.
③ ㄴ은 부서별 합계와 전체합계가 출력된다.
④ ㄱ의 SQL문은 전체합계는 출력되지 않는다.

해설 | ㄱ과 ㄴ의 SQL문의 행 수는 다르다. 왜냐하면 ROLLUP은 전체합계가 추가적으로 출력된다.

SQL 실행 결과(ROLLUP)

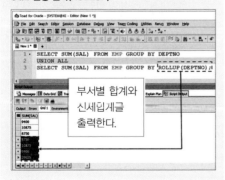

부서별 합계와 신세입게글 출력한다.

141 다음의 SQL문에 대한 설명으로 올바른 것은?

> SELECT 'A', 1 FROM DUAL
> UNION ALL
> SELECT 1, 'A' FROM DUAL;

① 위의 SQL문 실행 결과는 A, 1 , 1 A가 조회된다.
② UNION ALL을 사용해서 합집합을 만들고 중복을 제거한다.
③ 위의 SQL문은 실행되지 않는다.
④ 실행 결과로 아무것도 출력되지 않는다.

해설 |
① 조회되는 데이터의 구조가 다르기 때문에 오류가 발생한다.
② UNION의 설명이다.
④ 오류 발생으로 실행되지 않는다.

142 다음의 SQL문을 CASE문을 사용해서 변경하시오.

> SELECT DECODE(EMPNO, 1, 'A', 'B') FROM EMP;

① SELECT CASE EMPNO WHEN 'A' THEN 'B' END FROM EMP;
② SELECT CASE EMPNO WHEN 1 THEN 'A' ELSE 'B' END FROM EMP;
③ SELECT CASE EMPNO WHEN 1 THEN 'B' ELSE 'A' END FROM EMP;
④ SELECT CASE EMPNO WHEN 'A' ELSE 'B' END FROM EMP;

CASE문 사용

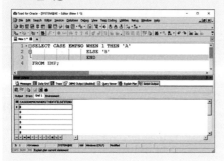

---

143 학생(STUDENT) 테이블에 영문학과 학생 50명, 법학과 학생 100명, 수학과 학생 50명의 정보가 저장되어 있을 때, 다음 SQL문의 실행 결과 튜플 수는 각각 얼마인가? (단, DEPT필드는 학과명, NAME필드는 이름을 의미한다)

> ㄱ : SELECT DEPT FROM STUDENT;
> ㄴ : SELECT DISTINCT DEPT
>   FROM STUDENT;
> ㄷ : SELECT NAME FROM STUDENT
>   WHERE DEPT='영문학과';

① ㄱ : 3,   ㄴ : 3,   ㄷ : 1
② ㄱ : 200, ㄴ : 3,   ㄷ : 1
③ ㄱ : 200, ㄴ : 3,   ㄷ : 50
④ ㄱ : 200, ㄴ : 200, ㄷ : 50

해설 | ㄱ은 STUDENT 테이블을 조건없이 조회하는 것이므로 200=50+100+50이 된다. 그리고 ㄴ은 "DISTINCT"를 사용했으므로 학과명이 중복되면 한 번만 출력한다. 문제에서는 영문학과, 법학과, 수학과가 있으므로 3이 되고 ㄷ은 WHERE절에 "영문학과"만 조회하므로 50이 된다.

---

144 다음의 SQL문은 파티션별 윈도우의 전체건수에서 현재 행보다 작거나 같은 건수에 대해서 누적백분율을 구하는 SQL문이다. (ㄱ)에 올바른 윈도우 함수는?

> SELECT DEPTNO, ENAME, SAL,
>   (ㄱ) OVER(PARTITION BY DEPTNO
> ORDER BY SAL DESC) as PCT
> FROM EMP;

① NTILE( )
② LEAD( )
③ LAG( )
④ CUME_DIST( )

해설 | CUME_DIST 함수는 주어진 그룹에 대한 상대적인 누적분포도 값을 반환하는 것으로 분포도 값(비율)은 0 초과 1 이하 사이의 값이다.

---

145 윈도우 함수 중에서 윈도우에서 제일 먼저 나오는 것을 0으로 하고 제일 늦게 나오는 것을 1로 해서 행 순서별 백분율을 구하는 것은?

① FIRST_VALUE
② LAST_VALUE
③ PERCENT_RANK
④ CUME_DIST

해설 | 위의 문제는 PERCENT_RANK()라는 윈도우 함수에 대한 것이다.
PERCENT_RANK() 함수는 인수로 지정한 값의 그룹 내의 위치를 백분위로 나타낸다.
CUME_DIST() 함수는 인수로 지정한 값의 그룹 내 누적분포를 계산한다.

---

146 EMP 테이블 7788번 사원의 SAL 값이 현재 1,000인 상황에서 아래 TX1, TX2 두 개의 트랜잭션이 동시에 수행되었다. 양쪽 트랜잭션이 모두 완료된 시점에 7788번 사원의 SAL 값은?

〈TX1〉	시점	〈TX2〉
Update emp set sal = sal +100 Where empno = 7788;	T1	
	T2	Update emp set sal = sal +200 Where empno = 7788;
Commit;	T3	
	T4	Commit;

① 1,000
② 1,100
③ 1,200
④ 1,300

해설 | TX2의 update 문은 베타적 Lock 때문에 대기했다가 TX1 트랜잭션이 commit 한 후에 처리를 계속한다. TX1에 의해 1,100으로 바뀐 값을 읽어 200을 더하므로 최종 결과는 1,300이 된다.

147 다음의 SQL문에 대한 설명 중 옳지 않은 것은? (EMPNO는 기본키이고 숫자 칼럼)

```
SELECT * FROM EMP
WHERE EMPNO LIKE '100%';
```

① 내부적으로 형변환이 발생했다.
② LIKE 조건을 사용하지 말고 ">"를 사용해야 한다.
③ EMP 테이블을 FULL SCAN한 것은 인덱스가 없어서이다.
④ 기능상으로는 문제가 없지만 성능 문제가 있다.

해설 | EMPNO는 기본키이므로 자동으로 인덱스가 생성된다. FULL SCAN이 된 것은 LIKE 조건에서 숫자 칼럼과 문자값 간에 형 변환이 발생해서이다.

148 다음 설명 중 올바르지 않은 것은?

① SQL Server는 null 값을 인덱스 맨 뒤에 저장한다.
② Oracle에서 인덱스 구성 칼럼 중 하나라도 null이 아닌 레코드는 인덱스에 저장한다.
③ SQL Server는 인덱스 구성 칼럼이 모두 null인 레코드도 인덱스에 저장한다.
④ Oracle에서 인덱스 구성 칼럼이 모두 null인 레코드는 인덱스에 저장하지 않는다.

해설 | SQL Server는 null 값을 인덱스 맨 앞에 저장하고, Oracle은 맨 뒤에 저장한다.

149 SQL 트레이스를 수집한 결과 Row Source Operation이 다음과 같았다. 가장 우선적으로 검토할 사항으로 올바른 것은? (단, 한 달 간 주문 건수는 평균 50만 건이다)

Select c.고객명, c.연령, c.전화번호, o.주문일자, o.주문총금액, o.배송지주소
From 고객 c, 주문 o
Where o.고객번호 = c.주문번호
And c.고객등급 = 'A'
And c.연령 between 51 and 60
And o.주문일자 between '20101201' and '20101231'

Rows	Row Source Operation
10	NESTED LOOPS
23	TABLE ACCESS BY INDEX RO-WID 고객
2978	INDEX RANGE SCAN 고객_IDX
10	TABLE ACCESS BY INDEX RO-WID 주문
28	INDEX RANGE SCAN 주문_IDX

① 고객_IDX 인덱스 칼럼 순서를 조정한다.
② 주문_IDX 인덱스 칼럼 순서를 조정한다.
③ 고객_IDX 인덱스에 칼럼을 추가한다.
④ 주문_IDX 인덱스에 칼럼을 추가한다.

해설 |
• 고객_IDX 인덱스를 읽고 나서 고객 테이블을 액세스하는 횟수는 많으나 대부분 필터링되고 있다.
• 고객에 대한 조건절로 사용된 고객등급이나 연령 칼럼이 인덱스에 포함돼 있지 않아 생기는 현상이므로 고객_IDX에 칼럼을 추가해 주어야 한다.

150 5개 근무지역에 각각 2만 명의 사원이 배속돼서 일하는 회사가 있다. 아래 쿼리에 대한 튜닝 방안으로 올바른 것은?

Select 직급, 담당업무 from 사원 where 근무지역 = 10
Union
Select 직급, 담당업무 from 사원 where 근무지역 = 20

```
Execution Plan
--------------------------------
0    SELECT STATEMENT optimizer = ALL_
     ROWS (Cost=8 Card=8 Bytes=120)
1  0    SORT (UNIQUE) (Cost=8 Card=8
        Bytes=120)
2  1       UNION-ALL
3  2          TABLE ACCESS (FULL) OF '사
              원' (Cost=2 Card=4 Bytes=60)
4  2          TABLE ACCESS (FULL) OF '사
              원' (Cost=2 Card=4 Bytes=60)
```

① union 대신 union all을 사용한다.
② 쿼리를 아래와 같이 변경한다.
　Select 직급, 담당업무 from 사원 where 근무지역 in (10, 20)
③ 근무지역을 선두로 갖는 인덱스를 생성한다.
④ 쿼리를 아래와 같이 변경한다.
　Select 직급, 담당업무 from 사원 where 근무지역 in (10, 20) group by 직급, 담당업무

해설 | 보기 ①, ②는 쿼리의 결과가 변경될 수 있다.
③의 경우, 근무지역을 선두의 인덱스로 사용하면 하나의 근무지역이 2만건이므로 2만건의 근무지역을 스캔하는 범위를 가지게 되어 비효율적이다. 이 쿼리처럼 전체 10만건 중 4만건(40%)을 조회하는 거라면 차라리 TABLE FULL SCAN이 유리하다
④의 경우, 튜닝 전의 실행계획을 보면 테이블을 2번 풀스캔하고, 이를 중복제거 한다. ④는 테이블(사원)을 한번만 접근하여 이를 그룹화(집계)하여 중복을 제거하였다. 즉, 테이블 접근을 한번으로 처리한 ④는 튜닝이 된 쿼리이다.

PART 02

SQLD
최신 기출문제

Part 02에서는 최근 SQLD 기출문제를 재구성하여 수험생들이 최신 SQLD 시험 트렌드를 알 수 있게 하였다.

01 다음은 분리되어 네트워크로 연결된 분산 데이터베이스에 대한 설명이다. 올바르지 않은 것은?

① 지역 데이터베이스에서 사용자 Query를 실행하고 빠르게 응답할 수 있다.
② 여러 개의 데이터베이스가 존재하므로 관리하기가 어렵다.
③ 보안 통제가 쉽고 비용이 절감된다.
④ 장애 시에 다른 데이터베이스가 서비스하게 하여 가용성이 좋아진다.

해설 | 분산 데이터베이스는 여러 개의 데이터베이스가 존재하므로 중앙집중적인 보안 관리가 어렵고 처리 비용이 증가한다.

02 데이터베이스 모델링 관점 중에서 CRUD 메트릭스와 관련이 있는 것은?

① 프로세스 관점
② 데이터 관점
③ 데이터와 데이터 간의 상관 관점
④ 데이터와 프로세스의 상관 관점

해설 | **데이터 모델링 관점**

데이터 모델링 관점	내용	활동
데이터 관점	업무에서 사용하는 데이터	구조분석
프로세스 관점	하는 일	업무 시나리오 분석
데이터와 프로세스의 상관 관점	업무와 데이터 간의 관계	CRUD 메트릭스

03 다음은 옵티마이저 조인 기법 중 Hash Join 기법에 대한 설명이다. 가장 올바른 것은?

① 선행 테이블과 후행 테이블을 구분하지 않고 병렬로 조인을 수행한다.
② 해시 조인은 Equal 조인과 Non Equal 조인 모두 사용할 수 있다.
③ Random Access 및 CPU 사용량이 감소한다.
④ A 테이블의 행 수가 100건이고 B 테이블의 행수가 1000건일 때 A 테이블을 선행 테이블로 해야 한다.

해설 | 해시 조인은 선행 테이블로 작은 테이블이 선정되어야 한다. 그리고 해시 함수를 사용해서 주소를 계산하기 때문에 CPU 사용량은 증가한다.

04 고객 엔터티에 고객 ID, 이름, 주소가 있다. 이때 주소는 어떤 속성인가?

① 파생 속성
② 일반 속성
③ 설계 속성
④ 복합 속성

해설 | **속성의 종류**

종류	설명
단일 속성	하나의 의미로 구성된 것으로 회원 ID, 이름 등이다.
복합 속성	• 여러 개의 의미가 있는 것으로 대표적으로 주소가 있다. • 주소는 시, 군, 동 등으로 분해될 수 있다.
다중값 속성	• 속성에 여러 개의 값을 가질 수 있는 것으로 예를 들어 상품리스트가 있다. • 다중값 속성은 엔터티로 분해된다.

05 데이터베이스 3층 스키마에 해당 되지 않는 것은?

① 외부 단계
② 사용 단계
③ 개념 단계
④ 내부 단계

해설 | 3층 스키마는 개념 스키마, 내부 스키마, 외부 스키마로 구성된다.

종류	설명
외부 레벨/ 외부 스키마 (External Schema)	• 사용자 관점 또는 사용자 뷰 (User View)를 표현한다. • 업무상 관련이 있는 데이터만 접근 (권한 설정)한다. • 관련된 데이터베이스의 일부만 표시 (View)한다.
개념 레벨/ 개념 스키마 (Conceptual Schema)	• 사용자 전체 집단의 데이터베이스 구조를 표현한다. • 전체 데이터베이스 내의 모든 데이터에 관한 규칙과 의미를 묘사한다.
내부 레벨/ 내부 스키마 (Internal Schema)	• 데이터베이스의 물리적 저장 구조이다. • 데이터 저장 구조, 레코드의 구조, 필드의 정의, 색인과 해시를 생성한다. • 운영체제와 하드웨어에 종속적이다.

06 다음 중 반정규화를 적용하는 이유로 올바르지 않은 것은?

① 데이터를 조회할 때 디스크 입출력량이 많아서 성능이 저하되는 경우
② 여러 개의 테이블 조인으로 인한 성능저하가 예상되는 경우
③ 칼럼의 합계 및 평균 등을 계산하여 읽을 때 성능이 저하될 것이 예상되는 경우
④ 정규화의 함수적 종속 관계는 위반하지 않지만 데이터의 중복성을 감소시켜 데이터 조회의 성능을 향상시켜야 하는 경우

해설 | 반정규화는 데이터를 중복시켜서 데이터베이스 성능을 향상시킨다. 데이터 중복을 감소시키는 것은 정규화이다.

07 다음 중 슈퍼타입과 서브타입 변환 방법의 종류에 해당하지 않는 것은?

① One To One Type
② Plus Type
③ Single Type
④ Integration Type

해설 | **슈퍼타입 및 서브타입 변환 방법의 종류**

종류	설명
OneToOne Type	• 슈퍼타입과 서브타입을 개별 테이블로 도출한다. • 테이블의 수가 많아서 조인이 많이 발생하고 관리가 어렵다.
Plus Type	• 슈퍼타입과 서브타입 테이블로 도출한다. • 조인이 발생하고 관리가 어렵다.
Single Type	• 슈퍼타입과 서브타입을 하나의 테이블로 도출한다. • 조인 성능이 좋고 관리가 편리하지만, 입출력 성능이 나쁘다.

08 다음 중 카디널리티를 계산하는 식으로 올바른 것은?

① 2 * 전체 레코드 수
② 0.5 * 전체 레코드 수
③ 선택도 * 전체 레코드 수
④ Blevel * 전체 레코드 수

해설 |
• 카디널리티(Cardinality)는 두 개의 엔터티에서 관계에 참여하는 수이다. 1:1, 1:N, M:N이 있다.
• 카디널리티의 계산식 : 선택도 * 전체 레코드 수

09 데이터베이스 정규화 중에서 기본키를 제외하고 칼럼 간에 종속성이 발생하면 테이블을 분할하는 것은?

① 제1정규화
② 제2정규화
③ 제3정규화
④ 제4정규화

> 해설 | 제3정규화는 이행 함수 종속성 제거로 칼럼 간에 종속성이 발생하면 테이블을 분할한다.

10 다음 주어진 ERD 관계에 대한 설명으로 옳은 것을 고르시오.

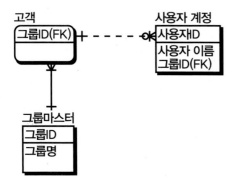

① 그룹마스터는 여러 개의 동일한 그룹ID를 가질 수 있다.
② 한 명의 사용자는 여러 개의 그룹에 속해야 한다.
③ 그룹 계정에 사용자 계정이 없을 수 있다.
④ 그룹 계정에 여러 명의 사용자가 반드시 속해야 한다.

> 해설 | 그룹 계정과 사용자 계정 간의 관계는 Optional 관계이므로 그룹 계정에 사용자가 없을 수 있다.

11 다음에서 설명하는 DDL문으로 올바른 것은?

> Mytest 테이블 칼럼을 데이터 타입 조건으로 not null을 기본으로 수정하시오.

① ALTER table Mytest alter column 칼럼명 not null
② ALTER table Mytest add column 칼럼명 default not null
③ ALTER table Mytest modify (칼럼명 not null)
④ ALTER table Mytest add constraint column 칼럼명 default not null

> 해설 | 테이블에 존재하는 칼럼의 데이터 유형, 디폴트 (DEFAULT) 값, NOT NULL에 대한 제약조건을 변경하는 명령어는 ALTER문의 modify이다.

12 다음 중 DDL 문이 아닌 것은?

① CREATE TABLE
② RENAME
③ COMMIT
④ ALTER

> 해설 | COMMIT과 ROLLBACK문은 TCL(Transaction Control Language)이고 DDL에는 CREATE, ALTER, DROP, RENAME 등이 있다.

13 다음 중 Mytest 테이블에 JOB 칼럼을 추가하는 방법으로 올바른 것을 고르시오.(단, 데이터타입, 제약조건 등은 따로 고려하지 않음)

① ALTER table Mytest alter add column JOB

② ALTER table Mytest modify add JOB

③ ALTER table Mytest add JOB

④ ALTER table Mytest add constraint JOB

해설 | 기존 테이블에 필요한 칼럼을 추가하는 명령어는 add이다.

14 다음 SQL문의 실행 결과로 올바른 것은?

```
Create table Mytest(COL1 number(10));
INSERT INTO Mytest VALUES(2);
INSERT INTO Mytest VALUES(2);
SAVEPOINT SV1;
UPDATE Mytest SET COL1=7 WHERE
COL1=2;
INSERT INTO Mytest VALUES(9);
SAVEPOINT SV2;
DELETE Mytest WHERE COL1 =7;
INSERT INTO Mytest VALUES(11);
SAVEPOINT SV3;
INSERT INTO Mytest VALUES(20);
ROLLBACK TO SV2;
COMMIT;
SELECT * FROM mytest;
```

① 1, 2

② 7, 9, 11

③ 7, 9, 11, 9

④ 7, 7, 9

해설 | 위의 SQL문 맨 하단에서 ROLLBACK TO SV2 명령어를 수행하면, SAVEPOINT SV2 지점까지 변경된 것을 모두 취소한다.

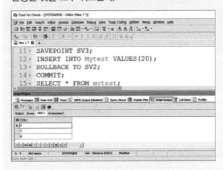

15 다음 주어진 CUBE문과 동일한 것은?

GROUP BY CUBE(DEPTNO, JOB);

① GROUP BY ROLLUP (DEPTNO, JOB);

② GROUP BY GROUPING SETS(DEPTNO, JOB, (DEPTNO, JOB), ());

③ GROUP BY DEPTNO UNION GROUP BY JOB UNION GROUP BY (DEPTNO, JOB)

④ GROUP BY (DEPTNO, JOB, (DEPTNO, JOB), ());

해설 |
• 그룹 함수 중 CUBE는 CUBE 함수의 인자로 전달된 칼럼에 대해서 모든 결합 가능한 집계를 계산한다.
• GROUPING SETS 함수는 GROUP BY에 나오는 칼럼의 순서와 관계없이 다양한 소계를 만들 수 있다.
• GROUPING SETS 함수는 GROUP BY에 나오는 칼럼의 순서와 관계없이 개별적으로 모두 처리한다.

16 다음 주어진 테이블에 대해서 아래와 같은 SQL문을 수행하였을 때 반환되는 ROW 값의 수는 무엇인가?

```
select * from A1
union
select * from B1
minus
select * from C1;
```

[A1]

COL1
1
2
3
4

[B1]

COL1
3
5

[C1]

COL1
4
5

① 1 ② 2
③ 3 ④ 4

해설 | select * from A union select * from B를 실행하면 1, 2, 3, 4, 5가 반환된다. 해당 결과에 MINUS 조인을 하면 4, 5가 빠지기 때문에 최종적으로 1, 2, 3이 된다.

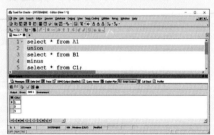

17 다음 중 계층형 쿼리에 대한 설명으로 올바르지 않은 것은?

① PRIOR 자식 = 부모 형태를 사용하면 계층 구조에서 순방향 전개를 수행한다.
② 계층형 쿼리는 계층형 형태로 데이터를 질의할 때 사용된다.
③ CONNECT BY는 부모 자식을 설명하는 것이다.
④ CONNECT_BY_ISLEAF에서 해당 데이터가 리프 데이터면 1, 그렇지 않으면 0을 반환한다.

해설 | CONNECT BY는 부모 계층형 쿼리에서 부모 노드와 자식 노드 사이의 특정한 관계를 나타내는데 사용된다.

18 다음은 계층형 쿼리를 수행하는 SQL문이다. ( )에 해당되는 것으로 올바른 것은?

[Mytest]

EMPID	NAME	TODAY	MGRID
1000	조조	2017-01-01	NULL
1001	유비	2017-01-01	1000
1002	관우	2020-01-01	1000
1003	조자룡	2020-01-01	1000
1004	여포	2020-01-01	NULL
1005	동탁	2022-01-01	1004
1006	사마위	2022-01-01	1004
1007	순욱	2022-01-01	1004

```
SELECT *
FROM Mytest
START WITH ( ㄱ ) IS NULL
CONNECT BY PRIOR ( ㄴ )
AND today BETWEEN '2017-01-01' AND
'2022-12-31'
ORDER SIBLINGS BY empid;
```

[결과]

EMPID	NAME	TODAY	MGRID
1000	조조	2017-01-01	
1001	유비	2017-01-01	1000
1002	관우	2020-01-01	1000
1003	조자룡	2020-01-01	1000
1004	여포	2020-01-01	
1005	동탁	2022-01-01	1004
1006	사마위	2022-01-01	1004
1007	순욱	2022-01-01	1004

① (ㄱ) empid (ㄴ) empid = mgrid
② (ㄱ) empid (ㄴ) mgrid = empid
③ (ㄱ) mgrid (ㄴ) empid = mgrid
④ (ㄱ) mgrid (ㄴ) mgrid = empid

해설 | mgrid가 NULL인 값을 시작해서 empid로 조회를 전개하는 순방향 조회를 하고 있다. 순방향 전개를 하면서 empid로 정렬한다.

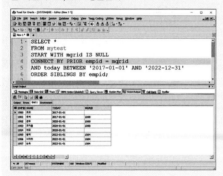

19 다음 중 Mytest 테이블에서 부서코드 400부터 상위 부서를 찾는 SQL문은?

부서id	부서코드	상위부서코드
10	50	0
20	400	50
30	150	400
40	200	150
50	250	200

①
```
Select 상위부서코드
from Mytest
where 부서코드 = 400
start with 부서코드 = 50
connect by prior 상위부서코드 = 부서코드;
```

②
```
Select 상위부서코드
from Mytest
where 부서코드 = 400
start with 상위부서코드 = 0
connect by prior 상위부서코드 = 부서코드;
```

③
```
Select 상위부서코드
from Mytest
where 부서코드 = 400
start with 부서코드 = 50
connect by prior 부서코드 = 상위부서코드;
```

④
```
Select 상위부서코드
from Mytest
where 부서코드 = 400
start with 상위부서코드 = 0
connect by prior 부서코드 = 상위부서코드;
```

해설 | 상위부서코드 0부터 시작하여 계층적으로 조회하는데 이때 Where 조건으로 부서코드 = 400에 대한 상위부서코드 값을 찾을 수 있다.
계층 쿼리는 START WITH ... CONNECT BY ... 로 전개가 완료된 후에 WHERE 등의 필터링이 실행된다.

20 다음 중 계층형 쿼리문의 내장 함수가 아닌 것은 무엇인가?

① LEVEL
② TRIM
③ SYS_CONNECT_BY_PATH
④ CONNECT_BY_ROOT

해설 | TRIM은 계층형 쿼리문의 내장 함수가 아니고 문자열 함수이다.

CONNECT BY 키워드

키워드	설명
LEVEL	검색 항목의 깊이를 의미한다. 즉, 계층 구조에서 가장 상위 레벨이 1이 된다.
CONNECT_BY_ROOT	계층 구조에서 가장 최상위 값을 표시한다.
CONNECT_BY_ISLEAF	계층 구조에서 가장 최하위를 표시한다.
SYS_CONNECT_BY_PATH	계층 구조의 전체 전개 경로를 표시한다.
NOCYCLE	순환 구조가 발생 지점까지만 전개한다.
CONNECT_BY_ISCYCLE	순환 구조 발생 지점을 표시한다.

21 다음 중 SQL문의 실행 순서로 올바른 것은?

① FROM - WHERE - GROUP BY - HAVING - ORDER BY - SELECT
② FROM - WHERE - HAVING - GROUP BY - ORDER BY - SELECT
③ FROM - WHERE - GROUP BY - SELECT - HAVING - ORDER BY
④ FROM - WHERE - GROUP BY - HAVING - SELECT - ORDER BY

해설 | FROM구는 테이블을 선택하고 WHERE 조건을 만족하도록 필터링한다. 그 다음 GROUP BY와 HAVING구가 실행되고 SELECT구로 데이터를 인출한 후에 ORDER BY로 정렬한다.

22 주어진 테이블에서 아래의 SQL문과 다른 값을 반환하는 SQL문을 고르시오.

[Mytest]

COL1	COL2
x	y
A	B
a	b
KK	BB
1	2
x	KK
y	BB

SELECT * FROM Mytest WHERE (COL1, COL2) IN (('x', 'y'), ('KK', 'BB'))

① SELECT * FROM Mytest WHERE NOT (COL1, COL2) in (('A', 'B'), ('x', 'KK'), ('a', 'b'), ('1', '2'), ('y', 'BB'))
② SELECT * FROM Mytest WHERE (COL1 = 'x' and COL2 = 'y') or (COL1 = 'KK' and COL2 = 'BB');
③ SELECT * FROM Mytest WHERE (COL1 = 'x' and COL2 = 'KK') or (COL1 = 'y' and COL2 = 'BB')
④ SELECT * FROM Mytest WHERE (COL = 'x' or COL1 = 'KK') and (COL2 = 'y' or COL2 = 'BB')

해설 | 위의 SQL문은 COL1과 COL2값으로 각각 (x, y) , (KK, BB)를 갖는 행들이 반환되지만 ③번 보기는 COL1과 COL2 값으로 각각 (x, KK), (y, BB)값을 갖는 행들이 반환된다.
③번 보기를 위의 SQL문과 동일한 결괏값을 반환하도록 하려면 ②번 보기와 같이
SELECT * FROM Mytest WHERE (COL1 = 'x' and COL2 = 'y') or (COL1 = 'KK' and COL2 = 'BB');로 변경시킨다.

23 사용자 A가 어떤 릴레이션에 대한 SELECT 권한을 WITH GRANT OPTION과 함께 사용자 B에게 허가하고, 사용자 B가 그 릴레이션에 대한 SELECT 권한을 WITH GRANT OPTION과 함께 사용자 C에게 허가하고, 사용자 C가 그 릴레이션에 대한 SELECT 권한을 WITH GRANT OPTION과 함께 사용자 D에게 허가했을 때, 사용자 A가 사용자 B로부터 SELECT 권한을 취소하면 사용자 C와 D의 권한은 어떻게 되는가?

① C의 권한은 유지되고, D의 권한은 취소된다.
② C의 권한은 취소되고, D의 권한은 유지된다.
③ C와 D의 권한이 유지된다.
④ C와 D의 권한이 취소된다.

해설 | "WITH GRANT OPTION"은 권한을 부여할 수 있는 권한을 부여한 것이고, 먼저 권한을 할당 받은 사용자의 권한이 취소되면 연쇄 취소된다.

24 분산 데이터베이스의 투명성과 관련이 없는 것은?

① 분할 투명성
② 위치 투명성
③ 지역사상 투명성
④ 이행 투명성

해설 | 분산 데이터베이스 투명성은 분할, 위치, 지역사상, 중복 투명성 등이 있다.

25 다음 중 DROP TABLE 테이블명 [CASCADE CONSTRAINT]에 대한 설명으로 옳은 것은?

① 테이블의 구조만 삭제된다.
② CASCADE는 Oracle, SQL Server, MySQL, PostgreSQL 모두 지원한다.
③ SQL Sever에서는 테이블을 먼저 삭제한 뒤 참조하는 FOREIGN KEY 제약조건, 참조하는 테이블을 삭제한다.
④ CASCADE CONSTRAINT 옵션은 해당 테이블에서 참조되는 제약조건도 삭제를 수행한다.

해설 | CASCADE CONSTRAINT 옵션은 해당 테이블과 관계가 있었던 참조되는 제약조건에 대해서도 삭제를 수행한다.
① DROP 명령어는 테이블의 모든 데이터 및 구조를 삭제한다.
② CASCADE는 Oracle에서만 옵션으로 존재하고 SQL Server에서는 존재하지 않는다.
③ SQL Server에서는 참조하는 FOREIGN KEY 제약조건, 참조하는 테이블을 먼저 삭제한 후에 해당 테이블을 삭제한다.

26 다음 중 SQL에 대한 설명으로 올바르지 않은 것은?

① DDL : 테이블과 같은 데이터 구조를 정의하거나 변경한다.
② DCL : 데이터베이스의 테이블에 있는 데이터를 변경한다.
③ DML : 테이블에 데이터를 입력하거나 변경, 삭제한다.
④ TCL : 트랜잭션을 제어하며 Commit과 Rollback이 있다.

해설 | ②번은 DML에 대한 설명이다.

27 다음 보기의 SELECT문을 실행했을 때 그 결과가 다른 하나는?

[Mytest]

ID	CNT
가	5
나	NULL
다	5
라	NULL
마	10

① SELECT COUNT(nvl(CNT, 0)) FROM Mytest;
② SELECT SUM(nvl(CNT, 0)) / 4 FROM Mytest;
③ SELECT AVG(nvl(CNT, 0)) FROM Mytest;
④ SELECT MIN(nvl(CNT, 5)) FROM Mytest;

해설 | ①, ②, ④번 보기는 결괏값 5를 반환하고 ③번 보기만 결괏값 4(20/5)를 반환한다.

28 다음 문제에 주어진 결괏값을 반환하는 SQL 문은?

[Mytest]

CLASS	NAME
A	조조
A	조조
A	조조
B	유비
B	관우
C	여포
C	여포

[결과]

CLASS	Result
A	1
B	2
C	1

①
```
SELECT CLASS, count(*) AS "Result"
FROM Mytest
GROUP BY CLASS;
```

②
```
SELECT CLASS,
count(distinct NAME) AS "Result"
FROM Mytest
GROUP BY CLASS;
```

③
```
Select CLASS,
count(1) AS "Result"
FROM Mytest
GROUP BY CLASS;
```

④
```
SELECT
COUNT(CASE WHEN CLASS ='A' THEN 1
END) AS "Result"
COUNT(CASE WHEN CLASS ='B' THEN 1
END) AS B,
COUNT(CASE WHEN CLASS ='C' THEN 1
END) AS C
FROM Mytest;
```

해설 | ②번 보기에서 주어진 테이블을 'CLASS' 속성별로 그룹화한 다음 각 'CLASS' 속성별 행의 수를 count하는데 DISTINCT 인자로 중복되는 NAME 값은 제외하고 count를 수행하여 결괏값이 반환된다.

29 다음은 WINDOW 함수를 사용해서 순위를 구한 것이다. 다음 중 빈칸의 내용으로 올바른 것은?

[Mytest]

이름	급여
A	300
B	260
C	260
D	200
E	150
F	100

[결과]

순위	이름	급여
1	A	300
2	B	260
2	C	260
3	D	200
4	E	150
5	F	100

```
SELECT (        ) OVER
(ORDER BY 급여 desc)
as 순위, 이름, 급여
FROM Mytest;
```

① RANK()
② DENSE_RANK()
③ ROW_NUMBER()
④ ROW()

해설 |
- 결괏값에서 중복된 등수 2등 다음에 바로 다음 등수인 3등이 왔으므로 빈칸에는 DENSE_RANK가 와야 한다.
- DENSE_RANK() : 중복된 순위 다음에는 바로 다음 순위를 부여한다.

30 다음 보기는 WINDOW 함수에 대한 사용 방법이다. 가장 올바르지 않은 SQL문은 무엇인가?

① SUM(급여) OVER()

② SUM(급여) OVER
(PARTITION BY JOB
ORDER BY EMPNO
RANGE BETWEEN
UNBOUNDED PRECEDING
AND UNBOUNDED FOLLOWING)
SAL

③ SUM(급여) OVER
(PARTITION BY JOB
ORDER BY EMPNO
RANGE BETWEEN
UNBOUNDED PRECEDING
AND UNBOUNDED PRECEDING)
SAL

④ SUM(급여) OVER
(PARTITION BY JOB ORDER BY
JOB
RANGE BETWEEN
UNBOUNDED PRECEDING
AND CURRENT ROW) SAL

해설 | ③번 보기에서 UNBOUNDED PRECEDING은 end point에 사용될 수 없다. 즉, UNBOUNDED PRECEDING은 윈도우의 시작 위치가 첫 번째 행이다.
RANGE BETWEEN start_point AND end_point
- start_point는 end_point와 같거나 작은 값이 들어간다.
- Default 값은 RANGE BETWEEN UNBOUNDED PRECEDING AND CURRENT ROW
- UNBOUNDED PRECEDING : start_point만 들어갈 수 있으며, 파티션의 first row
- UNBOUNDED FOLLOWING : end_point만 들어갈 수 있으며, 파티션의 last row
- CURRENT ROW : start, end_point 둘 다 가능하며, 윈도우는 CURRENT ROW에서 start하거나 end한다.

31 다음 중 파티션에 대한 설명으로 올바르지 않은 것은?

① RANK() OVER
(PARTITION BY JOB
ORDER BY SAL ASC) JOB_RANK
: 각 JOB 별 SAL이 낮은 순서대로 순위가 부여된다.

② SUM(SAL) OVER
(PARTITION BY MGR
ORDER BY SAL
RANGE UNBOUNDED
PRECEDING)
: 각 MGR별 현재 행부터 파티션 내 첫 번째 행까지의 SAL의 합계를 계산한다.

③ COUNT(*) OVER
(ORDER BY SAL)
RANGE BETWEEN
10 PRECEDING
AND 150 FOLLOWING)
: SAL을 기준으로 현재 행에서의 SAL의 −10에서 +150 사이의 급여를 가지는 행의 수를 계산한다.

④ AVG(SAL) OVER
(PARTITION BY MGR
ORDER BY TODAY
ROWS BETWEEN 1 PRECEDING
AND 1 FOLLOWING)
: 각 MGR 별로 앞의 한 건, 현재 행, 뒤의 한 건 사이에서 SAL의 평균을 계산한다.

해설 | ④번 보기는 각 MGR 별로 SAL의 평균을 계산하기 전에 TODAY를 기준으로 정렬을 수행한 다음에 SAL의 평균을 계산한다. 즉, 각 MGR별 TODAY 기준으로 정렬하였을 때 파티션 내에서 앞의 한 건, 현재 행, 뒤의 한 건 사이의 급여의 평균을 계산한다.

32 다음에서 주어진 Mytest 테이블에서 SQL문을 실행했을 때 결괏값과 같은 SQL문은?(단 union은 정렬도 진행하는 것으로 한다)

[Mytest]

JOB_ID	SALARY
manager	1300
manager	1500
manager	1900
helper	1000
helper	1500
helper	2500

[결과]

JOB_ID	SALARY
helper	1000
helper	2500
manager	1300
manager	1900

①
```
select *
    from ( select  job_id, max(salary) from
    Mytest
        group by job_id
        union
        select job_id, min(salary) from
        Mytest
        group by job_id
    );
```

②
```
select *
    from ( select  job_id, max(salary) from
    Mytest
        group by salary
        union
        select job_id, min(salary) from
        Mytest
        group by salary
    );
```

③

```
select *
    from ( select   job_id, max(salary) from
    Mytest
        group by job_id
        union all
        select job_id, min(salary) from
        Mytest
        group by job_id
    );
```

④

```
select *
    from ( select   job_id, max(salary) from
    Mytest
        group by salary
        union all
        select job_id, min(salary) from
        Mytest
        group by salary
    );
```

해설 | 결괏값은 주어진 테이블에서 JOB_ID 별로 그룹화하였을 때 각 JOB_ID별 Salary의 최댓값과 최솟값이 반환되는 결괏값이다. 그런데 JOB_ID별 SALARY 값이 하나의 속성값으로 통일되었으므로 Union 연산자를 이용한다.
문제 조건에 "UNION은 정렬도 진행한다"는 조건이 있는 이유는 이전에는 UNION 기능이 SORT UNIQUE(정렬+중복제거)였지만 오라클이 업그레이드 되면서(10.2 버전) HASH UNIQUE(중복제거+정렬 안할 수 있음)으로 변경되었기 때문이다. 따라서 가급적 처리 후 OR-DER BY를 해주는 것이 좋다.

33 다음 보기의 SQL문을 실행 했을 때 결괏값이 다른 하나는?

[Mytest]

COL1
NULL
0
NULL
0
NULL

① select case a.COL1 when null then −1 else 0 end as data from Mytest a;
② select case when a.COL1 is null then −1 else 0 end as data from Mytest a;
③ select DECODE(a.COL1, null, −1, a.col1) as data from Mytest a;
④ select NVL(a.COL1, −1) as data from Mytest a;

해설 | 나머지 보기는 모두 COL1값이 NULL일 때 −1을 반환하는데 ①번 보기만 COL1값이 NULL일 때 0을 반환한다. 즉, CASE문으로 NULL을 비교할 때 알 수 없음이 된다.

34 다음 보기의 결과값과 동일하게 반환하는 SQL문은?

[Mytest]

회원번호	주문일자	주문금액
100	20221101	10000
100	20221102	20000
100	20221103	30000
103	20221101	10000
103	20221102	30000
103	20221110	15000
101	20221201	18000
104	20221201	5000
104	20221103	1000

[결과]

회원번호	주문일자	주문금액
103	20221102	30000
103	20221110	15000
103	20221101	10000

① select * from Mytest order by 주문금액 asc

② select * from Mytest where 회원번호 = 103

③ select * from Mytest where 회원번호 = 103 order by 주문금액

④ select * from Mytest where 회원번호 = 103 order by 주문금액 desc

해설 | 위의 결괏값은 주어진 테이블에서 회원번호 = 103에 해당하는 ROW를 먼저 선택한 후 선택된 ROW에 대해서 주문금액을 기준으로 내림차순 정렬한 것이다.

35 다음의 Mytest 테이블에 데이터를 입력 시 에러가 발생하는 것은?

[Mytest]

```
Create table Mytest
(
    A number(10) primary key,
    B number(10),
    C date,
    D varchar2(10)
);
```

① INSERT into Mytest values (1, 12, sysdate, 002)

② INSERT into Mytest values (2, 1111, to_date('20230101', 'YYYYMMDD'), '003')

③ INSERT into Mytest values (3, 200, sysdate-10, '004')

④ INSERT into Mytest values (4, 32, 20220420, '004')

해설 | ①의 경우 002는 자동으로 형변환이 되어 TO_CHAR(002)로 인해 D칼럼에 '002'로 들어간다.
②의 경우 가장 권장되는 입력 형태이다.
③의 경우 각 문자형에 맞게 잘 들어간다. SYSDATE -10은 10일 전 날짜를 의미한다.
④의 경우 20220420이라는 숫자형 값을 바로 DATE에 넣어 데이터타입 불일치 에러가 발생한다. TO_DATE(20220420)으로 바꾸어야 한다.
즉, 기본적으로 테이블에 INSERT 시 어느정도 형변환을 해주지만, 안되는 경우도 있으며, 가급적 데이터타입을 맞춰 INSERT하는 것을 권장한다.

36 다음의 SQL문이 반환하는 결괏값은?

[Mytest]

COL1	COL2	COL3
1	Null	1
2	10	14
2	10	12

```
select * from Mytest order by COL1 desc,
COL2 desc, COL3 desc;
```

①

COL1	COL2	COL3
1	Null	1
1	10	12
2	10	14

②

COL1	COL2	COL3
2	Null	14
2	10	12
1	10	1

③

COL1	COL2	COL3
2	10	14
2	10	12
1	Null	1

④

COL1	COL2	COL3
2	10	1
2	10	12
1	Null	14

해설 | 해당 SQL문은 주어진 테이블인 Mytest에서 COL1, COL2, COL3 속성 순서대로 내림차순 정렬을 수행한다.
(1, null, 1)은 COL1 desc에 의해 먼저 정렬되므로 마지막 행에 위치한다.
COL1을 정렬해서 값이 동일한 행은 COL2 desc를 수행하는데, COL2 열도 동일한 행이 있으므로 그 행들에 대해 COL3 desc를 수행한다.

37 다음 보기의 결괏값을 얻기 위한 SQL문을 작성하시오.

[Mytest]

COL1	COL2	COL3
null	0	30
0	null	0
10	20	null
11	21	31
13	22	32

[결과]

A	B	C
13	0	34

```
select
   (      ) AS A,
   (      ) AS B,
   (      ) AS C
from Mytest
```

① max(COL2), min(COL2), sum(COL1)
② max(COL1), min(COL2), sum(COL1)
③ max(COL1), min(COL2), sum(COL2)
④ min(COL1), max(COL2), max(COL1)

해설 | A 속성은 COL1의 최댓값, B 속성은 COL2의 최솟값, C 속성은 COL1 속성의 합이다.

38 아래의 결괏값을 보고 SQL문의 빈칸에 들어 갈 수 있는 내용을 고르시오.

[결과]

DEPTNO	JOB	SUM(SAL)
100	증권사	1,300
100	관리자	2,400
100		3,700
200	증권사	1,900
200	데이터분석가	6,000
200	관리자	2,975
200		10,875
		14,575

```
SELECT DEPTNO, JOB, SUM(SAL)
FROM Mytest
GROUP BY (      );
```

① DEPTNO, JOB
② GROUPING SETS(DEPTNO, JOB)
③ ROLLUP(DEPTNO, JOB)
④ CUBE(DEPTNO, JOB)

해설 | 주어진 결괏값을 보면 1. DEPTNO별 합계, 2. DEPTNO, JOB별 합계, 3. 전체 합계가 조회되므로 빈칸에는 그룹 함수 중 ROLLUP이 와야 한다.

39 다음의 SQL문을 ANSI 표준 SQL문으로 올바르게 변환한 것은?

```
SELECT * FROM SCOTT.EMP A,
SCOTT.DEPT B
WHERE A.DEPTNO = B.DEPTNO
AND B.DNAME = 'SALES';
```

①
```
SELECT * FROM SCOTT.EMP A
LEFT OUTER JOIN SCOTT.DEPT B
ON ( A.DEPTNO = B.DEPTNO AND
B.DNAME ='SALES');
```

②
```
SELECT * FROM SCOTT.EMP A
RIGHT OUTER JOIN SCOTT.DEPT B
ON ( A.DEPTNO = B.DEPTNO AND
B.DNAME ='SALES');
```

③
```
SELECT * FROM SCOTT.EMP A
CROSS JOIN SCOTT.DEPT B
ON ( A.DEPTNO = B.DEPTNO AND
B.DNAME ='SALES');
```

④
```
SELECT * FROM SCOTT.EMP A
INNER JOIN SCOTT.DEPT B
ON A.DEPTNO = B.DEPTNO WHERE 1=1
AND B.DNAME ='SALES';
```

해설 | OUTER JOIN 혹은 CROSS JOIN이 아닌 IN-NER JOIN이므로 ④번이 된다.

40

아래와 같은 두 개의 테이블이 있을 때 아래의 SQL 결과 건수를 알맞게 나열한 것은?

[MytestA]

COL1	COL2	KEY1
관우	100	B
유비	200	C
조자룡	300	D
동탁	400	E

[MytestB]

KEY2	COL2	COL3
A	100	조조
B	200	관우
C	300	유비

```
SELECT * FROM MytestA A INNER JOIN
MytestB B ON (A.KEY1 = B.KEY2);
SELECT * FROM MytestA A LEFT OUTER
JOIN MytestB B ON (A.KEY1 = B.KEY2);
SELECT * FROM MytestA A RIGHT OUTER
JOIN MytestB B ON (A.KEY1 = B.KEY2);
SELECT * FROM MytestA A FULL OUTER
JOIN MytestB B ON (A.KEY1 = B.KEY2);
SELECT * FROM MytestA A CROSS JOIN
MytestB B;
```

① 2, 4, 3, 5, 12
② 2, 4, 5, 8, 12
③ 2, 3, 4, 5, 12
④ 2, 4, 3, 7, 12

해설 |
- INNER JOIN은 B와 C가 같기 때문에 2건이다.
- LEFT OUTER JOIN은 같은 것 2건과 D, E까지 포함해서 4건이 된다.
- RIGHT OUTER JOIN은 같은 것 2건과 MytestB의 A까지 조회되어서 3건이 된다.
- FULL OUTER JOIN은 같은 것 2건과 MytestA의 2건, MytestB의 1건 포함해서 5건이 된다.
- CROSS JOIN은 MytestA의 4개의 행과 MytestB의 3개의 행을 곱해서 4*3=12건이다.

41

EMP 테이블의 급여합계에 대해서 결합 가능한 모든 조건의 합계를 계산하는 것은?

① GROUP BY DEPTNO, JOB
② GROUPING SETS(DEPTNO, JOB)
③ ROLLUP(DEPTNO, JOB)
④ CUBE(DEPTNO, JOB)

해설 |
- CUBE는 CUBE 함수에 제시한 칼럼에 대해서 결합 가능한 모든 집계를 계산한다.
- 즉, 다차원 집계를 제공하여 다양하게 데이터를 분석할 수 있게 한다.
- 예를 들어 부서와 직업을 CUBE로 사용하면 부서별 합계, 직업별 합계, 부서별 직업별 합계, 전체합계가 조회되는 것이다.
- 즉, 조합할 수 있는 모든 경우의 수가 모두 조합되는 것이다.

42

다음 보기의 SQL을 실행하면 총 12개의 행이 조회된다. (   )에 올바른 것은?

[MytestA]

COL1	COL2
1	A1
2	
3	B1
4	C1

[MytestB]

COL1	COL2
1	A1
2	
3	B1

```
SELECT * FROM MytestA (         ) MytestB;
```

① INNER JOIN
② LEFT OUTER JOIN
③ CROSS JOIN
④ RIGHT OUTER JOIN

해설 | CROSS JOIN은 MytestA 테이블이 4행, MytestB 테이블이 3행이므로 4*3=12가 된다.

43 다음은 Oracle 데이터베이스에서 사용하는 Outer Join의 예제이다. 빈칸을 채워 Oracle 의 Outer Join을 표준 ANSI SQL로 변경하시오.

[Oracle OUTER JOIN]

```
SELECT *
FROM EMP, DEPT
WHERE EMP.부서코드(+) = DEPT.부서코드;
```

[ANSI JOIN]

```
SELECT *
FROM EMP (          ) DEPT
ON (EMP.부서코드 = DEPT.부서코드)
```

① FULL OUTER JOIN
② LEFT OUTER JOIN
③ RIGHT OUTER JOIN
④ CROSS JOIN

해설 | Oracle OUTER JOIN에서 (+)가 왼쪽 테이블 옆에 위치해 있으므로 우측 테이블에서는 조인을 수행하지 않는 테이블의 행들은 그대로 유지되며, 좌측 테이블에서는 조인을 수행하지 않는 테이블의 행들은 null값으로 추가되는 Right OUTER JOIN이 수행된다.

Oracle RIGHT OUTER JOIN

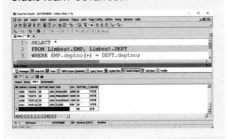

44 다음은 Oracle 데이터베이스에서 사용하는 OUTER JOIN의 예제이다. 빈칸을 채워 Oracle의 OUTER JOIN을 표준 ANSI SQL로 변경하시오.

[Oracle OUTER JOIN]

```
SELECT *
FROM EMP, DEPT
WHERE EMP.부서코드 = DEPT.부서코드(+)
AND DEPT.부서명(+) = '보안팀'  AND 급여
〉4000
```

[ANSI JOIN]

```
SELECT *
FROM EMP (          ) DEPT
ON (EMP.부서코드 = DEPT.부서코드
and DEPT.부서명 = '보안팀')
WHERE 1=1 AND 급여 〉 4000;
```

① FULL OUTER JOIN
② LEFT OUTER JOIN
③ RIGHT OUTER JOIN
④ CROSS JOIN

해설 | **LEFT OUTER JOIN**
본 문제는 43번 풀이와 반대로 LEFT OUTER JOIN 이다.

45 다음 보기에서 설명하고 있는 데이터베이스 키의 종류는 무엇인가?

> 데이터베이스 키의 종류 중에서 유일성과 최소성을 만족한다.

① 인조키
② 수퍼키
③ 후보키
④ 외래키

해설 | **키의 종류**

데이터베이스 키	설명
기본키 (Primary Key)	후보키 중에서 엔터티를 대표할 수 있는 키이다.
후보키 (Candidate Key)	후보키는 유일성과 최소성을 만족하는 키이다.
슈퍼키 (Super Key)	슈퍼키는 유일성은 만족하지만 최소성(Not Null)을 만족하지 않는 키이다.
외래키 (Foreign Key)	하나 혹은 다수의 다른 테이블의 기본키 필드를 가리키는 것으로 참조 무결성(Referential Integrity)을 확인하기 위해서 사용되는 키이다.

46 다음 보기의 SQL문을 실행했을 때의 결괏값은?

[Mytest]

NO	SCORE
001	150
NULL	250
003	50
004	150
NULL	600

```
SELECT SUM(SCORE) / COUNT(NO)
FROM Mytest
```

① 100
② 200
③ 300
④ 400

해설 | COUNT(칼럼명)으로 조회를 하는 경우는 NULL 값이 제외된다. 따라서 3이 된다. 즉, 합계 1200/3=400이다.

47 다음 SQL의 실행 결과는?

```
SELECT ROUND(10.51234, 1) FROM DUAL;
```

① 10
② 10.5
③ 10.51
④ 11

해설 | ROUND(숫자, 반올림 소수 자리)는 반올림하는 함수이다.

48 다음과 같은 결괏값을 조회하기 위해서 SQL 문의 ( )에 알맞은 것을 넣으시오.

[Mytest]

ENAME	SAL
유비	1000
관우	1100
장비	1200
제갈량	1300
조운	1400
황충	1500

[결과]

ENAME	SAL	CNT
유비	1000	2
관우	1100	2
장비	1200	2
제갈량	1300	2
조운	1400	2
황충	1500	1

```
SELECT ENAME, SAL,
(                    ) as CNT
FROM Mytest;
```

① MAX(SAL) OVER(ORDER BY
 SAL RANGE BETWEEN
 50 PRECEDING 100 FOLLOWING)
② COUNT(*) OVER(ORDER BY
 SAL RANGE BETWEEN
 50 PRECEDING 100 FOLLOWING)
③ COUNT(*) OVER(ORDER BY
 SAL RANGE BETWEEN
 0 PRECEDING 100 FOLLOWING)
④ COUNT(*) OVER(ORDER BY
 CNT RANGE BETWEEN
 50 PRECEDING 100 FOLLOWING)

해설 | 먼저 위의 Mytest 테이블에서 결괏값과 같이 반환되도록 'SAL' 속성을 기준으로 정렬을 수행하고 각각의 행에서의 SAL 속성값을 기준으로 −50에서 +150 범위 사이에 포함되는 SAL값을 가지는 모든 행의 수를 COUNT하여 CNT 속성값으로 조회한다(RANGE는 현재 행의 데이터 값을 기준으로 앞뒤 데이터 값의 범위를 표시하는 것).

49 다음에서 설명하고 있는 식별자는?

데이터베이스 키는 생성 여부에 따라 (A) 식별자와 (B) 식별자로 분류된다.
(A) 식별자는 엔터티 스스로 생성되는 식별자이고 (B)식별자는 다른 엔터티 간의 관계에 의해서 만들어지는 식별자이다.

① A: 기본키, B: 대체키
② A: 외부 식별자, B: 내부 식별자
③ A: 내부 식별자, B: 외부 식별자
④ A: 인조 식별자, B: 본질 식별자

해설 |
생성 여부에 따른 식별자의 종류

종류	설명
내부 식별자	• 내부 식별자는 엔터티 내부에서 스스로 생성되는 식별자이다. • 예를 들어 부서코드, 주문번호, 종목코드 등이 있다.
외부 식별자	• 다른 엔터티의 관계로 인하여 만들어지는 식별자이다. • 예를 들어 계좌 엔터티에 회원ID이다.

50 다음에 주어진 두 개의 테이블에 대해서 "SQL1"의 실행 결과와 동일한 "SQL2" 문을 완성하시오.

[MytestA]

COL1	COL2
1	200
2	310
3	400
4	500

[MytestB]

COL1	COL2	COL3
1	200	1000
2	350	2000
3	400	3000
4	550	4000

[SQL1]

```
SELECT * FROM MytestA  a
WHERE (a.col1, a.col2)
IN (SELECT b.col1, b.col2 FROM MytestB b
WHERE b.col3 > 1400);
```

[SQL2]

```
SELECT * FROM MytestA  a
WHERE EXISTS (              );
```

① SELECT 1 FROM MytestB b
　WHERE a.col1=b.col1 AND
　a.col2=b.col2 AND b.col3 > 1400

② SELECT 1 FROM MytestB b
　WHERE a.col1=b.col1 AND
　a.col2=b.col2 AND b.col3 < 1400

③ SELECT 1 FROM MytestB b
　WHERE a.col1=b.col1 AND
　a.col2=b.col2 AND b.col1 > 1400

④ SELECT 1 FROM MytestB b
　WHERE a.col1=b.col1 AND
　a.col2=b.col2 AND b.col1 < 1400

해설 |

EXISTS 구문의 뒤의 조건에 일치하는 경우 해당 a 테이블의 행을 출력한다.
MytestA와 MytestB에서 같은 COL1, COL2 값을 가지는 행으로 MytestB에서 1, 3번째 행이 선택되고 그 중에서 COL3 속성값이 1400보다 큰 값을 가지는 행을 찾는다.
EXISTS 뒤에서 SELECT 1 ... 이 부분은 별 의미가 없이 이 문법을 지키기 위해 사용한 것이다. EXISTS (SELECT *... 또는 SELECT X' 등도 사용 가능하다.

---

1 과목 데이터 모델링의 이해

01 다음은 데이터베이스 파티션 기법에 대한 설명이다. 보기에서 설명하고 있는 파티션 기법은 무엇인가?

> • 파티셔닝 할 항목을 관리자가 직접 지정하는 방법으로 제품에 대해서 파티션을 생성하였다.
> • 데이터 보관 주기에 따라서 쉽게 데이터를 삭제할 수 없다.

① RANGE PARTITION
② HASH PARTITION
③ LIST PARTITION
④ HYBRID PARTITION

> **해설 | List Partition**
> Range Partition은 데이터 값의 범위를 기준으로 파티션을 수행하고 List Partition은 특정 값을 지정해서 파티션을 수행한다. 또한 Hash Partition은 해시 함수를 적용하여 파티션을 수행하는 것이다. Composite Partition은 범위와 해시를 복합적으로 사용해서 파티션을 수행한다.

02 속성의 특성에 따른 분류로 올바른 것은?

① 기본 속성, 일반 속성, 파생 속성
② 기본 속성, 설계 속성, 파생 속성
③ 기본 속성, 설계 속성, 일반 속성
④ 일반 속성, 설계 속성, 파생 속성

> **해설 | 속성의 종류**
>
> | 속성 | 주요 내용 |
> | --- | --- |
> | 기본 속성 (Basic) | 가장 일반적인 것으로 일련번호, 코드 데이터처럼 다른 속성에서 계산하거나 영향을 받은 것을 제외한 모든 속성이다. |
> | 설계 속성 (Design) | • 데이터 모델링 과정에서 생성되는 속성이다.
• 예를 들어 일련번호와 같이 설계 과정에서 만들어지는 속성이다. |
> | 파생 속성 (Derived) | • 다른 속성으로부터 영향을 받아서 생성되는 속성이다.
• 예를 들어 직원별 급여합계, 월별 생산량 등이다. |

03 엔터티 간의 관계 중 비식별 관계에 대한 설명으로 올바르지 않은 것은?

① 약한 연결 관계를 표현하고 있다.
② 엔터티 간의 관계를 점선으로 표현한다.
③ 부모 쪽의 관계 참여가 선택적 관계이다.
④ 반드시 부모 엔터티에 종속한다.

> **해설 | 식별 관계는 반드시 부모 엔터티에 종속하고 강한 연결 관계를 표현한다. 비식별 관계는 약한 연결 관계를 표현하고 자식이 일반 속성에 포함된다.**

04 아래 ER 모델링의 표기법은 무엇인가?

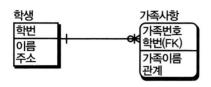

① Barker 표기법
② IE 표기법
③ UML 표기법
④ IDEF1X 표기법

> 해설 | 위의 표기법은 정보공학 표기법인 IE 표기법 형식이다. 위의 모델링과 동일한 Barker의 표기법은 다음과 같다.
> **Barker 표기법**

05 정규화를 수행하지 않고 엔터티에 데이터를 입력할 때 불필요한 데이터를 같이 입력하거나 삭제하면 다른 데이터까지 같이 삭제되는 문제는?

① 제3정규화
② 제2정규화
③ 이상현상
④ 연결 함정

> 해설 | 정규화를 하지 않아서 발생하는 문제점을 이상현상(Anomaly)이라고 한다. 이상현상에는 삽입 이상현상, 갱신 이상현상, 삭제 이상현상이 있다.

06 다음 중 3차 정규화에 대한 설명으로 가장 올바른 것은?

① 속성의 원자값 제거
② 복합 속성으로 구성된 식별자에 대해 부분적인 속성으로도 식별이 되는 부분 종속성을 제거
③ 다치종속성을 제거
④ 이행함수 종속성을 제거

> 해설 | 제3정규화는 일반 속성 간에 종속이 발생하는 이행함수 종속성을 제거하는 것이다.
> • 속성의 중복값을 제거 → 1차 정규화
> • 복합 속성으로 구성된 식별자에 대해 부분적인 속성으로도 식별이 되는 부분 종속성을 제거 → 2차 정규화
> • 다치종속성을 제거 → 4차 정규화

07 키 엔터티라고도 하며 발생 시점에 따라서 엔터티를 분류할 때 독립적으로 생성되는 엔터티는 무엇인가?

① 기본 엔터티
② 중심 엔터티
③ 행위 엔터티
④ 종결 엔터티

> 해설 | **엔터티의 특징**
>
> | 엔터티 특징 | 설명 |
> | --- | --- |
> | 기본 엔터티
(Basic Entity) | • 키 엔터티라고도 한다.
• 다른 엔터티로부터 영향을 받지 않고 독립적으로 생성되는 엔터티이다.
• 예를 들어 고객, 상품, 부서 등이 있다. |
> | 중심 엔터티
(Main Entity) | • 기본 엔터티와 행위 엔터티 간의 중간에 있는 것이다.
• 즉, 기본 엔터티로부터 발생되고 행위 엔터티를 생성하는 것이다.
• 예를 들어 계좌, 주문, 취소, 체결 등이다. |
> | 행위 엔터티
(Active Entity) | • 2개 이상의 엔터티로부터 발생된다.
• 예를 들어 주문이력, 체결이력 등이다. |

08 데이터베이스 파티션 기법 중 날짜 및 숫자처럼 연속된 값을 기준으로 만드는 파티션 기법은?

① Range Partition
② List Partition
③ Hash Partition
④ Composite Partition

> 해설 | Range Partition은 날짜 및 숫자처럼 연속된 값을 기준으로 만든 파티션 테이블이다.

```
create table mytest
(
pdate varchar2(8),
psize number(3)
)
partition by range(pdate)
(
partition q1 values less than ('20220101')
tablespace ts_t1,
partition q2 values less than ('20230101')
tablespace ts_t2,
partition q5 values less than (maxvalue)
tablespace ts_t3
);
```

09 다음은 데이터베이스 모델링 단계에 대한 설명이다. 올바르지 않은 것은?

① 개념적 데이터베이스 모델링은 추상화 수준이 낮고 재사용성이 매우 높은 모델링 방법이다.
② 성능, 데이터 저장 방법 등을 고려하는 모델링은 물리적 모델링이다.
③ 데이터베이스 모델링 단계는 개념적, 논리적, 물리적 단계로 수행하고 개념적 단계부터 물리적 모델링이 진행될수록 상세화된다.
④ 개념적 모델링 이후에 구체적인 업무 중심의 모델링과 정규화를 수행하는 단계가 논리적 모델링 단계이다.

> 해설 |
> • 개념적 모델링은 추상화 수준이 높고 업무에 대한 엔터티를 도출하고 관계를 정의하는 단계이다.
> • 재사용성이 높은 단계는 논리적 모델링 단계이다.

10 다음 중 엔터티, 인스턴스, 속성, 속성 값의 관계로 올바르지 않은 것은?

① 한 개의 엔터티에는 두 개 이상의 속성이 있다.
② 한 개의 속성은 한 개의 속성값을 가지고 있다.
③ 한 개의 엔터티에는 두 개 이상의 인스턴스가 있다.
④ 한 개의 엔터티는 한 개의 속성만 가지고 있다.

> 해설 | 한 개의 엔터티(Entity)는 두 개 이상의 속성(Attribute)과 두 개 이상의 인스턴스(Instance)를 가진다.

11 다음 중 서브쿼리(Subquery)에 대한 설명으로 올바르지 않은 것은?

① 서브쿼리에는 Order by구를 사용할 수 없다.

② 서브쿼리에서 여러 개의 행이 반환되면 IN, ANY, ALL과 같은 다중행 서브쿼리 함수를 사용해야 한다.

③ FROM구에 사용되면 인라인 뷰이고 WHERE절에 사용되면 서브쿼리이다.

④ 서브쿼리에서 메인쿼리의 칼럼을 사용할 수 있고 메인쿼리에서도 서브쿼리의 칼럼을 사용할 수 있다.

> 해설 | 서브쿼리는 메인쿼리의 칼럼을 모두 사용할 수 있지만, 메인쿼리는 서브쿼리의 칼럼을 사용할 수 없으므로 스칼라 서브쿼리 등을 사용해야 한다.

12 다음 중 Mytest 테이블에서 주어진 결과를 반환하는 SQL문으로 올바른 것은?

[Mytest]

DNAME	YEAR	SAL
빅데이터팀	2010	1000
빅데이터팀	2011	2000
빅데이터팀	2012	3000
인프라운영팀	2010	1000
인프라운영팀	2011	2000
인프라운영팀	2012	3000

[결과]

DNAME	YEAR	SUM(SAL)
빅데이터팀	2010	1,000
빅데이디팀	2011	2,000
빅데이터팀	2012	3,000
빅데이터팀		6,000
인프라운영팀	2010	1,000
인프라운영팀	2011	2,000
인프라운영팀	2012	3,000
인프라운영팀		6,000
		12,000

① SELECT DNAME, YEAR, SUM(SAL) FROM Mytest GROUP BY ROLLUP ((DNAME, DNAME), NULL);

② SELECT DNAME, YEAR, SUM(SAL) FROM Mytest GROUP BY ROLLUP (DNAME, (DNAME, YEAR));

③ SELECT DNAME, SUM(SAL) FROM Mytest GROUP BY ROLLUP ((DNAME, YEAR));

④ SELECT DNAME, SUM(SAL) FROM Mytest GROUP BY ROLLUP (DNAME, YEAR, (DNAME, YEAR));

> 해설 |
>
> | NO | DNAME | YEAR | SUM(SAL) |
> |---|---|---|---|
> | 1 | 빅데이터팀 | 2010 | 1,000 |
> | 2 | 빅데이터팀 | 2011 | 2,000 |
> | 3 | 빅데이터팀 | 2012 | 3,000 |
> | 4 | 빅데이터팀 | | 6,000 |
> | 5 | 인프라운영팀 | 2010 | 1,000 |
> | 6 | 인프라운영팀 | 2011 | 2,000 |
> | 7 | 인프라운영팀 | 2012 | 3,000 |
> | 8 | 인프라운영팀 | | 6,000 |
> | 9 | | | 12,000 |
>
> 위의 내용은 DNAME별 합계이다.
>
> 1. DNAME별 소계(4, 8행)
>
> 2. DNAME, SAL별 소계(1, 2, 3, 5, 6, 7행)
>
> 3. 전체 집계(9행)가 계산된 것이므로 해당하는 SQL문은
>
> SELECT DNAME, YEAR, SUM(SAL) FROM Mytest GROUP BY ROLLUP (DNAME, (DNAME, YEAR));
>
> 이 된다.

13 다음 SQL문의 실행 결과로 올바른 것은?

① SELECT FLOOR(35.8)
   FROM DUAL → 36
② SELECT CEIL(35.8)
   FROM DUAL → 36
③ SELECT ROUND(36.8, 0)
   FROM DUAL → 36
④ SELECT TRUNC(35.8)
   FROM DUAL → 36

해설 | CEIL은 35.8보다 크거나 같은 최소의 정수를 되돌려 주기 때문에 36이 된다.

14 다음 중 SQL문의 실행 순서로 올바른 것은?

① FROM → WHERE → GROUP BY → HAVING → ORDER BY → SELECT
② FROM → WHERE → GROUP BY → HAVING → SELECT → ORDER BY
③ FROM → WHERE → HAVING → GROUP BY → ORDER BY → SELECT
④ FROM → WHERE → GROUP BY → SELECT → HAVING → ORDER BY

해설 | SELECT문은 FROM, WHERE, GROUP BY, HAVING, SELECT, ORDER BY 순으로 실행된다.

SELECT문의 실행 순서

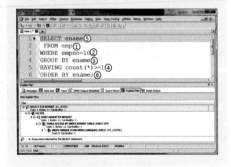

15 다음 중 Oracle과 SQL Server의 트랜잭션 처리 방식에 대한 설명으로 올바르지 않은 것은?

① SQL의 DML과 DDL을 실행할 때 COMMIT을 자동으로 처리하는 것이 AUTO COMMIT이다.
② 명시적 트랜잭션의 시작과 끝은 모두 SQL을 실행하는 사용자가 지정한다.
③ 암시적(묵시적) 트랜잭션 처리는 트랜잭션이 자동으로 시작되며 자동으로 완료 혹은 취소되는 것이다.
④ Oracle에서 INSERT를 실행하면 자동적으로 COMMIT까지 완료된다.

해설 | 오라클에서 기본적으로 AUTO COMMIT은 설정되지 않는다. SQL Server는 기본 설정이 AUTO COMMIT이다.

16 다음 SQL문에 대한 실행 계획을 읽는 순서로 올바른 것은?

```
1.  Nested loops
2.    Hash join
3.      TABLE ACCESS (FULL) TABLE1
4.      TABLE ACCESS (FULL) TABLE2
5.    TABLE ACCESS (BY ROWID) TA-
        BLE3
6.      INDEX (UNIQUE SCAN) PK_TA-
          BLE3
```

① 3, 4, 2, 6, 5, 1
② 1, 2, 3, 4, 5, 6
③ 3, 4, 6, 2, 5, 1
④ 6, 5, 4, 3, 2, 1

해설 | SQL 문장에서 실행 계획을 읽는 순서는 우선 안에서 밖으로 읽으면서 같은 레벨에서는 위에서 아래로 읽는다.

17 PL/SQL에서 FETCH 이후에 수행해야 하는 것은?

① Cursor DEFINE
② Cursor EXPTION
③ Cursor CLOSE
④ EXIT

해설 | PL/SQL의 사용 순서는 Cursor 선언, Cursor Open, FETCH, Cursor Close이다.
PL/SQL에서 선언구는 다음과 같다.

커서의 선언구

DECLARE CURSOR 〈 커서명 〉 IS SELECT
〈 컬럼명 〉 FROM 〈 테이블명 〉;

커서가 선언되면 OPEN 문을 사용해서 해당 커서를 열어야 사용이 가능하다.

커서의 열기

OPEN 〈 커서명 〉;

커서가 열려지면 FETCH 문을 사용해서 데이터를 읽어 올 수 있다.

커서의 인출

FETCH 〈 커서명 〉 INTO 변수1, 변수2…;

마지막으로 인출이 종료되면 사용된 커서는 반드시 닫아야 한다.

커서의 닫기

CLOSE 〈 커서명 〉;

18 SQL SERVER에 구축된 TEAMSCORE 테이블에서 WINCNT가 가장 높은 4위까지 조회한다. 단, WINCNT에 동일한 순위 팀이 있으면 같이 조회하는 SQL문으로 올바른 것은?

[TEAMSCORE]

TEAMNAME	WINCNT	FAILCNT
A팀	124	90
B팀	20	11
C팀	12	21
D팀	102	100
E팀	110	111
F팀	100	200
G팀	71	30

①
```
SELECT TOP(4) TEAMNAME, WINCNT
    FROM TEAMSCORE
    ORDER BY WINCNT ASC;
```

②
```
SELECT TOP(4) TEAMNAME, WINCNT
    FROM TEAMSCORE;
```

③
```
SELECT TEAMNAME, WINCNT
    FROM TEAMSCORE
    WHERE ROWNUM <= 4
    ORDER BY WINCNT DESC;
```

④
```
SELECT TOP(4) WITH TIES TEAMNAME,
WINCNT
    FROM TEAMSCORE
    ORDER BY WINCNT DESC;
```

해설 | ③번의 ROWNUM은 ORACLE 데이터베이스에서 사용하는 것이고 SQL SERVER는 TOP구를 사용한다. TOP구에 WITH TIES를 같이 사용하면 동일한 데이터가 있을 때 함께 조회된다.

19 다음 중 LIKE문에서 세 번째 문자가 'K'인 문자열을 조회하는 것으로 가장 올바른 것은?

① SELECT * FROM EMP WHERE like 'K%'

② SELECT * FROM EMP WHERE like '%K%'

③ SELECT * FROM EMP WHERE like '[_ K]%'

④ SELECT * FROM EMP WHERE like '_ _K%'

해설 |
① K로 시작하는 문자열
② K 문자가 포함된 모든 문자열
③ 첫 번째 문자가 _ 또는 K인 모든 문자열을 검색하는 조건이다. 단, 이 방식은 SQL Server 방식이며, Oracle에서는 regexp_like 정규식을 활용할 수 있다.

20 다음 중 HASH 조인의 순서로 올바른 것은?

가. 선행 테이블에서 조건에 만족하는 데이터에 대해서 필터링을 수행한다.

나. 선행 테이블의 조인 키를 해시 함수의 입력으로 넣고 해시 테이블을 생성한다.

다. 가와 나의 작업은 선행 테이블에서 조건을 만족하는 모든 행에 대해서 실행한다.

라. 후행 테이블에 조건이 있으면 데이터에 대해서 필터링한다.

마. 후행 테이블의 조인 키를 해시 함수의 입력에 넣어서 해시값을 생성하고 선행 테이블의 해시 값과 비교해서 검색한다.

① 가 → 나 → 다 → 라 → 마
② 가 → 나 → 라 → 마 → 다
③ 나 → 가 → 마 → 라 → 다
④ 가 → 라 → 나 → 마 → 다

해설 | 가 → 나 → 다 → 라 → 마 순서대로 해시 조인 (Hash Join)을 실행한다.

21 다음 중 세 번째 문자가 'N'인 문자열을 검색하는 조건으로 적절한 것은?

① SELECT * FROM 테이블명 WHERE like LIKE 'N%'

② SELECT * FROM 테이블명 WHERE like '%N%'

③ SELECT * FROM 테이블명 WHERE like '[_ N]%'

④ SELECT * FROM 테이블명 WHERE like '_ _N%'

해설 | ①번은 N으로 시작하는 문자열, ②번은 N 문자가 포함된 모든 문자열, ③번은 첫 번째 문자가 _ 또는 N인 모든 문자열을 검색하는 조건이다.

22 다음 SQL문과 동일한 결과를 반환하는 SQL문은?

```
select * from Mytest
where (COL1 = 1 and COL2 =3) or (COL1 =
1 and COL2 = 4);
```

① select * from Mytest where COL1 = 1 and (COL2 = 3 or COL2 = 4);

② select * from Mytest where COL1 in (1, 3) and COL2 in (1, 4);

③ select * from Mytest where COL1 in (1, 3) or COL2 in (1, 4);

④ select * from Mytest where COL1 = 1 or (COL2 = 3 or COL2 = 4);;

해설 | 주어진 SQL문은 COL1, COL2 값이 각각 (1, 3) (1, 4)인 행들만 조회되는 SQL문이다.
이와 같은 값을 반환하는 보기는 COL1이 1이면서 COL2가 3 또는 4인 값을 조회하는 ①번 보기이다.

COL1	COL2
1	1
1	2
1	3
1	4
2	1
2	2
2	3
2	4

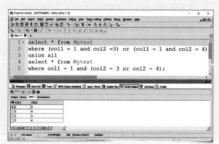

23 다음 WINDOW FUNCTION이 포함된 SQL문의 실행 결과로 올바른 것은?

[Mytest]

MGR	ENAME	HIREDATE	SAL
유비	관우	2017	1000
유비	조자룡	2018	1500
유비	제갈량	2015	2000
조조	하후돈	2016	2000
조조	하후연	2017	3500
조조	순욱	2015	3000
손권	주유	2015	2500
손권	황개	2019	3000
손권	노숙	2013	2000

```
SELECT MGR, ENAME, SAL,
    SUM(SAL) OVER (PARTITION BY MGR
ORDER BY HIREDATE
        ROWS BETWEEN 1 PRECED-
ING AND 1 FOLLOWING) AS MGR_SUM
FROM Mytest;
```

[결과]

MGR	ENAME	SAL	MGR_SUM
손권	노숙	2000	?
손권	주유	2500	?
손권	황개	3000	?
유비	제갈량	2000	?
유비	관우	1000	?
유비	조자룡	1500	?
조조	순욱	3000	?
조조	하후돈	2000	?
조조	하후연	3500	?

① 2000, 2500, 3000, 2000, 1000, 1500, 3000, 2000, 3500

② 2000, 4500, 7500, 2000, 3000, 4500, 3000, 5000, 8500

③ 4500, 7500, 5500, 3000, 4500, 2500, 5000, 8500, 5500

④ 4500, 7500, 7500, 3000, 4500, 4500, 5000, 8500, 8500

해설 | 위의 Mytest 테이블에서 MGR 속성별로 파티션을 분할했을 때 각각의 파티션 내에서 HIREDATE 속성값 기준으로 오름차순 정렬하고 그때 같은 파티션 내에서 현재 행을 기준으로 바로 이전 행부터 바로 다음 행까지의 급여의 합계를 계산하여 MGR_SUM 속성값으로 조회한다.

24 다음 주어진 SQL문을 수행하였을 때 최종적으로 반영되는 값은 무엇인가?

```
INSERT INTO Mytest VALUES(1);
INSERT INTO Mytest VALUES(2);
SAVEPOINT SV1;
UPDATE Mytest SET COL1=8 WHERE
COL1=2;
INSERT INTO Mytest VALUES(9);
SAVEPOINT SV2;
DELETE Mytest WHERE COL1=8;
INSERT INTO Mytest VALUES(11);
SAVEPOINT SV3;
INSERT INTO Mytest VALUES(9);
ROLLBACK TO SV2;
COMMIT;
```

① 1, 2
② 1, 8, 11
③ 1, 8, 11, 8
④ 1, 8, 9

해설 | 위의 SQL문의 맨 하단의 ROLLBACK TO SV2 명령어를 수행하면 SAVEPOINT SV2 지점까지 변경된 것을 모두 취소한다.

25 다음 중 B-Tree 인덱스에 대한 설명으로 올바른 것은?

① 인덱스를 생성하면 물리적으로 정렬되기 때문에 빠르게 연속적인 데이터 블록을 검색할 수 있다.
② 분기를 수행하는 브랜치 블록, 인덱스를 구성하는 칼럼값을 가지는 리프 블록으로 구성된다.
③ 인덱스 내부 구조에 해당 데이터가 있으면 1, 없으면 0으로 저장한다.
④ 정보계와 같은 Data warehouse에서 사용하고 많은 양의 데이터를 검색할 때 사용한다.

해설 |
• ①번 보기는 CLUSTERED 인덱스
• ③번, ④번 보기는 BITMAP 인덱스에 대한 설명이다.

• B-Tree 인덱스는 루트노트, 브랜치 노드, 리프노드로 구성되고 트리의 밸런스를 유지시키는 트리이다.

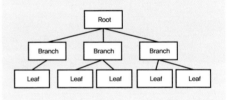

26 다음 중 해시 조인(HASH JOIN)에 대해서 올바르지 않은 것은?

① 해시 조인 시에 선행 테이블은 작은 테이블이 먼저와야 한다.
② 해시 조인을 위해서 해시 함수를 사용하기 때문에 CPU를 많이 사용한다.
③ Equal Join과 Non-Equal Join 모두 사용이 가능하다.
④ 조인 칼럼에 인덱스가 없어도 사용이 가능하다.

해설 | 해시 조인은 해시 함수를 사용하기 때문에 동등 조인(Equal Join)에만 할 수 있다.

27 다음 중 CUBE 함수에 대한 설명으로 올바르지 않은 것은?

① CUBE는 칼럼에서 결합이 가능한 모든 다차원 집계를 생성한다.

② CUBE는 ORDER BY를 사용해서 정렬할 수 있다.

③ CUBE 함수를 사용해서 계층별 집계를 구할 수 있다.

④ ROLLUP에 비해서 시스템 연산이 적은 장점이 있다.

> **해설 |** CUBE는 결합 가능한 모든 다차원 집계를 생성하기 때문에 ROLLUP에 비해서 많은 연산을 발생시킨다.

28 다음 중 데이터베이스 관리 언어에 대한 설명으로 올바르지 않은 것은?

① DDL은 테이블, 뷰, 인덱스 등을 생성하거나 변경하는 것으로 CREATE, ALTER, DROP, RENAME 등이 있다.

② DML은 질의를 실행하여 데이터를 조작할 수 있으며 INSERT, UPDATE, SELECT, DELETE구가 있다.

③ COMMIT과 ROLLBACK, SAVEPOINT는 TCL 명령어이다.

④ DML은 비절차형 언어로 데이터를 조작할 수 있다.

> **해설 |** DML은 INSERT, UPDATE, SELECT, DELETE 등이 있고 TCL은 COMMIT, ROLLBACK, SAVEPOINT가 있다.
> 일반적으로 사용하는 DML은 무슨 데이터를 가져 오는지만 기술하면 되는 비절차적 언어로 볼 수 있으나 프로시저 등 절차적 기술을 할 수 있으므로 관점에 따라 절차적 언어로 볼 수도 있다.

29 SQL문을 ANSI 표준 SQL문으로 변환한 것으로 올바른 것은?

```
SELECT *
FROM SCOTT.EMP A, SCOTT.DEPT B
WHERE A.DEPTNO = B.DEPTNO
AND B.DNAME = 'KIM'
```

①
```
SELECT *
FROM SCOTT.EMP A  LEFT OUTER JOIN
SCOTT.DEPT B
ON (A.DEPTNO = B.DEPTNO AND
B.DNAME = 'KIM')
```

②
```
SELECT *
FROM SCOTT.EMP A  RIGHT OUTER JOIN
SCOTT.DEPT B
ON (A.DEPTNO = B.DEPTNO AND
B.DNAME = 'KIM') WHERE 1 = 1;
```

③
```
SELECT * FROM SCOTT.EMP A  INNER
JOIN SCOTT.DEPT B
ON (A.DEPTNO = B.DEPTNO AND
B.DNAME = 'KIM') WHERE 1 = 1;
```

④
```
SELECT * FROM SCOTT.EMP A  INNER
JOIN SCOTT.DEPT B
ON A.DEPTNO = B.DEPTNO WHERE 1 = 1
AND B.DNAME = 'KIM';
```

> **해설 |**
> • 조인 조건과 조회 조건이 분리되어야 하므로 조회 조건은 WHERE절로 분리되어야 한다. OUTER JOIN이 아닌 INNER JOIN이므로 INNER JOIN에 조회 조건 분리가 된 ④번이 맞다.
> • ANSI SQL에서 조인 조건절(ON 절)에 사용된 조건절은 조인 전 조건으로 작용한다. ON절 이후 WHERE절에서 쓰인 조건절은 조인 후 조건절로 사용된다.

30 두 개의 테이블에 대해서 UNION ALL을 실행 했을 때 조회되는 행 수는?

[MytestA]

COL1	COL2
1	2
1	2
1	3

[MytestB]

COL1	COL2
1	2
1	4
1	5

```
SELECT DISTINCT COL1, COL2
FROM MytestA
UNION ALL
SELECT COL1, COL2
FROM MytestB;
```

① 2
② 5
③ 4
④ 7

해설 | 첫 번째 테이블에서 DISTINCT로 중복된 행이 제외되어 (1, 2), (1, 3) 두개의 행만 남고

COL1	COL2
1	2
1	3

두 번째 테이블과 UNION ALL로 중복을 포함하여 합쳐져 (1, 2), (1, 3), (1, 2), (1, 4), (1, 5) 5개의 행이 조회된다.

31 다음의 계층형 질의에서 리프(Leaf) 노드 여부를 출력하려고 한다. ( )에 올바른 것은?

```
SELECT LEVEL, LPAD(' ',4 * (LEVEL −1) )
|| EMPNO, MGR, (   ) AS ISLEAF
FROM Mytest
START WITH MGR IS NULL
CONNECT BY PRIOR EMPNO = MGR;
```

① CONNECT_BY_ISLEAF
② CONNECT_BY_ISCYCLE
③ SYS_CONNECT_BY_PATH
④ CONNECT_BY_LEAF

해설 |
- CONNECT_BY_ISLEAF : 전개 과정에서 해당 데이터가 리프 데이터면 1, 아니면 0을 반환한다.
- CONNECT_BY_ISCYCLE : 전개 과정에서 자식을 갖는데, 해당 데이터가 조상으로 존재하면 1, 그렇지 않으면 0을 반환한다. 여기서 조상이란 자신으로부터 루트까지의 경로에 존재하는 데이터를 말한다.
- SYS_CONNECT_BY_PATH : 하위 레벨의 칼럼까지 모두 표시해준다(구분자 지정 가능).

계층형 질의

MGR	EMPNO	SAL
100	200	1000
	100	2000
300	400	3000
200	300	4000
400	500	5000

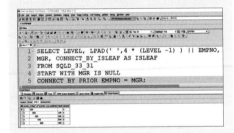

32 다음 SQL문을 실행한 결과로 올바른 것은?

[MytestA]

N1	V1
1	A
2	
3	B
4	C

[MytestB]

N1	V1
1	A
2	
3	B

```
SELECT SUM(A.N1)
FROM MytestA  A, MytestB  B
WHERE A.V1 ◇ B.V1;
```

① 10

② 32

③ 12

④ 9

해설 | Cross Join 결과에서 NULL 값을 제외하고 조건을 체크하면 아래와 같다.

A.V1	B.V1	A.N1
A	A	1
A		1
A	B	1
	A	2
		2
	B	2
B	A	3
B		3
B	B	3
C	A	4
C		4
C	B	4

33 다음 중 서브쿼리(SubQuery)에 대한 설명으로 올바르지 않은 것은?

① 서브쿼리는 SQL문의 SELECT구, FROM구, WHERE구 모두 사용이 가능하다.

② 서브쿼리는 단일행 서브쿼리와 다중행 서브쿼리로 분리되고 다중행 서브쿼리의 경우 IN, ANY, EXISTS, ALL과 같은 함수를 사용해야 한다.

③ 메인쿼리에서 서브쿼리 내에 있는 칼럼을 사용할 수 없다.

④ 서브쿼리는 SELECT절, FROM절, WHERE절 등에서 사용 가능하다.

해설 | 서브쿼리 중에서 INLINE VIEW의 칼럼은 메인쿼리에서도 사용 가능하다.

34 다음 중 SQL문 실행 계획에 대한 설명으로 잘못된 것은?

```
0   SELECT STATEMENT Optimizer=ALL_
    ROWS (Cost=8 Card=9 Bytes=2K)
1  0  HASH JOIN (Cost=8 Card=9
       Bytes=2K)
2  1   TABLE ACCESS (FULL) OF
       'SCOTT.DEPT' (TABLE) (Cost=4
       Card=1 Bytes=30)
3  1   VIEW (Cost=4 Card=9 Bytes=783)
4  3    COUNT (STOPKEY)
5  4     TABLE ACCESS
          (FULL) OF 'SCOTT.
          EMP' (TABLE) (Cost=
          4 Card=14 Bytes=2K)
```

```
Predicate information (identified by opera-
tion id):
```

```
1 – access("A"."DEPTNO"="B"."DEPTNO")
2 – filter("B"."DNAME"='SALES')
4 – filter(ROWNUM<10)
```

① EMP TABLE에 대한 행 제한 구문이 있다.
② EMP TABLE과 DEPT TABLE은 LEFT OUTER JOIN으로 수행되고 있다.
③ EMP TABLE과 DEPT TABLE에서 EMP 테이블을 FULL Access하다가 9개의 행을 읽으면 멈춘다.
④ EMP 테이블과 DEPT 테이블은 HASH JOIN을 하고 있다.

해설 | Predicate information 정보를 보면 행의 수를 9개로 제한하고 있다. 그리고 LEFT OUTER JOIN은 하고 있지 않다.

35 다음 중 SQL문을 가장 잘 설명하고 있는 것은?

[MytestA]

EMPLOYEE_ID	MANAGER_ID	SALARY
A1	B1	400
A2	B2	8000
A3	B3	9000
A4	B4	4000
A5	B5	5000

[MytestB]

EMPLOYEE_ID	MANAGER_ID	SALARY
B1	C1	2000
B2	C2	7000
B3	C3	10000
B4	C4	3000
B5	C5	6000

```
SELECT A.* FROM MytestA A, MytestB B
WHERE A.MANAGER_ID = B.EMPLOYEE_ID
AND B.SALARY >= ANY A.SALARY;
```

① 어떤 부하 직원보다도 연봉이 높은 상사
② 어떤 부하 직원보다도 연봉이 낮은 상사
③ 어떤 상사보다도 연봉이 높은 부하 직원
④ 어떤 상사보다도 연봉이 낮은 부하 직원

해설 | A 테이블의 매니저 아이디가 B 테이블의 직원 아이디이므로 => A가 부하직원, B가 상사라고 볼 수 있다. 그러므로 상단의 SQL문은 어떤 부하직원보다도 연봉이 높은 상사의 데이터를 조회하는 SQL문이라 할 수 있다.

[ANY 조건 결과] 어떤 부하직원보다도 연봉이 높은 상사의 연봉
(B.SALARY >= ANY A.SALARY)

[결과]

EMPLOYEE_ID	MANAGER_ID	SALARY
A1	B1	400
A3	B3	9000
A5	B5	5000

36 다음 중 데이터베이스 관리 언어를 올바르게 매핑한 것은?

① DML – RENAME
② TCL – COMMIT
③ DCL – DROP
④ DML – ALTER

37 다음 중 아래의 데이터 모델과 같은 테이블 및 PK 제약조건을 생성하는 DDL 문장으로 올바른 것은? (단, DBMS는 Oracle을 기준으로 한다)

테이블명 : T_PRODUCT(기본키 : PRODUCT_ID)

PRODUCT_ID VARCHAR2(10) NOT NULL
PRODUCT_NAME VARCHAR2(100) NOT NULL
REGISTER_DATE DATE NOT NULL
REGISTER_NO NUMBER(10) NULL

① CREATE TABLE T_PRODUCT
(PRODUCT_ID VARCHAR2(10)
NOT NULL,
PRODUCT_NAME VAR-
CHAR2(100) NOT NULL,
REGISTER_DATE DATE NOT
NULL,
REGISTER_NO NUMBER(10),
CONSTRAINT PRODUCT_PK
PRIMARY KEY (PRODUCT_ID));

② CREATE TABLE T_PRODUCT
(PRODUCT_ID VARCHAR2(10)
NOT NULL,
PRODUCT_NAME VAR-
CHAR2(100) NOT NULL,
REGISTER_DATE DATE NOT
NULL,
REGISTER_NO NUMBER(10)
NULL);
ALTER TABLE T_PRODUCT ADD
PRIMARY KEY PRODUCT_PK
ON (PROD_ID);

③ CREATE TABLE T_PRODUCT
(PRODUCT_ID VARCHAR2(10),
PRODUCT_NAME VAR-
CHAR2(100),
REGISTER_DATE DATE,
REGISTER_NO NUMBER(10));
ALTER TABLE T_PRODUCT ADD
CONSTRAINT PRODUCT_PK
PRIMARY KEY (PROD_ID)

④ CREATE TABLE T_PRODUCT
(PRODUCT_ID VARCHAR2(10)
NOT NULL,
PRODUCT_NAME VAR-
CHAR2(100) NOT NULL,
REGISTER_DATE DATE NOT
NULL,
REGISTER_NO NUMBER(10)
NULL, ADD CONSTRAINT PRI-
MARY KEY (PRODUCT_ID));

38 테이블 A, B, C가 있다. 다음 중 DELETE FROM A 쿼리를 수행한 후에 테이블 C 테이블에 남아 있는 데이터로 가장 올바른 것은?

A

C	D
1	1
2	1

B

B	C
3	1
4	1

C

A	B
1	3
2	4

```
CREATE TABLE A
(C INTEGER PRIMARY KEY,
D INTEGER);

CREATE TABLE B
(B INTEGER PRIMARY KEY,
C INTEGER REFERENCES A(C) ON DE-
LETE CASCADE);

CREATE TABLE C
(A INTEGER PRIMARY KEY,
B INTEGER REFERENCES B(B) ON DE-
LETE SET NULL);
```

① (1, NULL)과 (2, 2)
② (1, NULL)과 (2, NULL)
③ (2, 2)
④ (1, 1)

해설 | DELETE FROM A 이후 A 테이블은 모두 삭제된다. C 테이블은 Cascade 옵션에 의해서 A의 첫 번째 행을 참조하는 두 건 모두 삭제된다. 그리고 B 테이블이 삭제됨에 따라 B 테이블의 B 칼럼을 참조하는 C 테이블의 B 칼럼값은 SET NULL 옵션에 의해서 NULL 값으로 변경된다.

39 다음은 테이블 생성 시 사용하는 제약조건 (Constraints)에 대한 설명이다. 가장 올바르지 않은 것은?

① UNIQUE : 칼럼에 중복된 값이 없을 때도 NULL 값은 입력되지 않는다.
② PRIMARY KEY : 기본키로 테이블당 한 개만 생성이 가능하고 자동으로 인덱스가 생성된다.
③ FOREIGN KEY : 다른 테이블의 기본키를 참조한다.
④ NOT NULL : 칼럼에 NULL 값을 입력할 수 없도록 한다. 기본키의 경우 별도로 지정하지 않아도 된다.

해설 | UNIQUE 제약조건은 칼럼에 중복된 값을 허용하진 않지만, NULL 값은 포함한다.

40 다음 중 SQL에서 실행 결과가 같은 것은?

[MytestA]

ID	NAME
1	A
2	B
3	C
4	D
5	E
6	F

[MytestB]

ID	NAME
1	G
3	H
5	I
6	J
7	K
8	L

(1)
```
SELECT A. ID, B.ID
FROM MytestA A FULL OUTER JOIN
MytestB B
ON A.ID = B.ID
```

(2)
```
SELECT A.ID, B.ID
FROM MytestA A LEFT OUTER JOIN
MytestB B
ON A.ID = B.ID
UNION
SELECT A.ID, B.ID
FROM MytestA A RIGHT OUTER JOIN
MytestB B
ON A.ID = B.ID
```

(3)
```
SELECT A.ID, B.ID
FROM MytestA A, MytestB B
WHERE A.ID = B.ID
UNION ALL
SELECT A.ID, NULL FROM MytestA A
WHERE NOT EXISTS (SELECT 1 FROM
MytestB B WHERE A.ID = B.ID)
UNION ALL
SELECT NULL, B.ID
FROM MytestB B
WHERE NOT EXISTS (SELECT 1 FROM
MytestA A WHERE B.ID = A.ID)
```

① 1, 2
② 1, 3
③ 2, 3
④ 1, 2, 3

해설 | 보기 3개 모두 FULL OUTER JOIN과 동일한
결과를 반환한다. 즉, 교집합과 MytestA 및 MytestB
의 차집합 모두가 조회된다.

41 다음의 주어진 테이블에서 아래의 SQL문을 수행하였을 때의 결과가 RESULT와 같을 때 SQL문의 (ㄱ)에 들어갈 것은?

[Mytest]

COL1
AAA
BBB
CCC
DDD
EEE
FFF
GGG
HHH
III
JJJ

[RESULT]

VAL	CNT
1	3
2	3
3	2
4	2

```
SELECT VAL, COUNT(*) AS CNT
FROM (
      SELECT ( ㄱ )(4) over (ORDER BY
      COL1) AS VAL
      FROM Mytest
)
WHERE 1=1
GROUP BY VAL ORDER BY 1;
```

① NTILE
② LEAD
③ RANK
④ LAG

해설 | NTILE 함수는 expr에 명시된 값만큼 파티션을 균등하게 분할하는 함수로 expr에 명시된 숫자가 4이고 order by가 1이니 오름차순 정렬로 총 4개의 VAL 속성값으로 파티션이 분할되며 각 파티션별로 행의 수가 균등하게 분할되어 3, 3, 2, 2의 행의 수로 각각 분할된다.

42 다음은 Oracle 데이터베이스의 계층형 질의에 대한 것이다. 올바르지 않은 것은?

① START WITH절은 계층 구조의 시작 점을 지정하는 구문이다.
② ORDER SIBLINGS BY구는 형제 노드 사이에 정렬을 수행한다.
③ 순방향 전개란 부모 노드로부터 자식 노드로 전개하는 것이고 역방향 전개는 자식 노드에서 부모 노드로 전개하는 것이다.
④ 루트 노드의 LEVEL 값은 1이 아니다.

해설 | Oracle 계층형 질의에서 루트 노드의 LEVEL 값은 1이다.

43 Mytest 테이블에 대해서 SQL문을 실행했을 때 결과로 올바른 것은?

[Mytest]

EMPID	NAME	TODAY	MGRID
1000	조조	2017-01-01	NULL
1001	유비	2017-01-01	1000
1002	관우	2020-01-01	1000
1003	조자룡	2020-01-01	1000
1004	여포	2020-01-01	NULL
1005	동탁	2022-01-01	1004
1006	사마위	2022-01-01	1004
1007	순욱	2022-01-01	1004

```
SELECT *
FROM Mytest
START WITH MGRID IS NULL
CONNECT BY PRIOR EMPID = MGRID
AND .today BETWEEN '2017-01-01' AND
'2022-12-31'
ORDER SIBLINGS BY EMPID;
```

①

EMPID	NAME	TODAY	MGRID
1000	조조	2017-01-01	
1001	유비	2017-01-01	1000
1002	관우	2020-01-01	1000
1003	조자룡	2020-01-01	1000
1004	여포	2020-01-01	
1005	동탁	2022-01-01	1004
1006	사마위	2022-01-01	1004
1007	순욱	2022-01-01	1004

②

EMPID	NAME	TODAY	MGRID
1001	유비	2017-01-01	1000
1002	관우	2020-01-01	1000
1003	조자룡	2020-01-01	1000
1005	동탁	2022-01-01	1004
1006	사마위	2022-01-01	1004
1007	순욱	2022-01-01	1004

③

EMPID	NAME	TODAY	sal
1000	조조	2017-01-01	5000

④

EMPID	NAME	TODAY	MGRID
1000	조조	2017-01-01	
1001	유비	2017-01-01	1000
1002	관우	2020-01-01	1000
1003	조자룡	2020-01-01	1000

해설 | MGRID가 NULL인 값에서 시작해서 EMPID로 조회를 전개하는 순방향 조회를 하고 있다. 순방향 전개를 하면서 EMPID로 정렬한다.

44 다음의 SQL문을 실행했을 때 아래 결과가 조회되도록 ㉠, ㉡에 들어갈 숫자를 고르시오.

```
SELECT COL1, COL2, COL3,
LEAD(COL3, ㉠, ㉡) OVER(PARTITION BY
COL1 ORDER BY COL3 ) AS Result
FROM Mytest
```

[결과]

COL1	COL2	COL3	Result
LIM	가	1	10
LIM	가	5	9
LIM	다	10	9
KIM	가	20	100
KIM	나	30	9
KIM	나	100	9
PARK	다	50	1000
PARK	나	100	9
PARK	다	1000	9
LEE	라	1200	9
LEE	라	1400	9

① ㄱ: 2, ㄴ: 9
② ㄱ: 2, ㄴ: 4
③ ㄱ: 1, ㄴ: 9
④ ㄱ: 1, ㄴ: 4

해설 | **LEAD(대상 속성, 순서, 디폴트값) OVER (PARTITION BY 절)**
COL3 값에서 두 번째 다음값이 Result 값으로 출력되니 ㉠에는 숫자 2가 와야 하고, 현재 COL3값의 두 번째 다음값이 해당 파티션내에서 존재하지 않을 경우에는 기본값으로 9를 출력하니 ㉡에는 숫자 9가 와야 한다.

45 다음 SQL문을 실행하여 나오는 결과의 빈칸 ㉠, ㉡을 작성하시오.

[Mytest]

COL1	COL2	COL3
A	가	100
A	가	500
A	다	1000
B	가	2000
B	나	3000
B	나	10000
C	다	5000

SELECT NTILE2, COUNT(*) AS CNT
FROM (
SELECT COL1, COL2, COL3, NTILE(3)
OVER (ORDER BY COL3) AS NTILE2
FROM Mytest)
GROUP BY NTILE2;

[결과]

NTILE2	CNT
(㉠)	(㉡)
2	2
3	2

① ㄱ: 3, ㄴ: 1
② ㄱ: 2, ㄴ: 3
③ ㄱ: 1, ㄴ: 3
④ ㄱ: 3, ㄴ: 2

해설 | 주어진 테이블에서 COL3 속성의 값 7개를 2, 2, 2로 균등하게 3등분하고 남은 값을 앞에서부터 순차적으로 할당하므로 3, 2, 2개씩 파티션이 분할된다. 그러면 NTILE2에서는 각각 분할된 파티션별 번호인 1, 2, 3이 할당되고 CNT에서는 각각에 분할된 파티션별 행의 수가 카운트 되어 3, 2, 2가 반환된다.

46 다음 SQL문의 실행 결과는?

SELECT COALESCE(nullif(1,1), 200, 300) as data from dual;

① 100
② 200
③ 300
④ 400

해설 | nullif(1,1) 에서 NULL을 반환하고 COALESCE (NULL, 200, 300)에서 200을 반환한다.

47 날짜값을 2020, 02와 같이 조회되도록 SQL
문을 완성하시오.

[Mytest]

COL1
2020-2-1

```
SELECT EXTRACT
(YEAR FROM SYSDATE),
LPAD(EXTRACT(month from sysdate), ㉠, ㉡)
FROM Mytest;
```

① ㄱ: 1, ㄴ: '0'
② ㄱ: 1, ㄴ: '2'
③ ㄱ: 2, ㄴ: '2'
④ ㄱ: 2, ㄴ: '0'

해설 | COL1 값에서 Month 값 1이 두 자릿수 01로 출
력되어야 하므로 LPAD 함수의 두 번째 인자 값에는
숫자 2이다. 세 번째 인자 값에는 문자 '0'이 와야 한
다.
• LPAD : 대상 문자, 지정 길이, 채울 문자
  ex) SELECT LPAD('1' , 8, '0') FROM DUAL =>
  00000001
• EXTRACT : 원하는 날짜 영역을 추출하여 출력하
  는 함수

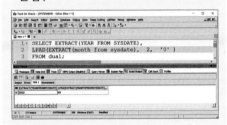

48 DEPT 테이블에는 총 4개의 데이터가 있다.
다음의 SQL문을 실행하면 총 몇 개의 행이
조회되는가?

```
SELECT * FROM DEPT CROSS JOIN
DEPT;
```

① 4　　　　　② 8
③ 12　　　　　④ 16

해설 | CROSS JOIN으로 DEPT에 행이 4건이다. 즉
4*4=16행이 조회된다.

49 다음의 SQL문을 실행한 결과를 쓰시오.

[Mytest]

COL1	COL2	COL3
A	가	100
A	가	500
A	다	1000
B	가	2000
B	나	3000
B	나	10000
C	다	5000

```
SELECT SUM( CASE WHEN COL1 = 'A'
THEN 1 END ) AS SUM1,
SUM( CASE WHEN COL3 < 20000 THEN 1
END ) AS SUM2
FROM Mytest;
```

① 1, 5
② 2, 6
③ 3, 7
④ 4, 8

해설 | SUM1은 COL1 = 'A' 조건을 만족하는 1, 2, 3행
을 각각 1로 되돌리고 합계를 계산하기 때문에 3이 된
다. COL2 < 20000 조건은 모든 행이 만족하고 1을
되돌리므로 합계는 7이 된다.

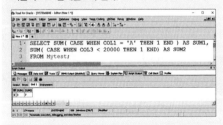

50 다음 주어진 SQL문의 빈칸에 그룹 함수를 쓰시오.

[Mytest]

COL1	COL2	COL3
A	가	100
A	가	500
A	다	1000
B	가	2000
B	나	3000
B	나	10000
C	다	5000

```
SELECT COL1, COL2, SUM(COL3)
FROM Mytest
GROUP BY (          );
```

[결과]

COL1	COL2	SUM(COL3)
A	가	600
A	다	1000
A		1600
B	가	2000
B	나	13000
B		15000
C	가	5000
C		5000

① GROUPING SETS(COL1,(COL1, COL2))

② GROUPING SETS(COL1,(COL2, COL3))

③ GROUPING SETS(COL1, COL2, COL3)

④ GROUPING SETS(COL1,(COL2, COL1))

해설 | GROUPING SETS(COL1, (COL1, COL2))

해설과 함께 풀어 보는 SQLD 최신 기출문제 3회

1 과목　데이터 모델링의 이해

01 다음은 도메인에 대한 설명이다. 특징으로 알맞지 않은 것은?

① 도메인별로 데이터 타입과 길이를 지정한다.
② 각 엔터티 속성에 도메인을 할당한다.
③ 공통으로 발생하는 명사는 여러 개의 도메인으로 생성한다.
④ 속성을 명사로 분리한다.

> 해설 | 공통으로 발생하는 명사를 하나의 도메인으로 생성해야 한다.
> **도메인(Domain)의 특징**
> • 각 속성이 가질 수 있도록 허용된 값들의 집합이다.
> • 속성명과 도메인명이 반드시 동일할 필요는 없다.
> • 릴레이션에서 모든 속성의 도메인은 원자적(Atomic)이어야 한다.

02 아래의 IE 표기법에서 고객 엔터티의 고객번호와 계좌마스터의 고객번호는 어떤 식별자에 해당되는가?

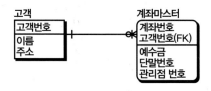

① 본질 식별자, 복합 식별자
② 내부 식별자, 외부 식별자
③ 단일 식별자, 인조 식별자
④ 단일 식별자, 복합 식별자

> 해설 | 내부 식별자란, 엔터티 내부에서 스스로 생성되는 식별자이고 외부 식별자는 다른 엔터티의 관계로 인하여 만들어지는 식별자이다.

03 다음은 주식별자에 대한 설명이다. 올바르지 않은 것은?

① 어떤 업무에서 자주 이용되는 것을 주식별자로 한다.
② 명칭, 내역 등과 같이 이름으로 기술되는 것들은 주식별자로 지정하지 않는다.
③ 계좌번호와 고객번호를 복합으로 주식별자로 구성할 경우 너무 많은 속성이 포함되지 않도록 한다.
④ 자주 변경되는 값을 주식별자로 지정해야 한다.

> 해설 | 주식별자는 회원ID와 같은 것으로 회원정보는 언제든 수정이 가능하지만 회원ID를 변경하지는 않는다. 즉, 자주 변경되지 않는 것을 주식별자로 지정해야 한다.
> **주식별자의 특징**
> • 주식별자에 의해 엔터티 내에 모든 인스턴스가 유일하게 구분되어야 한다.
> • 주식별자를 구성하는 속성의 수는 유일성을 만족하는 최소의 수가 되어야 한다.
> • 지정된 주식별자의 값은 자주 변하지 않는 것이어야 한다.
> • 주식별자가 지정되면 반드시 값이 들어와야 한다.

04 아래 시나리오에서 엔터티로 가장 적절한 것은?

> A 쇼핑몰에서 상품을 주문하려면 회원에 가입해야 한다. 회원가입 시에는 회원ID, 이름, 전화번호를 입력하고 주문을 할 때는 배송지 주소를 입력해야 한다.

① 이름　　　　② 회원
③ A 쇼핑몰　　④ 배송지 주소

> 해설 | 회원이라는 엔터티에 회원ID, 이름, 전화번호 속성이 있는 것이다. 엔터티는 2개 이상의 속성과 2개 이상의 인스턴스를 가진다.

ANSWER 1③ 2② 3④ 4②　　　　SQLD 최신 기출문제 3회 **113**

05 다음 중 주식별자의 특징으로 올바르지 않은 것은?

① 유일성 : 엔터티 내에서 모든 인스턴스들은 유일해야 한다.
② 최소성 : 속성의 수는 유일성을 만족해야 하고 최소의 수가 되어야 한다.
③ 불변성 : 식별자의 값은 변하지 않아야 한다.
④ 존재성 : 주식별자로 지정되면 데이터값이 존재하지 않을 수 있다.

> 해설 | 주식별자는 NULL 값을 가질 수가 없다. 즉, 주식별자는 NOT NULL이어야 한다.
>
> **주식별자 특징**
> • 모든 인스턴스(Instance)에서 유일해야 한다.
> • 주식별자의 속성 수는 최소이어야 한다.
> • 자주 변경되지 않는 것이어야 한다.
> • 반드시 값이 존재해야 한다.

06 다음은 반정규화 절차에 대한 설명이다. 반정규화 수행 시에 뷰(View) 혹은 클러스터링(Clustering) 기법을 적용해야 하는 단계는?

① 반정규화 대상 확인
② 다른 방법 결정
③ 정규화 여부 고려
④ 반정규화 실행

> 해설 | **반정규화 절차**
>
> | 절차 | 설명 |
> |---|---|
> | 반정규화 대상 확인 | 조인(JOIN)에 사용되는 테이블 및 대량의 데이터 처리, 통계 처리 등을 확인한다. |
> | 다른 방법 결정 | • 인덱스 조정을 통한 튜닝을 실시한다.
• 애플리케이션에 배열 처리(Array Processing)를 수행한다.
• 뷰(View) 혹은 클러스터링(Clustering) 기법을 적용한다. |
> | 반정규화 실행 | 테이블, 속성, 관계 등에 대한 반정규화를 수행한다. |

07 다음 중 ERD에 대한 설명으로 올바르지 않은 것은?

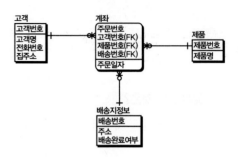

① 고객번호가 없으면 주문을 할 수 없으며, 한 명의 고객은 여러 개의 주문을 할 수 있고 주문을 하지 않을 수도 있다.
② 배송지는 여러 개의 주문을 배송할 수 있으며 배송지가 없을 수도 있다.
③ 주문과 제품의 관계에서 하나의 제품에는 하나의 주문만이 존재한다.
④ 주문일자는 고객이 주문을 한 일자로 배송이 완료된 후에 갱신되지 않는다.

> 해설 | ERD만 보고 답을 해야 하기 때문에 하나의 제품에 여러 개의 주문이 관계된다.

08 다음 중 아래 테이블에 대한 관계를 설명한 것으로 가장 적절한 것은?

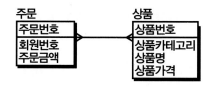

① 주문은 여러 개의 상품을 가질 수 있고, 상품은 하나의 주문에만 속할 수 있다.
② 상품은 여러 개의 주문에 속할 수 있고, 주문은 하나의 상품만 가질 수 있다.
③ 주문 1개는 여러 개의 상품을 가질 수 있으며, 상품 1개는 여러 개의 주문에 속할 수 있다.
④ 주문은 상품을 하나도 안 가질 수 있다.

해설 | M : N 관계를 가지고 있는 ERD이다. 하나의 주문은 여러 개의 상품을 가질 수 있고 하나의 상품도 여러 개의 주문을 가질 수가 있다.

09 다음 중 아래 테이블에 대한 이상현상을 설명한 것 중 가장 적절하지 않은 것은?

고객 (Primary Key)	고객명	상품번호 (Primary Key)	상품명	가격
0001	유비	1000	스마트폰	1000
0002	관우	1000	스마트폰	1000
0002	관우	2000	노트북	9000
0003	장비	3000	A카드	5000

① 삽입 이상 : 상품을 주문하지 않은 고객의 정보를 삽입할 수 없다.
② 갱신 이상 : 스마트폰의 정보를 업데이트할 경우 유비의 스마트폰만 업데이트하면 된다.
③ 갱신 이상 : 노트북의 가격을 업데이트할 경우 관우의 노트북만 업데이트하면 된다.
④ 삭제 이상 : 장비의 고객정보가 삭제되면 A카드 상품의 정보도 삭제된다.

해설 | 스마트폰의 정보를 업데이트할 경우 유비뿐 아니라 관우의 정보도 같이 업데이트해야 한다.

10 다음 중 속성(Attribute)에 대한 특징으로 알맞은 것은?

① 한 개의 엔터티는 한 개의 속성만 가질 수 있다.
② 엔터티를 설명하고 인스턴스의 구성요소가 된다.
③ 하나의 속성은 여러 개의 속성명을 가질 수 있다.
④ 서술식 속성명을 사용할 수 있다.

해설 | 속성명은 업무에서 사용하는 명칭을 사용하고 속성명은 데이터 모델에서 유일하게 사용해야 한다.

11 TRUNCATE TABLE 명령어에 대한 특징으로 가장 올바른 것은?

① 특정 행을 삭제할 수 없다.
② 테이블의 구조를 포함한 테이블 자체가 삭제된다.
③ 테이블 용량은 줄어들지 않는다.
④ 삭제한 데이터는 되돌릴(Rollback) 수 있다.

해설 | TRUNCATE TABLE은 특정 행을 삭제할 수는 없고 모든 행을 삭제한다. 특정 행을 삭제하기 위해서는 DELETE FROM구를 사용해야 한다.
②번 보기는 DROP구에 대한 설명이다.
③번 보기는 DELETE구에 대한 설명이다. TRUNCATE 구는 용량이 줄어들고, 인덱스 등도 모두 삭제된다.
④번 보기에서 TRUNCATE구는 삭제한 데이터를 다시 되돌릴 수 없다.

테이블의 모든 데이터 삭제

DELETE FROM 테이블명;	TRUNCATE TABLE 테이블명;
• 테이블의 모든 데이터를 삭제한다. • 데이터가 삭제되어도 테이블의 용량은 감소하지 않는다.	• 테이블의 모든 데이터를 삭제한다. • 데이터가 삭제되면 테이블의 용량을 초기화한다.

12 아래의 SQL문을 수행한 후 보기의 쿼리문을 실행할 때 잘못된 것은?

```
CREATE TABLE MYTEST (N1 NUMBER(20),
N2 NUMBER(20) );
INSERT INTO MYTEST VALUES (1, 100);
INSERT INTO MYTEST VALUES (2, 200);
COMMIT;
```

① SELECT N1 FROM MYTEST
   ORDER BY N2;
② SELECT * FROM MYTEST
   ORDER BY 2;
③ SELECT N1 FROM (SELECT * FROM MYTEST) ORDER BY N2;
④ SELECT N1 FROM (SELECT * FROM MYTEST) ORDER BY 2;

해설 | ④번 보기에서 ORDER BY 항목은 반드시 SELECT 목록에 있는 칼럼의 자릿수를 사용해야 한다.

13 다음 중 프로시저(Procedure)와 트리거 (Trigger)에 대한 설명으로 잘못된 것은?

① 프로시저는 COMMIT, ROLLBACK 이 가능하지만 트리거는 COMMIT, ROLLBACK 실행이 불가능하다.
② 프로시저와 트리거 모두 생성하면 소스 코드와 실행코드가 생성되고 소스코드는 데이터베이스 내에 저장되어 있다.
③ 프로시저와 트리거는 모두 CREATE구 로 생성한다.
④ 프로시저는 execute 명령어로 실행되고 트리거는 EXEC로 실행한다.

해설 | 프로시저는 execute 명령어로 실행하지만 트 리거는 생성 후 자동으로 실행한다.

프로시저	트리거
CREATE PROCEDURE 문법 사용	CREATE TRIGGER 문법 사용
생성하면 소스코드와 실행 코드가 생성됨	생성하면 소스코드와 실행 코드가 생성됨
EXECUTE 명령어로 실행	생성 후 자동 실행
COMMIT, ROLLBACK 실행 가능	COMMIT, ROLLBACK 실행 불가

14 아래의 SQL문을 수행하였을 때의 결과가 "결과"와 같을 때 "결과"에 대한 설명으로 올 바르지 않은 것은?

```
SELECT mgr, empno, ename, LEVEL,
CONNECT_BY_ISLEAF,
SYS_CONNECT_BY_PATH(ENAME,'-')
"PATH"
FROM limbest.EMP
START WITH mgr is null
Connect by prior empno = mgr;
```

[결과]

MGR	EMPNO	ENAME	LEVEL	CONNECT_BY_ISLEAF	PATH
	1000	TEST1	1	0	-TEST1
1000	1001	TEST2	2	0	-TEST1-TEST2
1001	1005	TEST6	3	1	-TEST1-TEST2-TEST6
1001	1006	TEST7	3	0	-TEST1-TEST2-TEST7
1006	1007	TEST8	4	1	-TEST1-TEST2-TEST7-TEST8
1006	1008	TEST9	4	1	-TEST1-TEST2-TEST7-TEST9
1001	1011	TEST12	3	1	-TEST1-TEST2-TEST12

① EMPNO 1000번의 MGR은 NULL 값 이다.
② CONNECT_BY_ISLEAF은 LEAF이 면 1을 아니면 0을 반환한다.
③ 자식에서 부모로 가는 역방향이다.
④ LEVEL은 계층의 깊이를 의미하며 TEST1은 최상위 계층이다.

해설 | 위의 계층형 조회는 최상위 계층에서 하위 계층 으로 검색하는 정방향 조회이다.
순방향, 역방향을 구분하는 기준은 보통 다음과 같이 해석하면 된다.
START WITH에서 사용된 칼럼이 CONNECT BY 부 분에서 PRIOR가 붙어있다면 역방향, 그 반대라면 순 방향이다.
START WITH에 사용된 칼럼을 부모 칼럼이라고 한 다면, CONNECT BY PRIOR 부모=자식은 역방향, CONNECT BY PRIOR 자식=부모는 순방향이다.

15 야구선수 테이블에서 선수명과 팀명은 오름차순, 연봉은 내림차순으로 정렬하는 결괏값을 반환하는 SQL문은?(단, 야구선수 테이블은 칼럼이 선수명, 팀명, 연봉 순으로 구성)

① SELECT * FROM 야구선수 ORDER BY 선수명 ASC, 팀명, 3 DESC
② SELECT * FROM 야구선수 ORDER BY 선수명 DESC, 팀명 DESC, 연봉 ASC
③ SELECT * FROM 야구선수 ORDER BY 선수명 ASC, 팀명 ASC, 연봉 ASC
④ SELECT * FROM 야구선수 ORDER BY 선수명, 팀명, DESC, 연봉 ASC

해설 | ORDER BY 구는 기본적으로 오름차순(ASC)을 한다. 즉, 보기 ①번은 "선수명 ASC"로 오름차순하고 "팀명"도 오름차순이다. "3 DESC"는 연봉으로 내림차순을 한다.

16 다음 SQL문의 실행 계획에 대한 설명으로 올바르지 않은 것은?

```
SELECT * FROM
Limbest.emp a, Limbest.dept b
where a.deptno = b.deptno
and b.deptno = 10;
```

[실행 계획]

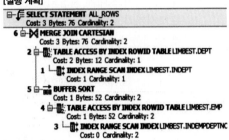

① SQL문의 실행 결과로 조회되는 행 수는 3개이다.
② SQL 실행 결과 총 COST는 3이 된다.
③ DEPT 테이블의 DEPTNO는 인덱스가 존재하고 DEPTNO 인덱스에서 하나의 행을 스캔했다.
④ DEPT 테이블의 INDEPT 인덱스를 처음으로 스캔하고 DEPT 테이블을 ROWID로 접근했다.

해설 | Cardinality는 총 2개이다. 즉, 위의 SQL문을 실행하면 2개의 행이 조회된다.

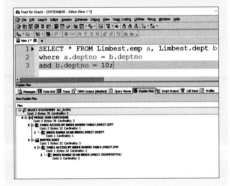

17 다음의 "Mytest17" 테이블에서 아래의 SQL 문을 수행한 결과로 알맞은 것은?

[Mytest17]

C1	C2	C3	C4
10	20	10	10
20	20	NULL	20
30	NULL	30	NULL
Null	40	10	40

```
SELECT SUM(C1+C2+C3+C4) FROM
Mytest17
UNION ALL
SELECT SUM(C1) +SUM(C2)+ SUM(C3) +
SUM(C4)
FROM Mytest17;
```

① 50, NULL
② NULL, 260
③ 50, 260
④ NULL, NULL

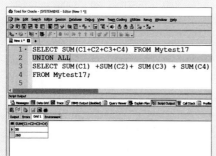

18 다음 중 NULL 값을 반환하는 쿼리는 어떤 것 인가?

① SELECT COALESCE(NULL,'20') FROM DUAL
② SELECT NULLIF('B','B') FROM DUAL
③ SELECT NVL(null,0) + 10 FROM DUAL
④ SELECT NVL(null,'B') FROM DUAL

19 다음의 SQL문이 실행되었을 때 "실행 결과"와 같이 조회되는 것은?

[MYTEST]

NCOL1	NCOL2	CCOL3	CCOL4
1	NULL	A	NULL
2	1	B	A
4	2	D	B
5	4	E	D
3	1	C	A

[결과]

NCOL1	NCOL2	CCOL3	CCOL4
2	1	B	A

① SELECT *
FROM MYTEST
WHERE NCOL1 = 4
START WITH NCOL2 IS NULL
CONNECT BY PRIOR NCOL1 = NCOL2;

② SELECT *
FROM MYTEST
START WITH CCOL3 = 'B'
CONNECT BY PRIOR NCOL1 = NCOL2 AND PRIOR CCOL3 = 'B';

③ SELECT *
FROM MYTEST
START WITH CCOL3 = 'B'
CONNECT BY PRIOR NCOL1 = NCOL2 AND PRIOR CCOL4 = 'B';

④ SELECT *
FROM MYTEST;

```
1   SELECT *
2   FROM MYTEST
3   START WITH CCOL3  = 'B'
4   CONNECT BY PRIOR NCOL1 = NCOL2
5   AND PRIOR CCOL4  = 'B';
```

NCOL1	NCOL2	CCOL3	CCOL4
2	1	B	A

20 주어진 테이블에 대해서 아래의 SQL문을 수행하였을 때의 결과로 알맞은 것은?

EMPNO	ENAME	DEPTNO	MGR	JOB	SAL
1000	TEST1	20		CLERK	800
1001	TEST2	30	1000	SALESMAN	1600
1002	TEST3	30	1000	SALESMAN	1250
1003	TEST4	20	1000	MANAGER	2975
1004	TEST5	30	1000	SALESMAN	1250
1005	TEST6	30	1001	MANAGER	2850
1006	TEST7	10	1001	MANAGER	2450
1007	TEST8	20	1006	ANALYST	3000
1008	TEST9	30	1006	PRESIDENT	5000
1009	TEST10	30	1002	SALESMAN	1500
1010	TEST11	20	1002	CLERK	1100
1011	TEST12	30	1001	CLERK	950
1012	TEST13	20	1000	ANALYST	3000
1013	TEST14	10	1000	CLERK	1300

SELECT EMPNO, DEPTNO, SUM(SAL)
FROM LIMBEST.EMP
GROUP BY ROLLUP(EMPNO, DEPTNO);

①

1000	20	800
1000		800
1001	30	1600
1001		1600

1002	30	1250
1002		1250
1003	20	2975
1003		2975
1004	30	1250
1004		1250
1005	30	2850
1005		2850
1006	10	2450
1006		2450
1007	20	3000
1007		3000
1008	30	5000
1008		5000
1009	30	1500
1009		1500
1010	20	1100
1010		1100
1011	30	950
1011		950
1012	20	3000
1012		3000
1013	10	1300
1013		1300
		29025

②

1000	20	800
1001	30	1600
1002	30	1250
1003	20	2975
1004	30	1250
1005	30	2850
1006	10	2450
1007	20	3000
1008	30	5000
1009	30	1500
1010	20	1100
1011	30	950
1012	20	3000
1013	10	1300

③

1000	20	800
1001	30	1600
1002	30	1250
1003	20	2975
1004	30	1250
1005	30	2850
1006	10	2450
1007	20	3000
1008	30	5000
1009	30	1500
1010	20	1100
1011	30	950
1012	20	3000
1013	10	1300

④

1008	20	800
1004	30	1600
1005	30	1250
1006	20	2975
1009	30	1250
1003	30	2850
1010	10	2450
1007	20	3000
1012	30	5000
1001	30	1500
1011	20	1100
1013	30	950
1000	20	3000
1002	10	1300

해설 | ROLLUP 그룹 함수로
1. EMPNO 소계
2. EMPNO, DEPTNO별 소계
3. 전체 합계가 계산된다.

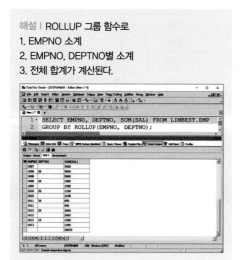

21 다음 주어진 테이블에서 아래의 SQL문을 수행하였을 때의 결과가 RESULT와 같을 때 SQL문의 빈칸으로 올바른 것은?

[Mytest]

DNAME	JOB	SAL
ACCOUNTING	CLERK	1000
ACCOUNTING	MANAGER	1500
ACCOUNTING	PRESIDENT	2000
RESEARCH	CLERK	2500
RESEARCH	MANAGER	3000
RESEARCH	PRESIDENT	3500
SALES	CLERK	4000
SALES	MANAGER	4500
SALES	PRESIDENT	5000

```
SELECT DNAME, JOB, SUM(SAL)
FROM Mytest
GROUP BY (                    )
```

[결과]

DNAME	JOB	SUM(SAL)
		27000
	CLERK	7500
	MANAGER	9000
	PRESIDENT	10500
SALES		13500
SALES	CLERK	4000
SALES	MANAGER	4500
SALES	PRESIDENT	5000
RESEARCH		9000
RESEARCH	CLERK	2500
RESEARCH	MANAGER	
RESEARCH	PRESIDENT	3500
ACCOUNTING		4500
ACCOUNTING	CLERK	1000
ACCOUNTING	MANAGER	1500
ACCOUNTING	PRESIDENT	2000

① CUBE (DNAME, JOB)
② ROLLUP (DNAME, JOB)
③ GROUPING SETS (JOB)
④ CUBE (JOB)

> 해설 | **결괏값을 보면**
> 1. DNAME, JOB별 소계
> 2. DNAME별 소계
> 3. JOB별 소계
> 4. 전체 집계 등 모든 조합 가능한 소계와 집계가 조회
>   되었으므로 빈칸에 들어갈 그룹 함수는 CUBE이다.

22 다음 중 GROUP 함수에 대한 설명으로 올바른 것은?

① CUBE는 결합 가능한 모든 값에 대하여 다차원 집계를 생성하는 것이 특징이다.
② ROLLUP은 전체합계만을 구하고 싶을 때 사용한다.
③ ROLLUP, CUBE, GROUPING SETS 은 정렬이 가능하지만, 하나의 칼럼에 대해서만 사용할 수 있다.
④ ROLLUP은 CUBE에 비해서 시스템에 부하를 많이 발생시키므로 반드시 튜닝해야 한다.

> 해설 | **CUBE 함수**
> • CUBE는 CUBE 함수에 제시한 칼럼에 대해서 결합 가능한 모든 집계를 계산한다.
> • 즉, 다차원 집계를 제공하여 다양하게 데이터를 분석할 수 있게 한다.
> • 예를 들어 부서와 직업을 CUBE로 사용하면 부서별 합계, 직업별 합계, 부서별 직업별 합계, 전체합계가 조회된다.
> • 즉, 모든 경우의 수가 모두 조합되는 것이다.

23 다음의 SQL문을 실행한 결과로 올바른 것은?

[Mytest]

C1
1
2
NULL
4

```
SELECT COUNT(C1)
FROM Mytest
```

① 1
② 2
③ 3
④ 4

> 해설 | COUNT(C1)은 NULL 값은 제외된다. 따라서 3개가 된다.

24 트랜잭션이 가지는 특징에 해당되지 않는 것은?

① 원자성
② 일관성
③ 고립성
④ 통합성

해설 | **트랜잭션(Transaction) 특징**

종류	설명
원자성 (Atomicity)	• 트랜잭션은 데이터베이스 연산의 전부 또는 일부 (ALL OR NOTHING) 실행만이 있으며, 일부 실행으로 트랜잭션의 기능을 갖지 않는다. • 즉, 트랜잭션의 처리가 완전히 끝나지 않았을 경우는 전혀 이루어지지 않는 것과 같아야 한다. • Commit, Rollback
일관성 (Consistency)	• 트랜잭션 실행 결과로 데이터베이스의 상태가 모순되지 않아야 한다. • 트랜잭션 실행 후에도 일관성이 유지되어야 한다.
고립성 (Isolation)	• 트랜잭션이 실행 중에 생성하는 연산의 중간 결과는 다른 트랜잭션이 접근할 수 없다. • 즉, 부분적인 실행 결과를 다른 트랜잭션이 볼 수 없다.
지속성 (Durability)	트랜잭션이 그 실행을 성공적으로 완료하면 그 결과는 영구적 보장이 되어야 한다.

25 다음 주어진 테이블에 대해서 아래의 SQL문을 수행하였을 때의 결과로 알맞은 것은?

[mytesta]

COL1
10
10
20
20
25
30
50
60

[mytestb]

COL1
10
20
30
40
50

```
SELECT Count(*) FROM(
SELECT DISTINCT COL1
FROM mytesta
UNION ALL
SELECT COL1
FROM mytestb );
```

① 4
② 10
③ 12
④ 11

해설 |

1번째 테이블에서 10,20,25,30,50,60이 반환되고 2번째 테이블에서 10,20,30,40,50이 반환되기 때문에 총 행 수는 11이 된다.

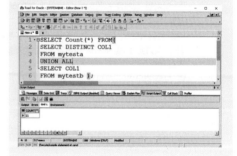

26 다음의 SQL문을 실행했을 때 결과는?

[MytestA]
COL1
10
10
20
20
25
30
50
60

[MytestB]
COL1
10
20
30
40
50

```
SELECT * FROM MytestA a
left outer join MytestB b
on a.col1 = b.col1;
```

①

COL1	COL1_1
10	10
10	10
20	20
20	20
30	30
50	50
60	
25	

②

COL1	COL1_1
10	10
10	10
20	20
20	20
30	30
50	50
	40

③

COL1	COL1_1
10	10
10	10
20	20
20	20
25	
30	30
50	50
60	
	40

④

COL1	COL1_1
Click here to show	
10	10
20	20
20	20
30	30
50	50

해설 |

①번 보기는 LEFT OUTER JOIN
②번 보기는 RIGHT OUTER JOIN
③번 보기는 FULL OUTER JOIN
④번 보기는 INNER JOIN이다.
즉, LEFT OUTER JOIN은 교집합으로 조회하고 왼쪽의 테이블에 있는 칼럼 값만 추가로 조회된다.

27 다음의 실행 결과를 조회하는 SQL문은?

[EMP]

RN	DEPTNO	SAL
1	10	2450
2	10	1300
1	20	3000
1	20	3000
3	20	2975
4	20	1100
5	20	800

① SELECT ROW_NUM() OVER
   (PARTITION BY DEPTNO
       ORDER BY SAL DESC) RN,
   DEPTNO, SAL
       FROM LIMBEST.EMP;

② SELECT RANK() OVER
   (PARTITION BY DEPTNO
       ORDER BY SAL DESC) RN,
   DEPTNO, SAL
       FROM LIMBEST.EMP;

③ SELECT DENSE_RANK() OVER
   (PARTITION BY DEPTNO
       ORDER BY SAL DESC) RN,
   DEPTNO, SAL
       FROM LIMBEST.EMP;

④ SELECT NTITLE() OVER
   (PARTITION BY DEPTNO
       ORDER BY SAL DESC) RN,
   DEPTNO, SAL
       FROM LIMBEST.EMP;

해설 | SAL 값이 동일하면 동일한 등수가 부여 되므로
RANK() 함수이다.

순위(RANK) 관련 윈도우 함수

순위함수	설명
RANK	• 특정 항목 및 파티션에 대해서 순위를 계산한다. • 동일한 순위는 동일한 값이 부여된다.
DENSE_RANK	동일한 순위를 하나의 건수로 계산한다.
ROW_NUMBER	동일한 순위에 대해서 고유의 순위를 부여한다.

28 동일한 순위에 대해서 동일한 순위를 부여하고 다음 순위를 건너뛰지 않는 것은?

① RANK
② DENSE_RANK
③ ROW_NUMBER
④ RATIO...TO REPORT

> 해설 | dense_rank는 동일한 순위에 대해서 하나의 건수로 계산한다.

```
1   SELECT DENSE_RANK() OVER
2       ( PARTITION BY DEPTNO
3           ORDER BY SAL DESC) RN , DEPTNO, SAL
4       FROM LIMBEST.EMP;
```

RN	DEPTNO	SAL
1	10	2450
2	10	1300
1	20	3000
1	20	3000
2	20	2975
3	20	1100

29 다음의 SQL문을 수행하였을 때의 결과로 알맞은 것은?

```
CREATE TABLE MYTEST (N1 NUMBER(10),
N2 NUMBER(10));
INSERT INTO MYTEST VALUES (100, 200);
INSERT INTO MYTEST VALUES (200, 300);
SAVEPOINT T1;
UPDATE MYTEST  SET N1=300 WHERE
N2=200;
SAVEPOINT T1;
DELETE MYTEST  WHERE N1>=200;
ROLLBACK TO SAVEPOINT T1;
SELECT MAX(N1) FROM MYTEST;
```

① NULL
② 300
③ 100
④ 200

> 해설 | SAVEPOINT가 중복될 경우 ROLLBACK TO SAVEPOINT을 수행하면, 중복된 SAVEPOINT 중 맨 뒤에 있는 SAVEPOINT 지점으로 ROLLBACK 된다.

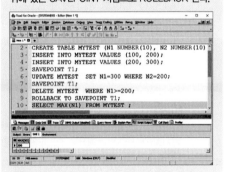

```
2   CREATE TABLE MYTEST  (N1 NUMBER(10), N2 NUMBER(10)
3   INSERT INTO MYTEST VALUES (100, 200);
4   INSERT INTO MYTEST VALUES (200, 300);
5   SAVEPOINT T1;
6   UPDATE MYTEST    SET N1=300 WHERE N2=200;
7   SAVEPOINT T1;
8   DELETE MYTEST   WHERE N1>=200;
9   ROLLBACK TO SAVEPOINT T1;
10  SELECT MAX(N1) FROM MYTEST ;
```

MAX(N1)
300

30 AUTO COMMIT이 FALSE로 설정된 환경에서 다음의 SQL문을 실행했을 때의 결과로 올바르지 않은 것은?

COL1	COL2
10	10
20	20

```
CREATE TABLE MYTEST_TEMP (COL1
NUMBER(10));

UPDATE MYTEST SET COL1=130 WHERE
COL2=10;
ROLLBACK;
```

① SQL SERVER에서 ROLLBACK을 하는 경우 UPDATE구는 취소된다.
② ORACLE에서 ROLLBACK을 수행하면 UPDATE구는 취소된다.
③ ORACLE에서 ROLLBACK을 실행하면 테이블은 생성되지 않는다.
④ AUTO COMMIT이 FALSE이므로 UPDATE구는 자동 COMMIT되지 않는다.

해설 | CREATE TABLE 문구와 같은 DDL구는 ROLLBACK으로 취소되지 않는다.

참고사항
1) ORACLE의 경우 기본값이 auto commit off로 설정된 상태로 DDL이 수행되면 묵시적으로 commit가 수행된다.
2) SQL Server에서 AUTO COMMIT = off 된 상태로 DDL이 수행될 경우 묵시적으로 COMMIT이 수행되지 않는다.
즉, SET IMPLICIT TRANSACTIONS ON을 설정하면 그 아래 CREATE문이 있어도, ROLLBACK을 하면 모두 취소된다.

31 다음의 SQL문과 동일한 결괏값을 보여주는 SQL문은?

```
SELECT * FROM Mytesta a full outer join
Mytestb b
on a.col1 = b.col1;
```

① SELECT * FROM Mytesta group by col1;

② SELECT * FROM Mytesta a left outer join Mytestb b
on a.col1 = b.col1
union all
SELECT * FROM Mytesta a left outer join Mytestb b
on a.col1 = b.col1;

③ SELECT * FROM Mytesta a cross join Mytestb b
on a.col1 = b.col1

④ SELECT * FROM Mytesta a left outer join Mytestb b
on a.col1 = b.col1
union
SELECT * FROM Mytesta a right outer join Mytestb b
on a.col1 = b.col1;

해설 | 위의 SQL문에서 FULL OUTER JOIN의 결과값은 'LEFT OUTER JOIN' 결과와 'RIGHT OUTER JOIN' 결과를 UNION 연산하는 결괏값과 동일하다.

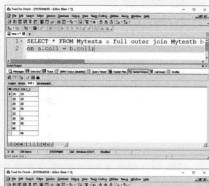

32 주어진 테이블에서 중복되는 이름 중 COL1이 제일 작은 것만 반환하는 SQL문을 완성하시오.

[Mytest]

COL1	COL2
10	조조
20	조조
30	조자룡
40	조자룡
50	관우
60	관우

[결과]

COL1	COL2
10	조조
30	조자룡
50	관우

① SELECT MAX(COL1), COL2 FROM Mytest GROUP BY COL2

② SELECT MIN(COL1), COL2 FROM Mytest GROUP BY COL2

③ SELECT MAX(COL1), COL2 FROM Mytest GROUP BY COL1

④ SELECT MIN(COL1), COL2 FROM Mytest GROUP BY COL1

해설 | 주어진 테이블에서 NAME별로 그룹을 지었을 때, 각 NAME별 ID의 최솟값을 가지는 행들만 제외하고 모두 삭제하여 1, 3, 4행만 조회된다.

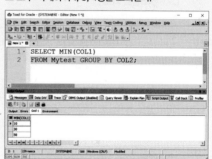

33 아래의 SQL문에 대한 설명으로 올바른 것은?

```
SELECT * FROM EMP
WHERE EMP_NAME LIKE 'K%';
```

① 테이블의 EMP_NAME이 K 또는 k로 시작하는 모든 행이 검색된다.
② 테이블의 EMP_NAME이 K로 시작하는 모든 행이 검색된다.
③ 테이블의 EMP_NAME이 K로 끝나는 모든 행이 검색된다.
④ 테이블의 EMP_NAME이 A 또는 a로 끝나는 모든 행이 검색된다.

해설 | LIKE문의 'K%'는 K로 시작하는 모든 행을 검색하는 것이다.
LIKE문 와일드 카드

와일드 카드	설명
%	• 어떤 문자를 포함한 모든 것을 조회한다. • 예를 들어 '조%'는 '조'로 시작하는 모든 문자를 조회한다.
_	한 개인 단일 문자를 의미한다.

34 다음 중 물리적 테이블 명으로 올바른 것은?

① ABC_100
② 200_TAB
③ ABC-1A00
④ 100-ABC

해설 | 테이블명과 칼럼명은 반드시 문자로 시작해야 한다.
테이블명과 칼럼명으로 사용되는 글자는 A-Z, a-z, 0-9, _, $, # 만 허용된다.

35 다음 중 반올림을 수행하는 함수는?

① ROUND
② CEIL
③ TRUNC
④ NULLIF

해설 | **ROUND(숫자, m)**
• 소수점 m 자리까지 반올림한다.
• m의 기본값(default value)은 0이다.

36 다음 SQL문을 실행했을 때 오류가 발생하는 것은?

```
CREATE TABLE T_ORDER (
    C1 NUMBER(10),
    C2 DATE,
    C3 VARCHAR(10),
    C4 NUMBER DEFAULT 1000
);
```

① INSERT INTO T_ORDER VALUES (2, SYSDATE-1, 'ABC')
② DELETE T_ORDER
③ DELETE FROM T_ORDER
④ UPDATE T_ORDER SET C1=1

해설 | ①번 보기는 T_ORDER 테이블명 뒤에 특정 속성들을 지정하지 않았다. VALUES 뒤에는 테이블의 전체 속성값들이 부여되어야 하는데 VALUES 뒤에 속성값 중 하나가 모자라 'ORA-00947' 에러가 뜬다.
만약 INSERT INTO T_ORDER(C1 , C2, C3) VALUES ...처럼 테이블 뒤에 칼럼을 각각 입력하면 ①도 잘 실행이 된다.

37 다음 중 ORDER BY에 대한 특징으로 옳지 않은 것은?

① ORDER BY 속성에 숫자와 칼럼을 혼용하여 사용할 수 있다.
② SELECT 구문에 사용되지 않은 칼럼에도 ORDER BY 구문에서 사용할 수 있다.
③ ORACLE은 NULL을 가장 큰 값으로 취급하고 SQL SERVER는 가장 작은 값으로 취급한다.
④ ORDER BY 칼럼명에서 정렬 옵션을 주지 않은 경우에 내림차순이 된다.

해설 |
• ORDER BY는 기본적으로 오름차순 정렬이다.
• 내림차순 정렬은 'ORDER BY 속성 DESC' 형식으로 해당 속성 뒤에 DESC를 붙여준다.

38 다음 테이블에 대해서 주어진 SQL문을 수행한 결과로 알맞은 것은?

[T_ORDER]

JUMUN	PRICE
10	1100
10	1600
20	2000
20	1500

[T_CUST]

CUSTRANK	MINPRICE	MAXPRICE
MVP	3000	4999
GOLD	2000	2999
SILVER	1000	1999

```
SELECT A.JUMUN, B.CUSTRANK
FROM (SELECT JUMUN, SUM(price)
         AS TOTAL
      FROM T_ORDER
      GROUP BY JUMUN) A, T_CUST B
WHERE 1=1
AND A.TOTAL BETWEEN B.MINPRICE
AND B.MAXPRICE;
```

①

JUMUN	CUSTRANK
20	MVP
10	GOLD

②

JUMUN	CUSTRANK
10	GOLD

③

JUMUN	CUSTRANK
20	MVP

④

JUMUN	CUSTRANK
10	MVP

해설 | 위의 SQL문은 1번째 테이블에서 주문자별로 Grouping 하였을 때 각 주문자별로 주문금액의 합계를 계산하고 그 값이 두 번째 테이블의 실적 범위(최소실적 <= X <= 최대실적)에 해당하는 곳에서 고객등급과 주문자 정보를 조회한다.

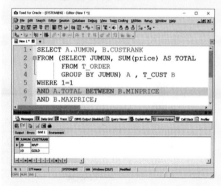

39 다음 중 조인 기법에 대한 설명으로 알맞은 것은?

① Hash Join은 CPU를 많이 사용한다.
② Sort Merge Join은 Equal Join에서는 가능하지만 Not Equal Join에서는 사용할 수 없다.
③ 옵티마이저는 조인 칼럼에 인덱스가 없으면 무조건 Nested Loop Join으로 실행된다.
④ Nested Loop Join은 Random Access를 유발하지 않는다.

해설 |
①번 보기에서 Hash Join은 해시 함수를 사용해서 주소를 계산하기 때문에 CPU를 많이 사용한다.
②번 보기에서 Sort Merge join은 Not Equal Join에서도 사용 가능하다.
③번 보기에서 Nested Loop Join은 조인 칼럼의 인덱스가 존재해야 한다.
④번 보기에서 Nested Loop Join은 Random Access를 유발한다.

40 아래 각각 3개의 SQL 수행 결과로 가장 적절한 것은?

[SQLD01]

COL1	COL2	COL3
30	NULL	20
NULL	40	0
0	10	NULL

SELECT AVG(COL3) FROM SQLD01;
SELECT AVG(COL3) FROM SQLD01 WHERE COL1 > 0;
SELECT AVG(COL3) FROM SQLD01 WHERE COL1 IS NOT NULL;

① 20, 20, 20
② 20, 10, 10
③ 10, 20, 20
④ 10, 10, 10

해설 | 이 문제의 핵심은 그룹 함수(SUM, AVG, MAX, MIN)는 실행 시에 NULL이 제외된다는 것이다.

SELECT AVG(COL3) FROM SQLD01; → (20+0)/2건=10
→ 세번째 행 COL3의 NULL은 AVG 연산 대상에서 제외된다.

COL1	COL2	COL3
30	NULL	20
NULL	40	0
0	10	NULL

SELECT AVG(COL3) FROM SQLD01 WHERE COL1 > 0; → (20)/1건=20

→ WHERE절에 의해 COL1 이 NULL인 두번째 행은 NULL 연산 제외 조건으로 제외된다.

→ WHERE절에 의해 COL1 이 0인 세번째 행은 연산 대상에서 제외된다.

COL1	COL2	COL3
30	NULL	20

SELECT AVG(COL3) FROM SQLD01 WHERE COL1 IS NOT NULL; → (20)/1건=20

→ COL1 이 NULL인 두번째 행은 NOT NULL 조건으로 인해 제외된다.

→ 세번째 행 COL3의 NULL은 AVG 연산 대상에서 제외된다.

COL1	COL2	COL3
30	NULL	20

Union all구로 한꺼번에 실행한 결과

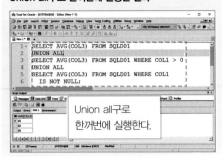

41 SQL문의 집합 연산자에 대한 설명이다. 다음 중 INTERSECT로 올바른 것은?

① 중복을 포함한 결과의 합을 검색한다.
② 중복을 제거한 결과의 합을 검색한다.
③ 차집합을 검색한다.
④ 양쪽 모두 포함된 행을 검색한다.

> **해설 |**
> ①번 보기는 UNION ALL
> ②번 보기는 UNION 연산자
> ③번 보기는 MINUS
> ④번 보기는 INTERSECT 연산자로 중복된 행을 하나의 행으로 표시한다.

42 다음 중 Window Function에 대한 설명으로 알맞은 것은?

① Window Function은 내부적으로 자동 튜닝을 실시한다.
② sum, min, max 등과 같은 집계 Window Function을 사용할 때 window 절과 함께 사용하면 집계의 대상이 되는 레코드 범위를 지정할 수 있다.
③ Window Function 처리로 인해 결과 건수가 줄어들 수 있어 성능이 빠르다.
④ GROUP BY와 Window Function은 병행하여 사용할 수 있다.

> **해설 |**
> GROUP BY는 실제 출력되는 행을 줄여서 출력하나, Window Function은 실제 행이 줄어들지 않는다. 그러므로, 병행작성이 불가능한 것은 아니지만, 병행하여 사용하지 않고 필요에 따라 둘 중 하나를 선택해 사용한다.
> ⑩ SELECT DEPTNO, RANK() OVER(ORDER BY DEPTNO) FROM EMP GROUP BY DEPTNO;

43 어느 기업의 직원 테이블(EMP)이 직급 (GRADE)별로 사원 500명, 대리 100명, 과장 30명, 차장 10명, 부장 5명, 직급이 정해지지 않은(NULL) 사람 25명으로 구성되어 있을 때, 다음 중 SQL문을 SQL1)부터 SQL3)까지 순차적으로 실행한 결과 건수를 순서대로 나열한 것은?

> SQL1) SELECT COUNT(GRADE) FROM EMP;
> SQL2) SELECT GRADE FROM EMP WHERE GRADE IN('차장', '부장', '널');
> SQL3) SELECT GRADE, COUNT(*) FROM EMP GROUP BY GRADE;

① 670, 15, 5
② 645, 40, 5
③ 645, 15, 6
④ 670, 40, 6

> **해설 |**
> SQL1) SELECT COUNT(GRADE) FROM EMP;
> → **645건** : 사원 500명 + 대리 100명 + 과장 30명 + 차장 10명 + 부장 5명
> 이때 NULL 25건은 제외된다. 만약 Count(*)로 조회하면 NULL 25건도 포함된다.
>
> SQL2) SELECT GRADE FROM EMP WHERE GRADE IN('차장', '부장', '널');
> → **15건** : 차장 10명 + 부장 5명
> → '널'은 텍스트(문자)로 입력했기 때문에 그냥 문자이다. 또한 IN ('차장', '부장', NULL)로 변경하여도 실제 NULL 데이터는 출력되지 않는다. 왜냐하면, NULL 값의 비교는 오직 IS NULL, IS NOT NULL만 가능하다.
>
> SQL3) SELECT GRADE, COUNT(*) FROM EMP GROUP BY GRADE;
> → **6건** : 5개 직급 + NULL
> → 사원, 대리, 과장, 차장, 부장의 5건의 직급과 NULL 부분 1개가 더해진다.
>
> 결국 이 문제의 핵심은 count(*)과 count(grade)의 차이점을 물어 보는 것이다. count(*)는 NULL을 포함한 건수를 계산하고 count(grade)는 NULL을 제외한 건수를 계산한다는 것이다.

44 주어진 테이블에 대해서 아래와 같은 결괏값이 나오도록 SQL 빈칸을 완성하시오.

[EMPLOYEES]

EMPLOYEE_ ID	DEPARTMENT_ ID	LAST_ NAME	SALARY
107	60	Lorentz	4200.00
106	60	Pataballa	4800.00
105	60	Austin	4800.00
104	60	Ernst	6000.00
103	60	Hunold	9000.00
102	90	De Haan	17000.00
101	90	Kochhar	17000.00
100	90	King	24000.00
109	100	Faviet	9000.00
108	100	Greenberg	12000.00
201	200	ALEX	8000
202	200	SMITH	7000

[결과]

EMPLO YEE_ID	DEPART MENT_ID	LAST_ NAME	SALARY	BEFORE_ SALARY
107	60	Lorentz	4200.00	
106	60	Pataballa	4800.00	
105	60	Austin	4800.00	4200
104	60	Ernst	6000.00	4800
103	60	Hunold	9000.00	4800
102	90	De Haan	17000.00	
101	90	Kochhar	17000.00	
100	90	King	24000.00	17000
109	100	Faviet	9000.00	
108	100	Greenberg	12000.00	

```
SELECT EMPLOYEE_ID,
       DEPARTMENT_ID,
       LAST_NAME,
       SALARY,
       LAG(SALARY,(  ))
       OVER(PARTITION BY DEPART-
       MENT_ID ORDER BY SALARY )
       AS BEFORE_SALARY
FROM EMPLOYEES
WHERE EMPLOYEE_ID < 110;
```

① 1   ② 2
③ 3   ④ 4

해설 | LAG 함수는 이전 행의 값을 반환하는 함수이다. LAG(SALARY, 2)라고 하면 이전 두 번째 행값을 반환하게 된다.

LAG 함수

SALARY를 2칸 내려서 출력한다.

45 업무 혹은 물리적 서버가 다른 경우에 동일한 테이블의 구조를 중복하여 원격 조인을 제거할 수 있는 반정규화 기법은 무엇인가?

① 중복 테이블 추가
② 수평 분할
③ 수직 분할
④ 통계 테이블 추가

해설 | 물리적인 서버 A와 B가 있을 때 각각 테이블을 중복시키면 A 서버와 B 서버 간의 원격 조인을 제거할 수 있다. 단, 이러한 방식은 데이터 무결성 및 보안 관리의 문제점을 유발한다.

46 SELECT UPPER('sqldeveloper') FROM DUAL; 의 결과를 적으시오.

① SQLDeveloper
② SQLDEVELOPER
③ sqldeveloper
④ SqlDeveloper

해설 | UPPER는 문자열을 대문자로 변환하는 연산자이다.

47 다음의 A에 올바른 것을 작성하시오.

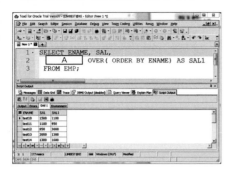

① LAG(SAL)
② LEAD(SAL)
③ RANK()
④ LAG(SAL, 2)

> 해설 | **LEAD(SAL)**
> SAL1번에 있는 것은 SAL 칼럼의 다음 행을 보여주고
> 있다.

48 다음 SQL의 실행 결과는?

```
SELECT 1 FROM DUAL
UNION
SELECT 2 FROM DUAL
UNION
SELECT 1 FROM DUAL;
```

① 1　　　　　　② 1, 2
③ 2, 1　　　　　④ 1, 2, 1

> 해설 |

49 다음의 SQL 실행 결과는 무엇인가?

```
SELECT sysdate + NULL FROM DUAL;
```

① 0
② 오늘 날짜가 조회된다.
③ 내일 날짜가 조회된다.
④ NULL

> 해설 | 날짜형 데이터와 NULL을 더하면 NULL이 된
> 다.

50 아래 SQL에서 출력되는 ROWS의 개수를 구하시오.

[EMP]

DEPTNO	JOB	SAL
20	CLERK	800
30	SALESMAN	1600
30	SALESMAN	1250
20	MANAGER	2975
30	SALESMAN	1250
30	MANAGER	1850
10	MANAGER	1450
20	ANALYST	3000
10	PRESIDENT	5000
30	SALESMAN	1500
20	CLERK	1100
30	CLERK	950
20	ANALYST	3000
10	CLERK	1300

[DEPT]

DEPTNO	DNAME
10	ACCOUNTING
20	RESEARCH
30	SALES
40	OPERATIONS

```
SELECT DNAME, JOB, COUNT(*) "Total
EMP", SUM(SAL) "Total Sal"
FROM SCOTT.EMP A, SCOTT.DEPT B
WHERE A.DEPTNO = B.DEPTNO
GROUP BY CUBE(DNAME,JOB);
```

① 10건
② 14건
③ 18건
④ 20건

해설 | 두 개의 테이블을 조인하면 14개의 행이 나오게 된다. 이를 CUBE로 집계를 하면 전체합계 1건, JOB별 집계 5건, DEPTNO별 집계 3건, DEPTNO에서의 JOB별 집계가 3건씩 9건으로 총18건이 출력된다.

DNAME	JOB	Total EMP	Total Sal
		14	27025
	CLERK	4	4150
	ANALYST	2	6000
	MANAGER	3	6275
	SALESMAN	4	5600
	PRESIDENT	1	5000
SALES		6	8400
SALES	CLERK	1	950
SALES	MANAGER	1	1850
SALES	SALESMAN	4	5600
RESEARCH		5	10875
RESEARCH	CLERK	2	1900
RESEARCH	ANALYST	2	6000
RESEARCH	MANAGER	1	2975
ACCOUNTING		3	7750
ACCOUNTING	CLERK	1	1300
ACCOUNTING	MANAGER	1	1450
ACCOUNTING	PRESIDENT	1	5000

1 과목 데이터 모델링의 이해

01 다음 중 반정규화의 이유로 가장 올바르지 않은 것은?

① 대용량 데이터 Query 실행 시에 데이터 입출력 속도가 다수 발생하는 경우 반정규화를 한다.

② 테이블 간의 데이터 무결성을 보장하기 위해서 정규화 이후에 반정규화를 수행한다.

③ 다수 테이블을 조인(Join)하여 많은 Random Access가 발생하면 조인으로 인한 성능 저하를 해결하기 위해서 반정규화를 한다.

④ 월마감과 같은 작업을 수행할 때 합계, 평균 등을 미리 계산하여 조회 성능을 향상시킨다.

해설 | 반정규화를 수행하면, 여러 개의 테이블에 중복 데이터를 허용하기 때문에 무결성 보장이 어렵다.

02 다음과 같은 ERD를 사용해서 여러 네트워크로 분리되어 있는 분산 데이터베이스를 구축하고 운영할 때 가장 올바르지 않은 설명은?

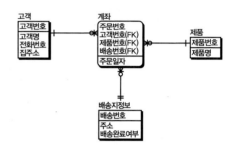

① 한 명의 고객은 여러 개의 주문을 발주할 수 있다.

② 네트워크로 떨어진 여러 데이터베이스에 저장되어 있으므로 가용성이 향상될 수 있다.

③ 고객, 주문, 제품, 배송지 정보 데이터에 대한 데이터 무결성 확보가 좋다.

④ 분산 데이터 설계 시에 중앙집중적인 보안 통제가 어렵다.

해설 | 분산 데이터베이스는 무결성 보장이 어렵다.

분산 데이터베이스 장단점

장점	단점
• 데이터베이스 신뢰성과 가용성이 높다. • 분산 데이터베이스가 병렬 처리를 수행하기 때문에 빠른 응답이 가능하다. • 분산 데이터베이스를 추가하여 시스템 용량 확장이 쉽다.	• 데이터베이스가 여러 네트워크를 통해서 분리되어 있기 때문에 관리와 통제가 어렵다. • 보안 관리가 어렵다. • 데이터 무결성 관리가 어렵다. • 데이터베이스 설계가 복잡하다.

03 다음 보기가 설명하는 3층 스키마는 무엇인가?

> • 사용자 관점 또는 사용자 뷰(User View)를 표현한다.
> • 업무상 관련이 있는 데이터만 접근(권한 설정)한다.
> • 관련된 데이터베이스의 일부만 표시한다.

① 외부 스키마(External Schema)
② 개념 스키마(Conceptual Schema)
③ 내부 스키마(Internal Schema)
④ 논리 스키마(Logical Schema)

해설 | **스키마의 종류**

3층 스키마	주요 내용
외부 레벨/ 외부 스키마 (External Schema)	• 사용자 관점 또는 사용자 뷰(User View)를 표현한다. • 업무상 관련이 있는 데이터만 접근(권한 설정)한다. • 관련된 데이터베이스의 일부만 표시한다.
개념 레벨/ 개념 스키마 (Conceptual Schema)	• 사용자 전체 집단에 데이터베이스의 구조를 표현한다. • 전체 데이터베이스 내의 모든 데이터에 관한 규칙과 의미를 묘사한다.
내부 레벨/ 내부 스키마 (Internal Schema)	• 데이터베이스의 물리적 저장 구조이다. → 데이터 저장 구조, 레코드의 구조, 필드의 정의 • 색인과 해시를 생성한다. → 운영체제와 하드웨어에 종속적이다.

04 다음 보기에서는 One to One, One to Many를 표현하고 있다. ERD에서 표현하고 있는 두 엔터티 간의 관계에서 수행되는 인스턴스의 수를 무엇이라고 하나?

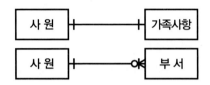

① 관계명(Relationship Membership)
② 관계 차수(Relationship Degree/Cardinality)
③ 관계 선택사양(Relationship Optionality)
④ 관계 분류(Relationship Classification)

해설 | 카디날리티(Cardinality)는 두 개의 엔터티에서 관계에 참여하는 수이다. 1:1, 1:N, M:N이 있다. 카디날리티의 계산은 선택도 * 전체 레코드 수이다.

05 다음 중 분산 데이터베이스 설명으로 가장 올바르지 않은 것은?

① 분할 투명성은 하나의 엔터티가 여러 개의 분산 데이터베이스에 저장되어 있지만 사용자는 그 내용을 알 필요가 없다.
② 여러 데이터베이스 중복되어서 데이터가 저장되는 것이 중복 투명성이다.
③ 여러 개의 분산 데이터베이스에서 동시에 트랜잭션이 실행되는 것이 병행 투명성이다.
④ 분산 데이터베이스는 지역 DBMS와 물리적 데이터베이스 간에 사상이 보장되지 못한다.

해설 | ④번은 지역 사항 투명성으로 지역 DBMS와 물리적 데이터베이스 사이의 사상이 보장됨에 따라 각 지역 시스템 이름과 무관한 이름이 사용 가능하다.

06 다음의 ERD에 대한 설명으로 가장 올바르지 않은 것은?

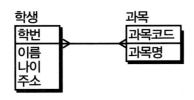

① 한 명의 학생은 여러 개의 과목과 매핑된다.
② 학생과 과목 간의 관계에서 수강 신청이라는 엔터티를 추가해서 M:N을 1:N, N:1로 해소해야 한다.
③ 학생과 과목 엔터티를 조인 시에 카텐시안 곱이 발생하여 2명의 학생이 2개의 과목과 조인하면 2개의 행이 조회된다.
④ 학생 엔터티의 기본키는 학번이고 이름, 나이, 주소는 속성이다.

해설 | M:N 관계는 카텐시안 곱이 발생하고 2개 행과 2개의 행을 조인하면 2*2 = 4개의 행이 조회된다.

07 식별자 분류체계에서 업무에 의해서 만들어 지는 식별자로 대체 여부로 분류되는 것은?

① 주식별자
② 내부 식별자
③ 본질 식별자
④ 단일 식별자

해설 |
• 대체 여부에 따라서 식별자는 본질 식별자와 인조 식별자로 분류된다. 본질 식별자는 업무에 의해서 만들어지는 식별자이고 인조 식별자는 인위적으로 만들어진 식별자이다.
• 속성의 수에 따라서는 단일 식별자와 복합 식별자로 구분되며, 대표성에 따라서 주식별자와 보조 식별자로 분류된다. 또한 스스로 생성 여부에 따라서는 내부 식별자와 외부 식별자로 구분된다.

08 다음 중 인덱스(Index)에 대한 설명으로 올바르지 않은 것은?

① 데이터베이스에서 인덱스를 생성하면 인덱스 키는 정렬 되어 있다.
② 특정 테이블에 인덱스를 사용해서 접근하면 원하는 값을 빠르게 탐색할 수 있다.
③ 기본키로 지정된 칼럼은 자동으로 인덱스가 생성되기 때문에 인덱스명을 지정할 수는 없다.
④ 많은 양의 데이터를 인덱스를 사용해서 스캔하는 경우에 오히려 성능이 떨어질 수가 있다.

해설 | 기본키(Primary Key)는 자동으로 인덱스가 생성된다. 그리고 "Create Unique Index 인덱스명 on 테이블명(칼럼명)"을 사용해서 인덱스 이름을 부여할 수도 있다. 만약 인덱스를 생성하지 않고 기본키만 설정하면 자동으로 인덱스명이 부여된다.

09 다음 중 ERD에 대한 설명으로 가장 올바르지 않은 것은?

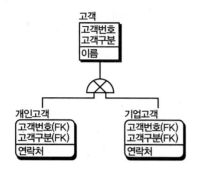

① 고객, 개인고객, 기업고객 간의 관계는 Super Type과 Sub Type 관계이다.
② 고객, 개인고객, 기업고객 3개 엔터티를 3개의 테이블로 생성하여 사용하면 다수의 조인이 발생하여 조회속도가 떨어진다.
③ 고객 구분은 개인고객과 기업고객을 구분하는 차별자이다.
④ 고객은 개인고객이면서 동시에 기업고객이 되는 포괄적 관계이다.

해설 | Super Type과 Sub Type은 베타적 관계와 포괄적 관계가 있는데 본 예제의 관계는 베타적 관계 모델링이다. 베타적 관계는 한순간에 하나만 될 수 있기 때문에 한순간에 개인고객이 되거나 아니면 기업고객이 된다.

10 테이블 반정규화 기법 중 테이블 병합이 아닌 것은?

① 두 개의 엔터티가 1대1 관계인 경우 하나의 테이블만 생성하도록 반정규화한다.
② 두 개의 엔터티가 1대N 관계인 경우 하나의 테이블만 생성하도록 반정규화한다.
③ 슈퍼타입과 서브타입 관계에서 하나의 테이블로 통합한다.
④ 일별 주문 테이블을 분석하는 월별 매출 집계 테이블의 성능향상을 위해서 사전에 월별 매출과 평균 등을 계산하여 월별 매출 집계 테이블을 생성한다.

해설 | 통계 테이블을 추가하는 것은 테이블 추가에 해당한다.

11 다음의 ANSI JOIN에서 가장 올바르지 않은 것은?

① SELECT * FROM EMP a INNER JOIN DEPT b ON a.DEPTNO = b.DEPTNO;

② SELECT EMP.DEPTNO, EMPNO, ENAME, DNAME FROM EMP NATURAL JOIN DEPT;

③ SELECT * FROM DEPT JOIN DEPT_TEMP USING (DEPTNO);

④ SELECT E.EMPNO, E.DEPTNO, D.DNAME FROM EMP E INNER JOIN DEPT D ON (E.DEPTNO = D.DEPTNO);

해설 | NATURAL JOIN이 사용된 열은 식별자를 가질 수가 없다. 즉 EMP.DEPTNO와 같이 OWNER 명을 사용하면 에러가 발생한다.

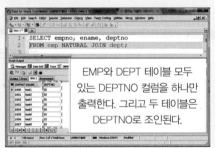

EMP와 DEPT 테이블 모두 있는 DEPTNO 컬럼을 하나만 출력한다. 그리고 두 테이블은 DEPTNO로 조인된다.

12 아래의 SQL 구문 중 결과가 다른 것은?

> MytestA 테이블 칼럼: NO, C1
> MytestB 테이블 칼럼: NO, C2

① SELECT NO, A.C1, B.C2
FROM MytestA A
NATURAL JOIN MytestB B;

② SELECT NO, A.C1, B.C2
FROM MytestA A
JOIN MytestB B
USING (NO);

③ SELECT A.NO, A.C1, B.C2
FROM MytestA A
CROSS JOIN MytestB B;

④ SELECT A.NO, A.C1, B.C2
FROM MytestA A
JOIN MytestB B
ON (A.NO=B.NO);

해설 | ①, ②, ④번 보기는 두 개의 테이블에서 동일한 이름을 가지는 칼럼에 대해서 조인을 수행하는 방식이고 ③번 보기는 두 테이블의 모든 데이터에 대해서 조인을 수행하는 CROSS JOIN(Cartesian Product) 방식이다.

13 다음 중 UNION구에 대한 설명으로 가장 올바른 것은?

① 두 개의 테이블을 UNION하면 중복행은 제거되므로 UNION은 SORT를 유발한다.
② 두 개의 테이블을 UNION하면 중복행은 제거되지 않으므로 UNION은 SORT를 유발한다.
③ UNION구는 두 개의 테이블에 포함된 모든 행을 검색한다.
④ 정렬을 수행하지 않고 교집합을 생성한다.

> 해설 | UNION구는 두 개의 테이블에 대해 정렬을 수행하고 중복된 행을 제거하여 합집합을 생성한다. UNION ALL구는 정렬을 수행하지 않는다.
> ※ Oracle 10.2g 이후부터는 UNION도 SORT를 보장하지 않으므로 확실한 정렬을 위해 ORDER BY를 추가하는 것이 권장된다.

14 다음 중 SQL의 결과가 다른 것은?

[Mytest]

NUM	CODE	COL1	COL2
1	A001	100	400
2	A001	120	200
3	B001	150	300
4	A001	210	100
5	B001	250	240
6	A001	400	400

① SELECT * FROM Mytest WHERE 1=1
  AND CODE IN ('A001','B001')
  AND COL1 BETWEEN 200 AND 400;
② SELECT * FROM Mytest WHERE 1=1
  AND (CODE ='A001' AND 200 BETWEEN COL1 AND COL2)
  OR (CODE ='B001' AND 200 BETWEEN COL1 AND COL2);
③ SELECT * FROM Mytest WHERE 1=1
  AND 200 BETWEEN COL1 AND COL2
④ SELECT * FROM Mytest WHERE COL1 <= 200
  AND COL2 >= 200;

해설 | ①번 보기는 200<=A<=400, 200<=B<= 400의 의미이고 ②, ③, ④번 보기는 모두 COL1<= 200 && COL2)=200의 의미이다.

①번 보기

15 다음 중 데이터베이스에서 작업을 처리하는 트랜잭션(Transcation)의 특징에 해당되지 않는 것은?

① 원자성
② 고립성
③ 독립성
④ 일관성

해설 | **트랜잭션의 특성**

트랜잭션 특성	설명
원자성 (Atomicity)	• 트랜잭션은 데이터베이스 연산의 전부 실행되거나 전혀 실행되지 않아야 한다(ALL OR NOTHING). • 즉, 트랜잭션의 처리가 완전히 끝나지 않았을 경우는 전혀 이루어지지 않는 것과 같아야 한다.
일관성 (Consistency)	• 트랜잭션 실행 결과로 데이터베이스의 상태가 모순되지 않아야 한다. • 트랜잭션 실행 후에도 일관성이 유지되어야 한다.
고립성 (Isolation)	• 트랜잭션이 실행 중에 생성하는 연산의 중간결과는 다른 트랜잭션이 접근할 수 없다. • 즉, 부분적인 실행 결과를 다른 트랜잭션이 볼 수 없다.
연속성 (Durability)	트랜잭션이 그 실행을 성공적으로 완료하면 그 결과는 영구적 보장이 되어야 한다.

16 A 사용자가 "홍길동" 데이터를 입력하고 아직 COMMIT을 수행하지 않았다. 다음 중 아직 COMMIT 되지 않은 데이터에 대한 설명으로 잘못된 것은?

① A 사용자는 홍길동 데이터를 조회할 수 있다.
② B 사용자는 홍길동 데이터가 조회되지 않는다.
③ A 사용자는 홍길동 데이터를 수정할 수 있다.
④ B 사용자는 홍길동 데이터를 수정할 수 있다.

해설 | 트랜잭션의 특징 중 고립성은 COMMIT이 완료되어야 다른 사용자가 해당 데이터를 조회하거나 수정할 수 있는 것이다. COMMIT 완료 전에는 해당 사용자만 조회하거나 수정할 수 있다.

17 다음 중 COL100에 NULL이 없는 데이터를 찾는 SQL로 올바른 것은?

① SELECT COL1 FROM T1 WHERE COL100 ◇ 'NULL'
② SELECT COL1 FROM T1 WHERE COL100 != ''
③ SELECT COL1 FROM T1 WHERE COL100 IS NOT NULL
④ SELECT COL1 FROM T1 WHERE COL100 NOT IN (NULL)

해설 | NULL 값에 대한 조회는 IS NULL로 하고 NULL 값이 없는 것을 조회할 때는 IS NOT NULL로 한다.

18 SQL의 LIKE 구문을 사용해서 데이터 내부에 "_"이 있는 것을 검색하는 것은?

[Mytest]

ID	NAME
1	__A
2	B
3	__C
4	D
5	E
6	__F

[결과]

ID	NAME
1	__A
3	__C
6	__F

① SELECT * FROM Mytest WHERE NAME LIKE '%_%'

② SELECT * FROM Mytest WHERE NAME LIKE '%#_%'

③ SELECT * FROM Mytest WHERE NAME LIKE '%@_%' ESCAPE '@'

④ SELECT * FROM Mytest WHERE NAME LIKE '%_%' ESCAPE '_'

해설 | LIKE 연산으로 '%'나 '_'가 들어간 문자를 검색하기 위해서는 ESCAPE 명령어를 사용할 수 있다. 사용 방법은 '_'나 '%' 앞에 ESCAPE로 특수 문자를 지정해야 검색한다.

19 다음의 EMP 테이블에서 실행한 SQL문의 결과로 올바르지 않은 것은?

[EMP]

EMPNO	ENAME	SAL
1	'NOAH'	1000
2	'LIAM'	2000
3	'AIDEN'	3000
4	'JAMES'	4000
5	'ETHAN'	5000
6	'OLIVER'	6000

①

```
SELECT ENAME, SAL
FROM (SELECT ENAME, SAL  FROM EMP
ORDER BY SAL DESC)
WHERE ROWNUM = 1;
```

→ 테이블의 제일 마지막 데이터가 조회된다.

②

```
SELECT ENAME, SAL
FROM (SELECT ENAME, SAL  FROM EMP
ORDER BY SAL DESC)
WHERE ROWNUM = 2;
```

→ 테이블의 제일 마지막에서 2개의 행이 조회된다.

③

```
SELECT ENAME, SAL
FROM (SELECT ENAME, SAL  FROM EMP
ORDER BY SAL DESC)
WHERE ROWNUM > 0;
```

→ 모든 행이 조회된다.

④

```
SELECT ENAME, SAL
FROM (SELECT ENAME, SAL  FROM EMP
ORDER BY SAL DESC)
WHERE ROWNUM <= 3;
```

→ 테이블의 제일 마지막에서 3개의 행이
조회된다.

해설 | ②번 보기는 데이터가 조회되지 않는다. 만약 2
개의 행을 검색하고 싶으면 ROWNUM<=2와 같이 범
위 값으로 지정해야 한다.

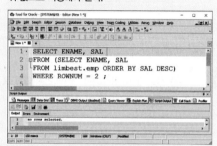

20 다음의 SQL문을 실행했을 때 그 결과가 다른 하나는 무엇인가?

[Mytest]

COL1	COL2	COL3
A	300	50
B	300	150
C	NULL	300
D	300	100

```
SELECT NVL(COL2,COL3) AS 금액A,
        COALESCE(COL2,COL3) AS 금액B,
        NULLIF (COL2, COL3) AS 금액C,
        CASE WHEN COL2 IS NOT NULL
        THEN COL2 ELSE COL3 END AS 금액D
FROM Mytest
```

① 금액A
② 금액B
③ 금액C
④ 금액D

해설 | ③번 보기에서의 연산자인 NULLIF는 COL2와
COL3이 동일하면 NULL을, 동일하지 않으면 COL2
를 반환하는데 3번째 행에서 COL2, COL3 값이 다르
므로 해당 행에서의 COL 2 값인 NULL 값을 반환한
다.

21 다음 중 차집합을 구할 수 있는 집합 연산자로 올바른 것은?

① union
② union all
③ except
④ intersect

22 다음은 WINDOW FUNCTION에 대한 사용 방법이다. 가장 올바르지 않은 SQL문은 무엇인가?

① SUM(급여) OVER()

② SUM(급여) OVER(PARTITION BY JOB ORDER BY EMPNO RANGE BETWEEN UNBOUNDED PRE-CEDING AND UNBOUNDED FOLLOWING) SAL

③ SUM(급여) OVER(PARTITION BY JOB ORDER BY EMPNO RANGE BETWEEN UNBOUNDED PRECEDING AND UNBOUNDED PRECEDING) SAL

④ SUM(급여) OVER(PARTITION BY JOB ORDER BY JOB RANGE BETWEEN UNBOUNDED PRE-CEDING AND CURRENT ROW) SAL

23 다음 중 데이터베이스 인덱스(INDEX)에 대한 설명으로 올바르지 않은 것은?

① 인덱스를 생성하면 검색 속도가 향상된다. 하지만 데이터의 분포에 따라서 반드시 향상되는 것은 아니다.
② 테이블에 대해서 입력, 수정, 삭제 작업을 할 때는 테이블의 데이터와 함께 인덱스도 같이 변경되므로 속도가 느려진다. 따라서 대용량의 데이터를 적재하는 작업에서는 인덱스로 인하여 속도가 떨어질 수가 있다.
③ 인덱스는 EQUAL 조건에서만 사용할 수 있다.
④ 인덱스 데이터는 인덱스를 구성하는 칼럼의 값으로 정렬을 수행한다.

24 다음 중 PL/SQL에 대한 설명으로 적절하지 않은 것은?

① PL/SQL문의 기본 구조로 DECLARE, BEGIN ~ END, EXCEPTION은 반드시 사용해야 한다.
② 변수와 상수 등을 사용해서 일반 SELECT 문장을 실행할 때 WHERE절의 조건을 대입할 수 있다.
③ User Stored Procedure, User Defined Function, Trigger 등의 객체(Object)를 PL/SQL로 생성할 수 있다.
④ PL/SQL은 절차형 언어이다.

해설 | ①번 보기에서 DECLARE와 BEGIN ~ END 문은 필수지만 EXCEPTION문은 선택이다.

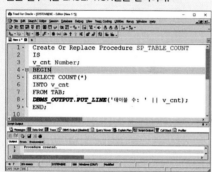

25 다음 중 Sub Query를 올바르게 구분한 것은?

```
SELECT ( A )
FROM ( B ) a
WHERE a.col= ( C )
```

① A : 스칼라 서브쿼리
  B : 서브쿼리
  C : 인라인 뷰

② A : 서브쿼리
  B : 스칼라 서브쿼리
  C : 인라인 뷰

③ A : 스칼라 서브쿼리
  B : 인라인 뷰
  C : 서브쿼리

④ A : 인라인 뷰
  B : 스칼라 서브쿼리
  C : 서브쿼리

해설 | 큰 의미에서는 모두 서브 쿼리이다. SELECT구에 사용하면 스칼라 서브쿼리, FROM구에 사용하면 인라인 뷰, WHERE구에 사용하면 서브쿼리로 구분한다.

26 다음 중 데이터베이스 무결성을 확보하기 위한 방안으로 가장 올바르지 않은 것은?

① 제약조건
② 트리거(Trigger)
③ lock
④ 애플리케이션에서 무결성 검사 로직을 추가한다.

> 해설 | 2 Phase Locking(2PL)은 데이터베이스의 동시성 제어를 위한 방법이다. 데이터베이스의 무결성은 제약조건, 트리거, 애플리케이션으로 확보할 수 있다. 하지만 트리거(Trigger)는 동시성 제어에 문제가 발생하기 때문에 실제 업무에서는 사용하지 않는다.

27 아래의 SQL문을 수행하였을 때의 결과가 [결과]와 같을 때 이에 대한 설명으로 올바르지 않은 것은?

```
SELECT mgr, empno, ename, LEVEL,
CONNECT_BY_ISLEAF,
SYS_CONNECT_BY_PATH(ENAME,'-')
"PATH"
FROM limbest.EMP
START WITH mgr is null
Connect by prior empno = mgr;
```

[결과]

☰	MGR	EMPNO	ENAME	LEVEL	CONNECT_BY_ISLEAF	PATH
▶		1000	TEST1	1	0	-TEST1
	1000	1001	TEST2	2	0	-TEST1-TEST2
	1001	1005	TEST6	3	1	-TEST1-TEST2-TEST6
	1001	1006	TEST7	3	0	-TEST1-TEST2-TEST7
	1006	1007	TEST8	4	1	-TEST1-TEST2-TEST7-TEST8
	1006	1008	TEST9	4	1	-TEST1-TEST2-TEST7-TEST9
	1001	1011	TEST12	3	1	-TEST1-TEST2-TEST12

① EMPNO 1000번의 MGR은 NULL 값이다.
② CONNECT_BY_ISLEAF는 LEAF이면 1을, 아니면 0을 반환한다.
③ 자식에서 부모로 가는 역방향이다.
④ LEVEL은 계층의 깊이를 의미하며 TEST1은 최상위 계층이다.

> 해설 | 위의 계층형 조회는 최상위 계층에서 하위 계층으로 검색하는 정방향 조회이다.

28 다음 중 조인 기법에 대한 설명으로 알맞은 것은?

① Hash Join은 정렬 작업이 없어 정렬이 부담되는 대량 배치작업에 유리하다.
② Sort Merge Join은 Equal Join에서만 사용 가능하다.
③ 옵티마이저는 조인 칼럼에 인덱스가 존재하지 않으면 Nested Loop Join을 선호한다.
④ Nested Loop Join은 정렬된 결과들을 통해 조인 작업이 수행되며 조인에 성공하면 추출 버퍼에 넣는 작업을 수행한다.

29 다음 주어진 테이블에서 아래의 SQL문의 결과값으로 알맞은 것은?

[EMP]

EMPNO	ENAME	DEPTNO	MGR	JOB	SAL
1000	TEST1	20		CLERK	800
1001	TEST2	30	1000	SALESMAN	1600
1002	TEST3	30	1000	SALESMAN	1250
1003	TEST4	20	1000	MANAGER	2975
1004	TEST5	30	1000	SALESMAN	1250
1005	TEST6	30	1001	MANAGER	2850
1006	TEST7	10	1001	MANAGER	2450
1007	TEST8	20	1006	ANALYST	3000
1008	TEST9	30	1006	PRESIDENT	5000
1009	TEST10	30	1002	SALESMAN	1500
1010	TEST11	20	1002	CLERK	1100
1011	TEST12	30	1001	CLERK	950
1012	TEST13	20	1000	ANALYST	3000
1013	TEST14	10	1000	CLERK	1300

```
SELECT COUNT(*)
FROM limbest.emp
WHERE JOB = 'CLERK'
OR (ENAME LIKE 'T%' AND SAL >= 3000);
```

① 5건
② 6건
③ 7건
④ 8건

30 다음의 SQL문의 실행 결과로 올바른 것은? (단, 오늘의 날짜는 2022년 4월 30일이고 시간은 무시)

```
SELECT SYSDATE,
       TO_DATE(SYSDATE,'YYYY')
       FROM DUAL;
```

① 2022-04-30 00:00:00 2022
② 2022/04/30 00:00:00 2022
③ 22-04-30 00:00:00 2022
④ 에러가 발생한다.

해설 | SYSDATE는 Oracle에서 오늘의 날짜와 시간을 가지고 있는 Date 타입이다. 따라서 Date 타입을 다시 TO_DATE로 형 변환을 하면 동일 타입을 변환하기 때문에 오류가 발생한다. 즉 이러한 경우는 TO_CHAR를 사용해서 문자형 타입으로 변환해야 한다.

31 다음 SQL문 중에서 결괏값이 다른 하나는?

① SELECT SUBSTR(TO_CHAR ('20220504'), 5,2) FROM DUAL
② SELECT EXTRACT(MONTH FROM DATE '2022-05-01') FROM DUAL;
③ SELECT TRIM('05') FROM DUAL
④ SELECT CONCAT('0' , '5') FROM DUAL

해설 | ②번 보기만 5를 반환하고 나머지 보기들은 모두 05를 반환한다.

날짜형 함수

날짜형 함수	설명
SYSDATE	오늘의 날짜를 날짜형 타입으로 알려준다.
EXTRACT('YEAR' | 'MONTH' | 'DAY' from d)	날짜에서 년, 월, 일을 조회한다.

32 다음 SQL문 중에서 결괏값이 다른 하나는?

① SELECT UPPER('abcd') FROM DUAL;
② SELECT RTRIM(' ABCD') FROM DUAL;
③ SELECT SUBSTR('ABCABCDED', 4, 4) FROM DUAL;
④ SELECT CONCAT('AB', 'CD') FROM DUAL;

해설 | ②번 보기는 좌측의 공백이 있는 ABCD를 반환하고 나머지 보기는 ABCD를 반환한다. 즉, ②번 보기는 RTRIM이 아니라 LTRIM 아니면 TRIM을 사용해야 한다.

문자형 함수

문자형 함수	설명
LTRIM(문자열, 지정 문자)	• 왼쪽에 지정된 문자를 삭제한다. • 지정된 문자를 생략하면 공백을 삭제한다.
RTRIM(문자열, 지정 문자)	• 오른쪽에 지정된 문자를 삭제한다. • 지정된 문자를 생략하면 공백을 삭제한다.
TRIM(문자열, 지정된 문자)	• 왼쪽 및 오른쪽에 지정된 문자를 삭제한다. • 지정된 문자를 생략하면 공백을 삭제한다.

33 다음 중 아래 SQL문의 결괏값으로 올바른 것은?

```
SELECT SUBSTR('123456789123456789', -4, 2) FROM DUAL;
```

① 45
② 43
③ 65
④ 67

해설 | substr 함수의 입력값에 음수를 주면 뒤에서 시작하게 된다. 즉, 뒤에서 4번째 자릿값인 6부터 두 개의 글자인 67이 반환된다.

34 다음 중 잘못된 SQL문을 고르시오.

[EMP]

DNAME	ENAME	SAL
총무팀	TEST14	1300
총무팀	TEST7	2450
인사팀	TEST8	3000
인사팀	TEST11	1100
인사팀	TEST4	2975
인사팀	TEST1	800
인사팀	TEST13	3000
보안팀	TEST2	1600
보안팀	TEST3	1250
보안팀	TEST5	1250
보안팀	TEST6	2850
보안팀	TEST9	5000
보안팀	TEST10	1500
보안팀	TEST12	950

① SELECT b.dname, a.ename, a.sal
FROM Limbest.emp a,
Limbest.dept b
where a.deptno = b.deptno
and sal <=
(SELECT MAX(sal) FROM Limb-
est.emp GROUP BY DEPTNO);

② SELECT b.dname, a.ename, a.sal
FROM Limbest.emp a,
Limbest.dept b
where a.deptno = b.deptno
and sal <= ANY(30,40,50,60,70);

③ SELECT b.dname, a.ename, a.sal
FROM Limbest.emp a,
Limbest.dept b
where a.deptno = b.deptno
and sal >= ANY(30,40,50,60,70);

④ SELECT b.dname, a.ename, a.sal
FROM Limbest.emp a,
Limbest.dept b
where a.deptno = b.deptno
and sal IN
(SELECT SAL from Limbest.emp
where DEPTNO = 10);

해설 | 문제의 핵심은 Sub Query 시에 다중행 서브쿼리를 묻고 있는 것이다. 보기 ①번은 서브쿼리로 여러 개의 행이 되돌아 오기 때문에 ALL, ANY, IN 함수를 사용해야 한다.

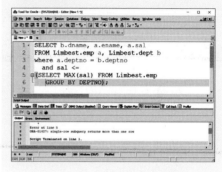

35 다음 보기의 요구사항을 가장 잘 반영한 것은?

[요구사항]

- 팀이 A이거나 B이고 체중이 100 이상인 선수를 조회하시오.
- 테이블명 PLAY, 칼럼명 TEAM, WEIGHT

①

```
SELECT * FROM PLAY
WHERE TEAM IN ('A', 'B') OR WEIGHT
〉= 100;
```

②

```
SELECT * FROM PLAY
WHERE TEAM NOT IN ('A', 'B') AND
WEIGHT 〉= 100;
```

③

```
SELECT * FROM PLAY
WHERE (TEAM = 'A' OR WEIGHT 〉 100)
OR (TEAM = 'B' AND WEIGHT 〉= 100);
```

④

```
SELECT * FROM PLAY
WHERE (TEAM = 'A' OR TEAM = 'B') AND
WEIGHT 〉= 100;
```

해설 I

```
SELECT * FROM PLAY ❶
WHERE (TEAM = 'A' OR TEAM = 'B') AND ❷
WEIGHT 〉= 100; ❸
```

❶ 테이블명 PLAY
❷ 팀이 A이거나 B이고
❸ 체중이 100 이상

36 다음 중 데이터베이스 테이블의 제약조건(Constraint)에 대한 설명으로 올바르지 않은 것은?

① 기본키(Primary Key)는 테이블당 하나의 제약만을 정의할 수 있다.
② Check 조건은 테이블에 데이터를 입력하기 전에 검사를 수행한다.
③ 외래키(Foreign Key)는 테이블 간의 관계를 정의하고 참조 무결성을 준수하게 한다.
④ 고유키(Unique Key)로 지정되면 모든 칼럼들은 Null 값을 가질 수 없다.

해설 I 고유키(Unique Key)로 지정된 모든 칼럼은 중복된 값을 허용하진 않지만, Null 값은 가질 수도 있다.

37 다음의 테이블이 있을 경우 SQL을 수행하였을 때 출력결과를 순서대로 나열한 것은?

[Mytest]

C1
1
2
3

```
SELECT CASE
WHEN C1=1 THEN 10
WHEN C1=2 THEN 20
ELSE C1 END
FROM Mytest;
```

① 1, 2, 3
② 10, 20, 3
③ 10, 20, 30
④ 1, 2, 30

해설 | CASE 문의 조건문에 따라서 1은 10으로 2는 20으로 입력된다.

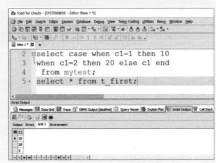

38 다음 중 문자열의 m번째 위치에서 n개의 길이에 해당하는 문자열을 반환하는 함수는?

① TRIM(문자열, M, N)
② CONCAT(문자열, M, N)
③ STRING_SPLIT(문자열, M, N)
④ SUBSTR(문자열, M, N)

해설 | ④번 SUBSTR은 입력받은 문자열의 m번째 위치에서 n개의 길이만큼 잘라 리턴한다. 참고로 SUB-STRING은 SQL Server에서 사용하는 방식이다.

39 다음의 SQL문 실행 결과로 올바른 것은?

[Mytest]

DATA1	DATA2
1	A
1	B
1	A
1	B

```
SELECT COUNT(DATA1), COUNT(DATA2)
FROM (SELECT DISTINCT DATA1, DATA2
    FROM Mytest);
```

① 1, 3   ② 2, 1
③ 2, 2   ④ 1, 1

해설 | 인라인 뷰에 있는 DISTINCT구는 중복을 제거하기 때문에 1, A와 1, B 두 개의 행이 조회된다. 따라서 행 수를 계산하는 COUNT는 2, 2가 조회된다.

40 다음의 SQL문 실행 결과로 조회되는 행의 개수는?

[Mytest]

DATA1	DATA2
A	1000
B	2000
C	3000
C	4000

```
SELECT COUNT(*) FROM(
SELECT COUNT(*)
FROM Mytest
GROUP BY ROLLUP (DATA1), DATA2
);
```

① 3   ② 4
③ 6   ④ 8

해설 | 총 행 수는 8개가 조회된다.

41 다음 보기와 동일한 SQL문은?

> SELECT * FROM MYTEST WHERE COL1
> BETWEEN :A AND :B

① SELECT * FROM MYTEST
   WHERE COL1 >= :A
   AND COL1 <= :B
② SELECT * FROM MYTEST
   WHERE COL1 <= :A
   AND COL1 >=:B
③ SELECT * FROM MYTEST
   WHERE COL1 >= :A
   OR COL1 <= :B
④ SELECT * FROM MYTEST
   WHERE COL1 <= :A
   OR COL1 >=B

해설 | BETWEEN은 같은(=) 것도 포함된다. 즉, 크거나 같은 것이 조회된다.

SQL 연산자의 종류

연산자	설명
BETWEEN a AND b	a와 b의 값 사이에 있으면 된다. (a와 b의 값이 포함됨) : a<= COL <=B
IN(list)	리스트에 있는 값 중에서 어느 하나라도 일치하면 된다.
LIKE '비교 문자열'	비교 문자열과 형태가 일치하면 된다.
IS NULL	NULL 값인 경우

42 다음 중 SQL 실행 결과로 올바르지 않은 것은?

[MytestA]

JOB	ENAME
MANAGER	A
CLERK	B
SALESMAN	C
DEVELOPER	D

[MytestB]

JOB	ENAME
MANAGER	A
SALESMAN	C

① SELECT * FROM MytestA
   WHERE ENAME IN
   (SELECT ENAME FROM
   MytestB);

JOB	ENAME
MANAGER	A
SALESMAN	C

② SELECT * FROM MytestA
   WHERE ENAME NOT IN
   (SELECT ENAME FROM
   MytestB);

JOB	ENAME
DEVELOPER	C

③ SELECT * FROM MytestA A
   WHERE EXISTS (SELECT 'X'
   FROM MytestB B
   WHERE A.ENAME = B.ENAME);

JOB	ENAME
MANAGER	A
SALESMAN	C

④ SELECT * FROM MytestB B
   WHERE EXISTS (SELECT 'X'
   FROM MytestA A
   WHERE A.ENAME = B.ENAME);

JOB	ENAME
MANAGER	A
SALESMAN	C

해설 | MytestB 테이블에는 NULL 값이 존재한다. 따라서 NULL을 NOT IN으로 조회하면 모든 조건이 FALSE가 되어서 0건이 조회된다.

43 다음 SQL문의 ( )를 완성하시오.

[Mytest]

이름	부서	직책	급여
'조자룡'	'총무팀'	'부장'	300
'유비'	'경영지원부'	'과장'	290
'제갈량'	'보안팀'	'대리'	250
'사마의'	'인사부'	'대리'	250
'관우'	'개발팀'	'사원'	230
'장비'	'개발팀'	'사원'	220

[결과 1]

순위	이름	부서	직책	급여
1	조자룡	총무팀	부장	300
2	유비	총무팀	과장	290
3	제갈량	보안팀	대리	250
3	사마의	보안팀	대리	250
5	관우	개발팀	사원	230
6	장비	개발팀	사원	220

[결과 2]

순위	이름	부서	직책	급여
1	조자룡	총무팀	부장	300
2	유비	총무팀	과장	290
3	제갈량	보안팀	대리	250
4	사마의	보안팀	대리	250
5	관우	개발팀	사원	230
6	장비	개발팀	사원	220

```
SELECT (  ㉠  ) OVER (ORDER BY 급여
desc) as 순위, 이름, 부서, 직책, 급여
FROM Mytest;
```

```
SELECT (  ㉡  ) OVER (ORDER BY 급여
desc) as 순위, 이름, 부서, 직책, 급여
FROM Mytest;
```

① ㄱ: RANK(), ㄴ: ROW_NUMBER()
② ㄱ: ROW_NUMBER(), ㄴ: RANK()
③ ㄱ: DENSE_RANK(), ㄴ: ROW_NUMBER()
④ ㄱ: RANK(), ㄴ: DENSE_RANK()

해설 | ㉠ RANK(), ㉡ ROW_NUMBER()

첫 번째 실행 결과는 급여가 동일하므로 같은 등수가 조회되었다.

3	제갈량	보안팀	대리	250
3	사마의	보안팀	대리	250

따라서 RANK() 함수이다.

두 번째 실행 결과는 급여가 동일하지만 유일한 등수가 부여되었다.

3	제갈량	보안팀	대리	250
4	사마의	보안팀	대리	250

따라서 ROW_NUMBER() 함수이다.

그룹 내 순위 함수

① ROW_NUMBER() : 중복과 관계없이 무조건 순서대로 반환
② RANK() : 중복 순위 다음은 해당 개수만큼 건너뛰고 반환
③ DENSE_RANK() : 중복 순위 다음에는 바로 연속적인 순위를 반환

44 다음의 SQL문 실행 결과를 고르시오.

```
SELECT ROUND(3.47, 1)
AS DATA1 FROM DUAL;
```

① 3.4
② 3.5
③ 3
④ 4

해설 | ROUND 함수의 첫 번째 인자값인 3.47을 소수 첫째 자리까지 반올림한다.

45 다음 중 ROWID에 대한 설명으로 올바르지 않은 것은?

① ORACLE 데이터베이스가 내부적으로 관리하는 값이기 때문에, 개발자가 ROWID 값을 확인할 수 없다.

② ROWID는 ORACLE 데이터베이스 내에서 데이터를 구분할 수 있는 유일한 값이다.

③ ROWID를 사용하면 조회를 원하는 블록을 바로 참조할 수 있다.

④ 오브젝트 번호, 상대파일 번호, 블록 번호, 데이터 번호로 구성된다.

해설 | ROWID는 ORACLE 데이터베이스 내에서 데이터를 구분할 수 있는 유일한 값으로, SELECT 문으로 확인할 수 있다.

46 다음 2개의 SQL문이 같은 결과를 조회할 수 있도록 빈칸을 작성하시오.

[Mytest]

ProductName	ProductCode	Price
비디오	A001	2002
오디오	D001	2000
책	G001	3020
비디오	B001	4000
오디오	E001	5100
비디오	C001	22000
책	H001	7100
오디오	F001	8020

```
SELECT ProductName, SUM(Price)
FROM Mytest
WHERE ProductName = '비디오'
GROUP BY ROLLUP(ProductName);

SELECT ProductName, SUM(Price)
FROM Mytest
WHERE ProductName = '비디오'
GROUP BY GROUPING SETS(          );
```

① ProductName

② ()

③ ProductName, Price

④ ProductName, ()

해설 | 두 SQL문은 모두
• ProductName '비디오'에 대한 집계이다.
• ProductName '비디오'에 대한 전체 합계가 조회되어야 한다.
• GROUPING SETS 함수는 GROUP BY구에 그룹 조건을 여러 개 지정할 수 있다. 즉, 여러 개의 그룹 조건을 한꺼번에 지정하여 복합한 쿼리를 단순화시킨다.

47 SELECT문의 결과 집합에 따른 가상의 순번은 무엇인가?

① ROWID

② ROWNUM

③ COUNT

④ HASH

해설 | ROWNUM은 SELECT문의 최종 결과 집합에 부여되는 가상의 일렬번호이다.

48 DBA가 데이터를 잘못 수정하여서 Commit 하기 전 원래의 값으로 복원하는 SQL구는?

① COMMIT
② ROLLBACK
③ GRANT
④ REVOKE

> 해설 | **ROLLBACK**
> • ROLLBACK을 실행하면 데이터에 대한 변경사용을 모두 취소하고 트랜잭션을 종료한다.
> • INSERT, UPDATE, DELETE문의 작업을 모두 취소한다. 단, 이전에 COMMIT한 곳까지만 복구한다.

49 다음의 SQL문을 실행하면 조회되는 칼럼의 헤더명은 무엇인가?

> SELECT EMPNO, deptno, SALARY AS "salary"
> FROM Mytest
> WHERE EMPNO 〈 1000;

① EMPNO, DEPTNO, salary
② EMP, DEPT, SAL
③ EMPNO, DEPTNO, SALARY
④ EMP, DEPT, SALARY

> 해설 | 세번째 칼럼명 Alias를 사용했으므로 salary가 된다. 또한 deptno는 Oracle에서 대문자로 조회되고 SQL Server에서는 칼럼명 그대로 조회된다.

50 다음의 SQL문 실행 결과를 고르시오.

[Mytest]

DATA1	DATA2
1	
2	
3	1
4	1
5	2
6	2
7	3
8	4
9	6
10	7

> SELECT COUNT(*)
> FROM Mytest
> WHERE DATA1 〈〉 4
> START WITH DATA1 =1
> CONNECT BY PRIOR DATA1 = DATA2;

① 4　　　　　　② 5
③ 6　　　　　　④ 7

해설 |

실제 조회되는 데이터를 확인해 보면 위와 같다. DATA1이 1부터 시작해서 계층형 조회를 한다. 즉, 1, 3, 7, 10, 4, 80이 조회되고 마지막으로 WHERE 조건으로 4를 제외하기 때문에 총 5개의 행이 된다.

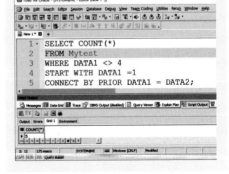

1 과목 데이터 모델링의 이해

01 특정 테이블에서 사원칼럼, 부서칼럼만 추출하는 경우에 DISK I/O을 경감할 수 있는 반정규화 방법은 무엇인가?

① 수평 분할
② 수직 분할
③ 중복 테이블 추가
④ 수직 및 수평 분할 수행

해설 | 수직 분할은 특정 칼럼 단위로 테이블을 분할하여 디스크 I/O(Input/Output)을 줄일 수 있는 방법이다.

테이블 수직 분할
하나의 테이블을 두 개 이상의 테이블로 분할한다. 즉, 칼럼을 분할하여 새로운 테이블을 만드는 것이다.

수직 분할

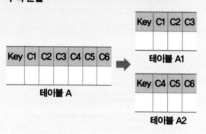

02 다음 중 3차 정규화에 대한 설명으로 올바른 것은?

① 해당 릴레이션에 기본키를 식별한다.
② 기본키가 하나 이상의 키로 되어 있는 경우에 부분함수 종속성을 제거한다.
③ 조인으로 발생하는 종속성을 제거한다.
④ 이행함수 종속성을 제거한다.

해설 | 제3정규화는 기본키를 제외한 칼럼 간의 종속성을 제거하는 이행함수 종속성을 제거한다.

사원코드
사원명
제품코드
제품명

영업사원 테이블의 예를 보면 속성 내에 제품코드와 제품명이 존재한다. 그런데 제품명은 제품코드에 종속하게 되고 이러한 예가 바로 이행함수 종속성이다.

03 다음은 ABC증권회사의 회원정보를 모델링 한 것이다. 회원정보는 슈퍼타입이고 개인회원과 법인회원 정보는 서브타입이다. 애플리케이션에 회원정보를 조회할 경우 항상 개인회원과 법인회원을 동시에 조회하는 특성이 있을 때 슈퍼타입과 서브타입을 변환하는 방법으로 가장 올바른 것은?

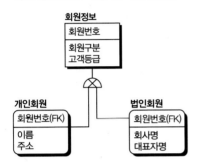

① ONE TO ONE
② PLUS TYPE
③ SINGLE TYPE
④ 정답 없음

해설 ┃ 본 문제의 핵심은 항상 같이 조회한다고 했으므로 하나의 테이블로 통합해서 만드는 SINGLE TYPE 방법이 가장 올바른 방법이다. 슈퍼타입과 서브타입의 변환 시에 가장 고려되어야 하는 것은 애플리케이션이 테이블을 어떻게 사용하는지이다.

04 다음의 데이터베이스 모델링에 대한 설명으로 가장 올바른 것은?

증권회사에서 주문을 발주할 때 해당 종목에 대한 호가단위가 있다. 즉, 주문은 10호가를 기준으로 발주할 수가 있어서 어떤 종목을 주문할 때 1003원과 같은 금액으로는 발주할 수 없다. 이처럼 데이터베이스에서 값이 가질 수 있는 조건을 정의하는 것이다.

① 시스템 카탈로그(System Catalog)
② 다중 값 속성
③ 선택도
④ 도메인(Domain)

해설 ┃
• 도메인은 속성이 가질 수 있는 값의 범위이다.
• 예를 들어 성별이라는 속성이 있고 남자와 여자 값만 가질 수 있다.

05 다음의 정규화 단계에서 주식별자와 관련성이 가장 낮은 것은?

① 제1정규화
② 제2정규화
③ 제3정규화
④ BCNF

해설 ┃ 제3정규화는 주식별자를 제외한 칼럼 간에 종속성을 확인해서 종속성이 있으면 분할하는 과정이다.

06 엔터티의 종류 중 다:다 관계를 해소하려는 목적으로 인위적으로 만들어진 엔터티는 무엇인가?

① 기본 엔터티
② 행위 엔터티
③ 교차 엔터티
④ 종속 엔터티

07 다음은 ABC 증권회사의 데이터베이스 모델링이다. 모델링은 고객과 계좌 간의 관계를 표현한 것이다. 보기 중에서 그 설명이 올바르지 않은 것은?

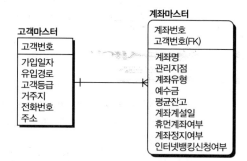

① 계좌를 개설하지 않은 고객은 ABC 증권회사의 고객이 될 수가 없다.
② 계좌번호는 전체 고객마다 유일한 번호가 부여된다.
③ 고객마스터와 계좌마스터의 관계는 식별 관계이다.
④ 한 명의 고객에게 하나의 고객등급만 부여된다.

08 ERD(Entity Relationship Diagram) 작성 순서로 올바른 것을 고르시오.

> 가) 엔터티를 그린다.
> 나) 엔터티를 적절하게 배치한다.
> 다) 엔터티 간에 관계를 설정한다.
> 라) 관계명을 기술한다.
> 마) 관계의 참여도를 기술한다.
> 바) 관계의 필수 여부를 기술한다.

① 가) → 나) → 다) → 라) → 마) → 바)
② 나) → 가) → 다) → 라) → 마) → 바)
③ 가) → 나) → 라) → 다) → 마) → 바)
④ 가) → 나) → 다) → 마) → 바) → 라)

09 다음의 ERD에서 식별자 분류로 올바른 것은?

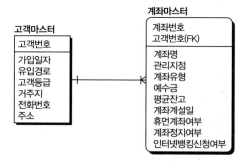

고객마스터 테이블의 고객번호는 대표성에 따른 식별자 분류로는 (ㄱ)이고 스스로 생성했는지 여부에 따라서는 (ㄴ)이다. 또한 계좌마스터의 고객번호는 스스로 생성 여부에 따라서 (ㄷ)이다.

① ㄱ-보조 식별자, ㄴ-외부 식별자,
  ㄷ-단일 식별자
② ㄱ-주식별자, ㄴ-내부 식별자,
  ㄷ-외부 식별자
③ ㄱ-보조 식별자, ㄴ-내부 식별자,
  ㄷ-외부 식별자
④ ㄱ-내부 식별자, ㄴ-단일 식별자,
  ㄷ-보조 식별자

해설 | 식별자는 대표성에 따라서 주식별자와 보조식별자로 분류되고 생성 여부에 따라서는 내부 식별자와 외부 식별자로 분류된다. 또한 속성의 수에 따라서 단일 식별자와 복합 식별자로 분류된다.

10 식별자 중에서 비즈니스 프로세스에 의하여 만들어지는 식별자로 대체 여부로 분리되는 식별자는 무엇인가?

① 본질 식별자
② 단일 식별자
③ 내부 식별자
④ 인조 식별자

해설 | 대체 여부에 따라서 본질 식별자와 인조 식별자로 분류되고 본질 식별자는 비즈니스 프로세스에 의해서 만들어지는 식별자이다. 인조 식별자는 인위적으로 만들어진 식별자를 의미한다.

11 다음 주어진 테이블이 아래의 결과와 같이 반환되도록 SQL문의 빈칸에 들어갈 것으로 알맞은 것을 고르시오.

[TEST44]

NAME	DEPTNAME	POSITION	SAL
조조	IT팀	부장	5000
여포	IT팀	대리	3000
유비	보안팀	차장	4000
관우	보안팀	사원	2000
장비	총무팀	부장	5000
동탁	인사팀	차장	4000

[결과]

RANK	NAME	DEPTNAME	POSITION	SAL
1	조조	IT팀	부장	5000
1	장비	총무팀	부장	5000
3	동탁	인사팀	차장	4000
3	유비	보안팀	차장	4000
5	여포	IT팀	대리	3000
6	관우	보안팀	사원	2000

```
SELECT
(          ) OVER(ORDER BY SAL DESC)
AS RANK, NAME, DEPTNAME, POSITION,
SAL
FROM TEST44;
```

① RANK( )
② DENSE_RANK( )
③ ROW_NUMBER( )
④ NTILE( )

해설 | RANK( ) 함수는 동일한 점수면 같은 등수를 부여한다.

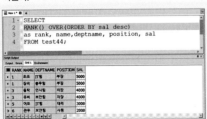

12 주어진 데이터에서 아래의 SQL문을 수행된 결과로 옳은 것은?

[sqld_12]

COL1	COL2
100	100
NULL	60
NULL	NULL

```
SELECT COALESCE(COL1, COL2 * 50, 50)
FROM sqld_12;
```

①

100
3000
50

②

100
NULL
50

③

100
60
50

④

100
3000
NULL

해설 | COALESCE 함수는 함수 내 비교식에서 NULL 값이 아닌 값으로 연산을 수행한다.

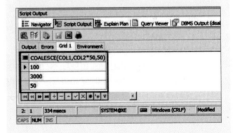

13 T_MEMBER 테이블을 생성하려고 한다. 테이블을 생성하고 kind에 인덱스를 생성하는 DDL문으로 올바른 것은?

[T_MEMBER: 기본키 memberid]

memberid varchar(20)
name varchar(100) not null
kind varchar(10)
regdate date

①

```
Create Table T_MEMBER(
  memberid varchar(20) Primary key,
  name varchar(100) not null,
  kind varchar(10),
  regdate date
);
Create index indmember on t_member (kind);
```

②

```
Create Table T_MEMBER(
  memberid varchar(20),
  name varchar(100) not null,
  kind varchar(10),
  regdate date
);
Create index indmember on t_member (kind);
```

③

```
Create Table T_MEMBER(
  memberid varchar(20) Primary key,
  name varchar(100) not null,
  kind varchar(10),
  regdate date
);
Alter index indmember on t_member(kind);
```

④

```
Create Table T_MEMBER(
  memberid varchar(20),
  name varchar(100) not null,
  kind varchar(10),
  regdate date
);
Create index indmember as t_member (kind);
```

해설 | CREATE TABLE과 CREATE INDEX의 문법을 알고 있는지 확인하는 문제이다.

②, ④의 경우 memberid 칼럼에 대해 PK 설정이 되지 않았다. ③은 ALTER INDEX가 아니라 CREATE INDEX로 해야 한다.

14 주어진 테이블들에 대해서 아래의 SQL문을 수행하였을 때 반환되는 ROW값의 수는 얼마인가?

[TEST1]

COL
1
2
3
4
5
6

[TEST2]

COL
3
7
8

[TEST3]

COL
4
5
6

```
SELECT * FROM TEST1
UNION ALL
SELECT * FROM TEST2
MINUS
SELECT * FROM TEST3;
```

① 2   ② 3
③ 4   ④ 5

해설 | UNION ALL에 의해서 총 9개의 행이 반환된다. 그리고 MINUS로 차집합을 만든다. 즉, 1, 2, 3, 7, 8의 5개 행이 조회된다.

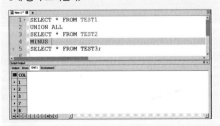

15 다음의 설명에 해당하는 Join은?

조인되는 N개의 테이블을 모두 정렬한 후에 조인을 수행한다.

① Hash Join
② Sort Merge Join
③ Nested Loop Join
④ Inner Join

해설 | Sort Merge 조인(Join)은 테이블을 정렬(Sort)한 후에 정렬된 테이블을 병합(Merge)하면서 조인을 실행한다.

Sort Merge 조인

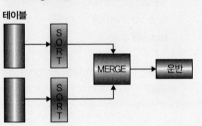

16 다음은 Connect by를 사용한 계층형 쿼리이다. (?)에 올바른 것은 무엇인가?

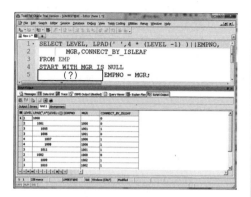

① CONNECT
② LEVEL ORDER
③ CONNECT BY PRIOR
④ NEXT

> 해설 | CONNECT BY구는 Oracle 데이터베이스가 지원하는 질의 방법으로 계층형 구조를 탐색할 수 있다.
>
> SELECT 칼럼, LEVEL AS 계층의 깊이
>   FROM 테이블
>   WHERE (조건)
>   START WITH (시작 위치 조건)
>   CONNECT BY (PRIOR 하위코드 = 상위코드);

CONNECT BY 사용

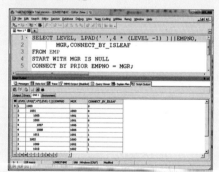

17 순위 함수에 대한 설명 중 틀린 것은 무엇인가?

① RANK 함수는 동일순위 처리가 가능하다.
② DENSE_RANK 함수는 RANK 함수와 같은 역할을 하지만 동일 등수 순위에 영향이 없다.
③ ROW_NUMBER 함수는 특정 동일 순위가 부여되지 않는다.
④ 순위 함수 사용 시 ORDER BY절은 입력하지 않아도 된다.

> 해설 | 순위 함수 RANK, ROW_NUMBER, DENSE_RANK에 ORDER BY를 사용해서 순위를 기준으로 오름차순 혹은 내림차순으로 출력할 수 있다.

18 다음의 GROUP BY문구와 동일한 SQL문을 고르시오.

> GROUP BY CUBE(DEPTNO, JOB);

① GROUP BY ROLLUP(DEPTNO);
② GROUP BY GROUPING SETS (DEPTNO, JOB, (DEPTNO, JOB), ( ));
③ GROUP BY DEPTNO UNION ALL GROUP BY JOB UNION ALL GROUP BY (JOB, DEPTNO)
④ 동일한 보기 없음.

> 해설 | CUBE 함수
> • CUBE는 CUBE 함수에 제시한 칼럼에 대해서 결합 가능한 모든 집계를 계산한다.
> • 즉, 다차원 집계를 제공하여 다양하게 데이터를 분석할 수 있게 한다.
> • 예를 들어 부서와 직업을 CUBE로 사용하면 부서별 합계, 직업별 합계, 부서별 직업별 합계, 전체 합계가 조회된다.
> • 즉, 조합할 수 있는 모든 경우의 수가 모두 조합되는 것이다.

19 아래의 SQL문을 실행했을 때 조회되는 행 수가 가장 많이 나오는 SQL문과 가장 적게 나오는 SQL문은?

```
insert into a1 values(1,4);
insert into a1 values(2,5);
insert into a1 values(3,6);
insert into a1 values(4,7);

insert into a2 values(1,4);
insert into a2 values(2,5);
insert into a2 values(null,6);
insert into a2 values(null,7);
```

```
(1) select * from a1, a2
     where a1.col1=a2.col1;

(2) select * from a1 left outer join a2
     on a1.col1=a2.col1;

(3) select * from a1 right outer join a2
     on a1.col1=a2.col1;

(4) select * from a1 full outer join a2
     on a1.col1=a2.col1;
```

① (1), (2)
② (2), (3)
③ (3), (4)
④ (4), (1)

해설 | FULL Outer Join은 총 6개의 행이 조회되고, LEFT와 RIGHT Outer Join은 총 4개의 행이 조회된다. 그리고 보기 1번의 Inner 조인은 2개의 행이 조회된다.

20 주어진 SQL문에서 오류가 발생하지 않는 것은?

```
CREATE TABLE TEST20
(
  ID NUMBER PRIMARY KEY,
  AGE NUMBER NOT NULL,
  NAME VARCHAR2(1)
);
```

(1) insert into test20 values(10,20,sysdate);
(2) insert into test20 values(20,null,'a');
(3) insert into test20(age, name) values(20, 'a');
(4) insert into test20(id, age, name) values (20,10,null);

① (1)
② (2)
③ (3)
④ (4)

해설 | (1)번은 NAME에 DATE 타입의 데이터를 입력하여 오류가 발생한다.
(2)번은 AGE가 NOT NULL인데 null을 입력하여 오류가 발생한다.
(3)번은 ID의 기본키 값을 입력하지 않아서 오류가 발생한다.

21 다음 계층형 쿼리문에 대한 설명으로 옳지 않은 것은?

[SQLD_13]

ID	PARENT_ID	NAME	PARENT_NAME	DEPTH
3	0	A		1
4	0	B		1
5	3	C	A	2
6	3	D	A	2
7	3	E	A	2
8	3	F	A	2
9	6	G	F	3
10	4	H	B	2
11	4	I	B	2

```
SELECT ID, PARENT_ID, NAME,
PARENT_NAME
FROM SQLD_13
WHERE PARENT_ID NOT IN (3)
START WITH PARENT_ID = 0
CONNECT BY PRIOR  ID = PARENT_ID
ORDER SIBLINGS BY PARENT_ID ASC, ID
ASC;
```

① PARENT_ID가 0이라도 3이 포함되면 전개를 멈춘다.
② 순방향 전개다.
③ 중복이 생겼을 때 루프를 돌지 않기 위해 NO CYCLE 옵션을 사용할 수 있다.
④ ORDER SIBLINGS BY를 하면 전체 테이블 기준으로 정렬한다.

해설 | ①의 경우, 계층쿼리는 일단 START WITH... CONNECT BY로 전개를 수행한 후에 WHERE로 필터링을 한다. 만약 CONNECT BY에 AND 조건으로 PARENT_ID != 3 식이었다면 전개 중에 멈추겠지만 WHERE에서 필터링을 하는 것이므로 일단 전개를 완료한 후에 WHERE가 실행되는 것으로 볼 수 있다.

22 다음 보기에서 설명하는 인덱스 스캔 방식은 무엇인가?

- 인덱스를 역순으로 탐색한다.
- 최댓값을 쉽게 찾을 수 있다.

① INDEX UNIQUE SCAN
② INDEX RANGE SCAN
③ INDEX RANGE SCAN DESCENDING
④ INDEX FULL SCAN

해설 | 역순으로 탐색하여 최댓값을 쉽게 찾는다. → DESCENDING

23 다음 주어진 테이블에 대해서 아래의 SQL문의 실행 결과로 가장 올바른 것은?

[test20]

ID	AGE	NAME
10	20	A
11	30	B
12	40	C
13	50	D
14	60	E

```
SELECT ID, AGE
FROM test20
ORDER BY (CASE WHEN ID = 10 OR
              ID=13 THEN 1 ELSE 2 END),
AGE DESC
```

①
ID	AGE
13	50
10	20
14	60
12	40
11	30

②
ID	AGE
13	50
10	20
11	30
12	40
14	60
13	50
10	20

③
ID	AGE
10	20
11	30
12	40
13	50
14	60

④
ID	AGE
10	20
14	60
13	50
12	40
11	30

해설 | CASE문을 사용해서 정렬의 순서를 변경했고 그래서 ID가 13, 10번이 가장 먼저 조회된다. 즉, 10과 13번이 먼저 조회되고 AGE로 DESC이므로 13의 AGE가 50이라서 가장 먼저 조회된다.

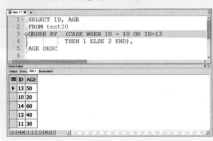

24 다음 중 문자에 대한 설명으로 부적절한 것은 무엇인가?

① VARCHAR(가변 길이 문자형)은 비교 시 서로 길이가 다를 경우 서로 다른 내용으로 판단한다.
② CHAR(고정 길이 문자형)은 비교 시 서로 길이가 다를 경우 서로 다른 내용으로 판단한다.
③ 문자형과 숫자형을 비교 시 문자형을 숫자형으로 묵시적 변환하여 비교한다.
④ 연산자 실행 순서는 괄호, NOT, 비교 연산자, AND, OR 순이다.

해설 | CHAR는 길이가 서로 다르면 짧은 쪽에 스페이스를 추가하여 같은 값으로 판단한다. 같은 값에서 길이만 서로 다를 경우 다른 값으로 판단하는 것은 VARCHAR(가변 길이 문자형)로 비교하는 경우이다.

25 아래와 같은 결과가 나오도록 SQL문을 완성하시오.

[SQLD7]

회원ID	주문금액
B	255
C	255
A	450
D	100

[결과]

회원ID	RANK	주문금액
A	1	450
B	2	255
C	2	255
D	3	100

```
SELECT 회원ID,
DENSE_RANK( ) OVER(ORDER BY [     ] )
AS RANK, 주문금액
FROM SQLD7;
```

① (주문금액) DESC
② (주문금액)
③ 주문금액 ASC
④ 주문금액 1

해설 | **(주문 금액) DESC**
결과 테이블은 주문금액이 큰 순서대로 순위를 부여하는 테이블로 주문금액 속성을 내림차순 정렬했을 때의 순위이고 같은 등수 다음에는 바로 다음 등수가 부여되었으므로 DENSE 랭크 함수가 들어가야 한다.

26 다음 중 주어진 테이블에서 SQL문의 실행 결과로 가장 적절한 것은?

[test29]

ID
1000
1000
1000
3000
3000
4000
9999
9999

```
SELECT ID FROM test29
GROUP BY ID
HAVING COUNT(*) = 2
ORDER BY (CASE WHEN ID = 1000 THEN
0 ELSE ID END);
```

①

ID
3000
9999

②

ID
9999
3000

③

ID
1000
3000
9999

④

ID
999
3000
1000

해설 | CASE문으로 ID가 1000인 것은 0으로 변경하고 나머지는 ID값으로 ASC(오름차순) 한다. 단, COUNT 함수로 2건만 조회된다. 따라서 3000, 9999의 값이 2건이라서 3000, 9999만 조회된다.

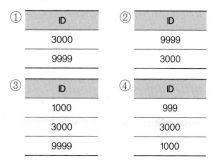

27 다음 중 VIEW에 대한 설명으로 올바르지 않은 것은?

① 독립성 : 테이블 구조가 변경되어도 뷰를 사용하는 응용 프로그램은 변경하지 않아도 된다.

② 편리성 : 복잡한 질의를 뷰로 생성함으로써 관련 질의를 단순하게 작성할 수 있다. 또한 해당 형태의 SQL문을 자주 사용할 때 뷰를 이용하면 편리하게 사용할 수 있다.

③ 물리성 : 실제 데이터를 가지고 있어서 물리적인 관리가 가능하다.

④ 보안성 : 직원의 급여정보와 같이 숨기고 싶은 정보가 존재한다면 뷰를 생성할 때 해당 칼럼을 빼고 생성함으로써 사용자에게 정보를 감출 수 있다.

해설 | VIEW는 논리적으로 존재하는 가상 테이블로서 물리적으로 실제 데이터를 저장하지 않는다.

28 다음 SQL문의 (   )에 들어가는 것으로 올바르지 않은 것은?

```
SELECT (              ), Count(Empno)
FROM EMP
WHERE EMPNO > 0
GROUP BY DEPTNO, SAL;
```

① Empno
② Deptno
③ Sal
④ Deptno와 Sal

해설 | GROUP BY구의 기본적인 문법을 확인하는 문제이다. SELECT구에는 GROUP BY절에 있는 칼럼만 나와야 한다.

29 다음의 ERD는 교차 엔터티를 보여주고 있다. 교차 엔터티로 올바른 것은?

① 학생
② 과목
③ 수강
④ 학생, 과목

해설 | 교차 엔터티는 M:N 관계를 해소하기 위해서 사용되는 엔터티와 학생과 과목 간의 M:N 관계를 해소하기 위해서 수강이라는 교차 엔터티가 사용되었다.

30 다음 보기의 Sub Query 유형은 무엇인가?

```
SELECT A.EMPNO, A.ENAME
FROM EMP A
WHERE A.EMPNO=(SELECT 1 FROM
EMP_T B WHERE A.EMPNO = B.EMPNO);
```

① Service Sub Query
② Early Filter형 Sub Query
③ Correlated Sub Query
④ Looping Sub Query

해설 | 상호연관 서브쿼리(Correlated Subquery)는 메인쿼리 값을 서브쿼리가 사용하고 서브쿼리의 값을 받아서 메인쿼리가 계산되는 쿼리이다. 문제에 나온 SQL문에서 EMP 테이블은 메인쿼리이고 EMP_T 부분은 서브쿼리이다. 즉, EMP_T의 서브쿼리가 실행되어서 1이 나오면 메인쿼리의 WHERE절 조건과 비교된다.

31 다음 주어진 테이블들에 대해서 아래의 SQL문을 수행한 결과로 가장 적절한 것은?

[test31_1]

COL1	COL2	COL3
1	A	10
2	B	20
3	A	10

[test31_2]

COL1	COL2	COL3
X	A	10
Y	B	20
Z	B	10

```
SELECT COUNT(DISTINCT COL1)
FROM test31_1
WHERE COL3 =
(SELECT COL3 FROM test31_2 WHERE
COL2 = 'A')
```

① 1
② 2
③ 3
④ 4

해설 | 서브쿼리는 COL2가 'A'인 것을 조회하므로 10이 나온다. 그리고 test31_1 테이블에서 COL3가 10인 것을 조회한다. 그러면 2건이 조회된다. 왜냐하면 DISTINCT는 COL1로 수행하므로 중복된 것이 없다.

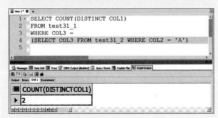

32 다음의 View를 조회한 SQL문의 실행 결과로 올바른 것은?

[TEST32]

COL1	COL2
A	1000
A	2000
B	1000
B	
	3000

[뷰 생성 스크립트]

```
CREATE VIEW V_TEST32
AS
SELECT *
FROM TEST32
WHERE COL1 = 'A' OR COL1 IS NULL;
```

[조회 SQL]

```
SELECT SUM(COL2) 합계
FROM V_TEST32
WHERE COL2 >= 2000 ;
```

① 1000
② 3000
③ 4000
④ 5000

해설 | View에는 총 4개의 행이 있다.

COL1	COL2
A	1000
A	2000
	3000

그리고 위의 View에서 COL2가 2000 이상인 것에 대한 합계이므로 5000이 된다.

33 테이블의 칼럼을 변경하는 DDL문으로 올바른 것은?

> TEST 테이블의 NAME 칼럼의 데이터 타입을 CHAR에서 VARCHAR로 변경하고 데이터 크기를 100으로 늘린다.

① ALTER table TEST alter column NAME varchar(100);
② ALTER table TEST modify (NAME varchar(100));
③ ALTER table TEST add column NAME varchar(100);
④ ALTER table TEST add constraint column name NAME varchar(100)

> 해설 | 칼럼의 변경은 ALTER TABLE ～ MODIFY문을 사용하면 된다. 데이터 타입이나 길이를 변경할 수 있다.

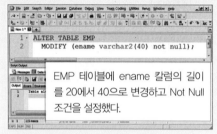

> EMP 테이블에 ename 칼럼의 길이를 20에서 40으로 변경하고 Not Null 조건을 설정했다.

> * Oracle 환경에서는 varchar2 사용을 권장한다.

34 다음은 NULL 값에 대한 설명이다. 올바른 것은?

① 데이터베이스의 NULL 값의 의미는 DBMS 종류별로 다르게 해석한다.
② MS-SQL에서 NULL 값은 0이다.
③ ORACLE에서 NULL은 TRUE 혹은 FALSE의 의미이다.
④ NULL 값은 아직 알려지지 않은 미지의 값이다.

> 해설 | NULL 값은 아직 알려지지 않은 미지의 값으로 0 혹은 TRUE, FALSE와는 다른 것이다.

35 BSC는 기업의 성과를 균형있게 관리하는 성과관리 시스템이다. BSC는 KPI를 사용해서 기업을 평가하는데 KPI는 상위, 중위, 하위 등의 KPI로 세분화 된다. 다음의 KPIPOOL 테이블에서 특정 하나의 값에 대한 자신의 상위 KPI를 검색하는 SQL문으로 올바른 것은? (이때, 자신의 KPI는 SUBKPI이고, 상위 KPI는 MAINKPI이다.)

[KPIPOOL]

subkpi	kpiname	mainkpi
10	고객만족도	0
20	콜센터만족도	10
30	불만건수	20
40	대기시간	30
50	건의건수	40

①
```
Select *
from kpipool
start with mainkpi = 0
connect by prior subkpi = mainkpi;
```

②
```
Select *
from kpipool
where subkpi = 30
start with mainkpi = 0
connect by prior mainkpi = subkpi;
```

③
```
Select *
from kpipool
start with mainkpi = 100
connect by prior subkpi = mainkpi;
```

④
```
Select *
from kpipool
where subkpi = 30
start with mainkpi = 0
connect by prior subkpi = mainkpi;
```

해설 | mainkpi가 0부터 출발하여 subkpi를 탐색한다. 그리고 subkpi가 30이면 출력시킨다. 이 때 subkpi 30에 대한 mainkpi 20번이 같이 출력된다.

① select * from kpipool where sub-kpi=20;
② select * from kpipool where sub-kpi in (20,10);
③ select * from kpipool where (sub-kpi, mainkpi) in ((10,20),(20,30));
④ select * from kpipool where (sub-kpi, mainkpi) in ((20,30),(30,40));

해설 | ①번의 SQL문 subkpi가 20번인 행을 조회한다. 그리고 문제에서 제시한 SQL문도 in구로 (20, 10)을 사용했으므로 똑같이 subkpi가 20인 행이 조회된다.

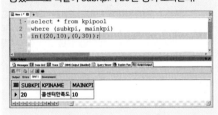

36 다음의 SQL문 중에서 결과가 동일한 하나의 SQL문은?

[KPIPOOL]

subkpi	kpiname	mainkpi
10	고객만족도	0
20	콜센터만족도	10
30	불만건수	20
40	대기시간	30
50	건의건수	40

select * from kpipool where (subkpi, main-kpi) in((20,10),(0,30));

37 다음 보기 중 WHERE에서 사용되는 서브쿼리에 대한 설명으로 옳지 않은 것은?

① 서브쿼리에서는 정렬을 수행하기 위해서 내부에 ORDER BY를 사용하지 못한다.
② 메인쿼리를 작성할 때 서브쿼리에 있는 칼럼을 자유롭게 사용할 수 있으면 편리하다.
③ 여러 개의 행을 되돌리는 서브쿼리는 다중 행 연산자를 사용해야 한다.
④ EXISTS는 TRUE와 FALSE만 되돌린다.

해설 | 서브쿼리 내부에서는 메인쿼리의 칼럼을 사용할 수 있지만 반대로 메인쿼리에서 서브쿼리의 칼럼을 사용할 수 없다.

38 오라클 데이터베이스에서 내일 날짜를 조회 하는 방법으로 올바른 것은?

① SELECT TO_DATE(SYSDATE+1, 'YYYYMMDD') FROM DUAL;
② SELECT TO_CHAR(SYSDATE+1, 'YYYYMMDD') FROM DUAL;
③ SELECT TO_DATE(SYSDATE−1, 'YYYYMMDD') FROM DUAL;
④ SELECT TO_CHAR(SYSDATE−1, 'YYYYMMDD') FROM DUAL;

해설 | 오늘 날짜를 구하기 위해서 SYSDATE를 사용하고 내일 날짜는 SYSDATE+1을 하면 된다. 단, SYSDATE가 DATE형 타입이므로 TO_CHAR를 사용해서 문자형으로 변환한다.

39 PL/SQL에서 데이터베이스 Cursor를 사용할 때 FETCH 전에 해야 하는 것은?

① Cursor DEFINE
② Cursor OPEN
③ Cursor CLOSE
④ EXIT

해설 | 명시적 커서란 사용자가 직접 정의해서 사용하는 커서이고 묵시적 커서는 데이터베이스가 내부적으로 사용하는 커서이다.
모든 Cursor는 사용하기 전에 반드시 선언해야 한다.

```
CURSOR 커서명[(매개변수1, 매개변수2, … )]
IS
SELECT 문장;
```

Cursor를 Open한다.

```
OPEN 커서명 [ (매개변수1, 매개변수2, … ) ];
```

FETCH는 실제 테이블에서 데이터를 읽어온다.

```
LOOP
    FETCH 커서명 INTO 변수1, 변수2, …;
    EXIT WHEN 커서명%NOTFOUND;
END LOOP;
```

사용이 완료된 Cursor는 반드시 Close해야 한다.

```
CLOSE 커서명;
```

40 주어진 테이블에서 해당 SQL문을 수행 시 결과값으로 조회되는 테이블은 무엇인가?

[SQLD_01]

C1	C2	C3
A	1	1
B	1	1
B	1	2
C	2	2
Z		1

```
SELECT C2, SUM(C3)
FROM SQLD_01
GROUP BY C2
HAVING COUNT(*)〉= 2;
```

①

C2	SUM(C3)
1	4
1	1
1	2

②

C2	SUM(C3)
1	4

③

C2	SUM(C3)
1	4
2	2

④

C2	SUM(C3)
1	4
2	2
	1

해설 | 주어진 테이블에서 C2 칼럼으로 그룹화 했을 때 C2 칼럼별 튜플의 수가 2개 이상인 C2 칼럼에 대해서 C3의 합계를 계산한다.

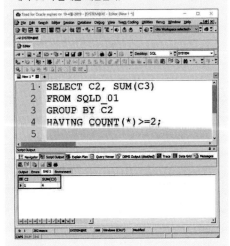

41 다음은 분산 데이터베이스에 대한 설명이다. 올바르지 않은 것은?

① 분산 데이터베이스는 네트워크를 경유하여 여러 개의 데이터베이스로 분리되어 있다.
② 분산 데이터베이스는 시스템 가용성이 떨어진다.
③ 분산 데이터베이스는 여러 개의 데이터베이스를 병렬적으로 실행하여 성능을 향상시킨다.
④ 사용자는 분산 데이터베이스를 인식하지 못하고 데이터베이스를 사용한다.

해설 | 분산 데이터베이스는 네트워크를 통해서 여러 개의 데이터베이스를 물리적으로 분리한 데이터베이스이다.

분산 데이터베이스 장점과 단점

장점	단점
• 데이터베이스 신뢰성과 가용성이 높다. • 분산 데이터베이스가 병렬 처리를 수행하기 때문에 빠른 응답이 가능하다. • 분산 데이터베이스를 추가하여 시스템 용량 확장이 쉽다.	• 데이터베이스가 여러 네트워크를 통해서 분리되어 있기 때문에 관리와 통제가 어렵다. • 보안 관리가 어렵다. • 데이터 무결성 관리가 어렵다. • 데이터베이스 설계가 복잡하다.

42 HASH 조인에 대한 설명으로 옳지 않은 것은?

① 두 개의 테이블 중에서 작은 테이블을 HASH 메모리에 로딩하고 두 개 테이블의 조인키를 사용해서 테이블을 생성한다.

② HASH 함수를 사용해서 주소를 계산하고 해당 주소를 사용해서 테이블을 조인하기 때문에 CPU 연산이 많이 수행된다.

③ HASH 함수를 사용해서 조인 시 RANDOM ACCESS로 인한 부하로 성능지연이 발생할 수 있다.

④ HASH 조인 시에는 선행 테이블의 크기가 작아서 충분히 메모리에 로딩되어야 한다.

해설 | RANDOM ACCESS로 인해 부하가 걸리는 것은 Nested Loop Join 방식이고 HASH 조인은 RANDOM ACCESS로 인한 부하가 없다.

43 아래의 ERD에서 3차정규형을 만족할 때 엔터티의 개수는 몇 개가 되는가?

학과등록

| 학번 |
| 코스코드 |
| 평가코드 |
| 평가내역 |
| 코스명 |
| 기간 |

종속
종속

[조건]
가) 평가코드, 평가내역은 학번에 종속
나) 코스명, 기간은 코스코드에 종속
다) 평가코드, 평가내역은 속성 간 종속적 관계

[참고]
1차정규형 : 모든 속성은 반드시 하나의 값, 속성값의 중복 제거
2차정규형 : 식별자에 종속되지 않는 속성의 중복 제거
3차정규형 : 2차정규형을 만족하며 식별자 외 일반 칼럼간의 종속 존재 제거

① 1개
② 2개
③ 3개
④ 4개

해설 |
2차정규화

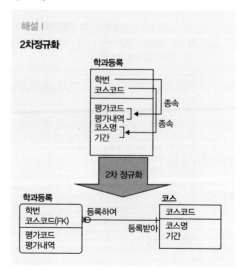

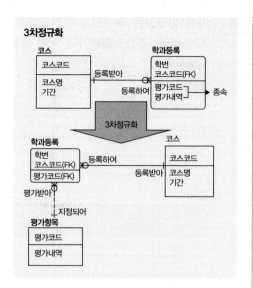

3차정규화

해설 | 아래와 같이 변경해서 NVL을 사용해야 한다.

예)

```
WITH TABLE_A AS
(
  SELECT 1 AS DATA_1 FROM DUAL
  UNION
  SELECT 2 AS DATA_1 FROM DUAL
  UNION
  SELECT NULL AS DATA_1 FROM DUAL)

SELECT SUM(NVL(DATA_1,0)) FROM TABLE_A;
SELECT NVL(SUM(DATA_1),0) FROM TABLE_A;
```

해당 쿼리문의 경우 각각 칼럼에 NULL이 있으면 여러 개 칼럼을 0으로 치환하는 연산이 수행되기 때문에 비효율적이다. 실무적인 측면에서는 NVL 함수를 바깥에서 1회만 사용할 수 있도록 처리해야 한다.

44 다음의 SQL문에서 올바르지 않은 것은?

가. 실제 데이터

DEPTNO	SAL
10	
10	1000
10	2000
20	
20	500

나. SELECT 문

SELECT DEPTNO, SUM(NVL(SAL,0)) FROM DEPT GROUP BY DEPTNO;

① SELECT문에 WHERE 조건이 없으므로 연산에 참여하는 총 행의 수는 2개이다.
② NVL(SAL, 0)문에서 NVL은 NULL에 대한 합계 오류를 예방한다.
③ DEPTNO 10의 합계는 3000이고 20의 합계는 500이다.
④ 부서별 합계를 계산할 때 NULL 값을 만나면 0으로 치환한다.

45 다음 (   )에 올바른 것을 작성하시오.

ABC기업에 새로운 DBA가 입사를 했다. 팀장은 DBA에게 권한을 할당하려고 GRANT DBA TO USERA; 라는 SQL문을 실행 했다. 이 때 GRANT문에 사용된 DBA는 권한들을 묶어서 한꺼번에 부여하는 (   )이라고 한다.

① 권한
② 직무
③ ROLE
④ 원칙

해설 | **ROLE**
ROLE은 데이터베이스에서 Object(테이블, 프로시저, 뷰 등)의 권한을 묶어서 관리할 수 있다.

46 아래의 SQL문을 순차적으로 수행한 결괏값으로 올바른 것은?

```
CREATE TABLE SQLD_29 (N1 NUMBER);
INSERT INTO SQLD_29 VALUES(1);
INSERT INTO SQLD_29 VALUES(2);
CREATE TABLE TMP_SQLD_29
(N1 NUMBER);
INSERT INTO TMP_SQLD_29 VALUES(1);
TRUNCATE TABLE TMP_SQLD_29;
ROLLBACK;
COMMIT;
SELECT SUM(N1) FROM SQLD_29;
```

① NULL
② 1
③ 3
④ 4

해설 | CREATE, TRUNCATE 같은 DDL은 묵시적으로 COMMIT을 수행하므로 ROLLBACK 명령어를 수행하면 마지막 COMMIT을 수행한 6번째 행으로 이동한다.

47 아래 결괏값은 주어진 2개 테이블을 특정 JOIN하여 나타난 결과이다. 어떤 조인인지 고르시오.

[SQLD27]

COL1	COL2
1	2
2	2
3	3

[SQLD27_2]

COL1	COL2
1	2
2	4
4	5

[결과]

SQLD27. COL1	SQLD27. COL2	SQLD27_2. COL1	SQLD27_2. COL2
1	2	1	2
2	2	2	4
NULL	NULL	4	5

```
SELECT *
FROM SQLD27 (     ) SQLD27_2
ON SQLD27.COL1 = SQLD27_2.COL1;
```

① LEFT OUTER JOIN
② RIGHT OUTER JOIN
③ FULL OUTER JOIN
④ INNER JOIN

해설 | 주어진 두 개의 테이블에서 같은 COL1 값을 갖는 튜플을 조회하고 우측 테이블에만 있는 값들이 추가로 조회되므로 RIGHT OUTER JOIN이다.

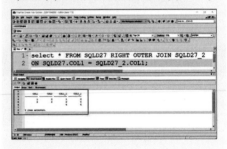

48 아래 설명 중 빈칸에 해당하는 내용을 작성하시오.

> ABC기업에 입사한 새로운 개발자에게 권한을 부여할 때 사용하는 것은 (ㄱ)이고 권한을 회수할 때 사용하는 것은 (ㄴ)이다.

① ㄱ. GRANT ㄴ. WITHDRAW
② ㄱ. ALLOW ㄴ. REVOKE
③ ㄱ. GRANT ㄴ. REVOKE
④ ㄱ. AUTHORIZE ㄴ. REMOVE

49 주어진 데이터에서 아래의 SQL문을 실행한 행(Row)의 건수로 올바른 것은?

[SQLD49]

COL1	COL2	COL3
1	1	3
1	2	3
2	1	3
3	1	3
3	2	3

[SQLD49_2]

COL1	COL2	COL3
1	1	3
1	2	3
2	1	3
3	1	3
3	2	3

```
SELECT COUNT(*)
FROM SQLD49, SQLD49_2
WHERE SQLD49.COL1 = SQLD49_2.COL1;
```

① 1   ② 9
③ 4   ④ 3

50 다음의 주어진 ERD에서 실행했을 때 오류가 발생하는 SQL문은?

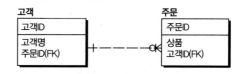

> + PRIMARY KEY : 고객(고객ID)
> + 주문(고객ID) REFERENCES 고객(고객ID)

① INSERT INTO 고객 VALUES ('C001', 'AAA');
② INSERT INTO 주문 VALUES ('O001', 'C001', 'XXX');
③ UPDATE 주문 SET 고객ID = NULL WHERE 주문ID = 'O001';
④ INSERT INTO 주문 VALUES ('O002', 'C002', 'YYY');

1 과목 **데이터 모델링의 이해**

01 다음의 ERD(Entity Relationship Diagram)에 대한 설명으로 올바르지 않은 것은?

[ERD]

상급종합병원		의사		진료
병원ID		교직원번호		진료코드
병원명 병원등급	—+——○<—	의사명 전공 긴급연락번호 병원ID(FK)	—+——○<—	진료일자 환자코드 진료내용 교직원번호(FK)

① 상급종합병원에는 의사가 근무하지 않을 수가 있다.

② 한 개의 상급종합병원에는 여러 명의 의사가 근무한다.

③ 진료는 반드시 의사가 해야 한다.

④ 의사가 없이 진료할 수 있다.

> 해설 | 상급종합병원에는 한 명의 혹은 여러 명의 의사가 근무하고 모델링으로는 의사가 없을 수도 있다. 진료는 의사만 할 수 있고 의사는 진료를 하지 않을 수도 있다.

02 성능 데이터 모델링에서 고려해야 할 사항으로 올바르지 않은 것은?

① 성능 튜닝을 위해서 애플리케이션이 데이터베이스에 접근하는 트랜잭션 유형은 무시해도 된다.

② 배치를 통해서 입력되는 데이터 용량이 크면 클수록 성능 튜닝을 위한 비용은 증가된다.

③ 성능 향상을 위해서 튜닝을 수행하면 데이터베이스 모델링이 변경될 수 있다.

④ 데이터베이스 모델링 시에 성능을 고려한 모델링을 수행하면 성능 비용을 감소시킬 수 있다.

> 해설 | **성능 데이터 모델링 고려사항**
> 1) 정규화를 수행하여 데이터베이스 모델의 유연성을 확보한다.
> 2) 데이터베이스의 전체 용량, 월간, 연간 증감율을 예측한다.
> 3) 애플리케이션의 트랜잭션 유형(CRUD: Create Read Update Delete)을 파악한다.
> 4) 합계 및 정산 등을 수행하는 반정규화를 수행한다.
> 5) 기본키와 외래키, 슈퍼타입과 서브타입 등을 조정한다.
> 6) 성능관점에서 데이터 모델을 검증하고 확인한다.

03 다음 중 데이터베이스 논리 모델에 대한 설명으로 올바르지 않은 것은?

① 개념 데이터 모델은 사용자 관점에서 데이터 요구사항을 식별한다.
② 논리 데이터 모델은 M:N 관계형 식별자 확정, 정규화, 무결성 정의 등을 수행한다.
③ 논리 모델은 데이터베이스 구축을 위해서만 사용되는 것이다.
④ 데이터가 물리적으로 저장되는 방법을 정의하는 것이 물리적 모델이다.

해설 | 논리적 모델은 비즈니스 정보의 논리적 구조 및 구축을 파악할 수도 있다. 즉, 핵심 엔터티와 키 엔터티 등을 식별하고 모델링하여 데이터베이스 구조를 모델링한다.

04 아래 ERD에 대한 설명으로 가장 올바르지 않은 것은?

[ERD]

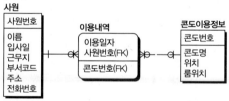

① 사원은 동일한 콘도를 예약해서 반복적으로 방문할 수 있다.
② 회사 콘도는 누구도 이용하지 않을 수 있다.
③ 사원은 동일 일자에 여러 콘도를 이용할 수 있다.
④ 여러 사원이 동일한 콘도를 이용할 수 있다.

해설 | '이용내역' 엔터티에서 이용일자 + 사원번호가 기본키(Primary key)이므로 일자가 같은 날에 여러 콘도를 이용할 수 없다.

05 릴레이션을 정규화(Normalization)하는 목적에 관한 설명 중 가장 거리가 먼 것은?

① 정보의 갱신 이상이 생기지 않도록 한다.
② 정보의 보안을 목적으로 한다.
③ 정보의 손실을 막는다.
④ 정보의 중복을 막는다.

해설 | 정규화(Normalization)는 함수적 종속성에 따라서 테이블을 분해하는 과정으로 데이터 중복을 제거해서 모델의 독립성을 향상시킨다. 그리고 정규화를 수행하지 않으면 발생되는 문제가 이상현상(Anomaly)이고 이상현상은 삽입, 삭제, 수정 이상현상이 있다. 데이터베이스 보안과 관련이 있는 것은 뷰(View)이다.

06 속성에 대한 아래의 설명에서 빈칸에 들어갈 것으로 올바른 것은?

(ㄱ)은 엔터티를 식별할 수 있는 속성이고 (ㄴ)은 다른 엔터티의 관계에 포함되는 속성이다. 다른 엔터티의 관계에 포함되지 않는 속성을 (ㄷ)이라고 한다.

	(ㄱ)	(ㄴ)	(ㄷ)
①	기본키 속성	외래키 속성	일반 속성
②	외래키 속성	기본키 속성	파생 속성
③	파생 속성	외래키 속성	기본키 속성
④	일반 속성	기본키 속성	외래키 속성

해설 | 기본키(Primary key)는 엔터티를 대표하는 키로 최소성(Not Null)과 유일성(중복이 없음)을 만족해야 한다. 외래키(Foreign key)는 두 개의 테이블 간에 연결을 설정하기 위한 키이다.

07 다음 중 엔터티, 관계, 속성에 대한 설명으로 올바르지 않은 것은?

① 한 개의 엔터티는 두 개 이상의 인스턴스 집합이어야 한다.

② 엔터티는 관계를 두 개까지만 가질 수 있다.

③ 한 개의 엔터티는 두 개 이상의 속성을 갖는다.

④ 한 개의 속성은 한 개의 속성값을 갖는다.

해설 | 엔터티는 관계를 2개 이상 가질 수 있다.

엔터티의 특징

엔터티 특징	설명
식별자	• 엔터티는 유일한 식별자가 있어야 한다. • 예를 들어 회원ID, 계좌번호이다.
인스턴스 집합	• 2개 이상의 인스턴스가 있어야 한다. • 즉, 고객정보는 2명 이상 있어야 한다.
속성	• 엔터티는 반드시 속성을 가지고 있다. • 예를 들어 고객 엔터티에 회원ID, 패스워드, 이름, 주소, 전화번호이다.
관계	• 엔터티는 다른 엔터티와 최소 한 개이상 관계가 있어야 한다. • 예를 들어 고객은 계좌를 개설한다.
업무	• 엔터티는 업무에서 관리되어야 하는 집합이다. • 예를 들어 고객, 계좌이다.

08 다음 중 아래 ERD에 대한 설명으로 올바르지 않은 것은?

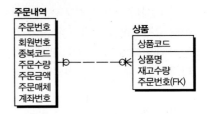

① 상품은 주문을 하나 이상 반드시 가져야 한다.

② 주문은 상품 1개 이상 가질 수 있다.

③ 주문은 상품이 없을 수 있다.

④ 주문, 상품은 비식별 관계로 부모가 없어도 자식이 생길 수 있다.

해설 | 상품은 주문을 한 개 이상 반드시 가져야 하는 것이 아니라 안 가질 수도 있다.

09 다음 주어진 그림에 해당하는 ERD 표기법으로 알맞은 것은?

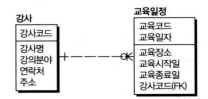

① Barker

② IE

③ IE Notation

④ IDEF1X

해설 | ERD 표기법 중 IE 표기법은 관계의 1:N 관계에서 N쪽에 새발을 표시하고 선택, 필수 참여 관계에서 선택 참여에 O 필수 참여에 │로 표시한다.

10 아래의 내용은 주식별자의 어떤 특징을 설명한 것인가?

> 학생의 학번으로 고유한 구조를 표현할 수가 있다. 하지만 ABC대학교의 학생 엔터티의 주식별자를 학번과 입학일자로 해서 잘못된 모델링을 했다.

① 유일성
② 최소성
③ 불변성
④ 존재성

해설 | **주식별자(기본키, Primary key)**
- 최소성 : 주식별자는 최소성을 만족하는 키이다.
- 대표성 : 주식별자는 엔터티를 대표할 수 있어야 한다.
- 유일성 : 주식별자는 엔터티의 인스턴스를 유일하게 식별한다.
- 불변성 : 주식별자는 자주 변경되지 않아야 한다.

11 주어진 테이블에 대해서 아래의 SQL문을 수행한 결과로 적절한 것은?

[TEST11]

COL1	COL2	COL3
A		1
B	A	2
C	A	3
D	B	4

```
select count(*) from TEST11
where COL3 < > 3
start with COL3 = 4
connect by COL1 = prior COL2;
```

① 0
② 1
③ 2
④ 3

해설 |

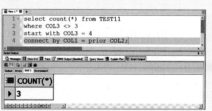

12 다음 중 Join에 대한 설명으로 올바르지 않은 것은?

① Nested Loop Join은 랜덤 엑세스 (Random Access)가 발생한다.

② Sort Merge Join은 정렬을 유발하여 조인하는 형태를 사용한다.

③ 대용량 데이터를 조인할 후행 테이블에 인덱스가 없을 경우 Nested Loop Join을 사용해야 한다.

④ Hash Join은 정렬 작업이 없어 정렬이 부담되는 대량 배치 작업에 유리하다.

> 해설 | 대용량 데이터를 조인할 때 후행 테이블에 인덱스가 없으면 Nested Loop 조인을 사용하면 안 된다. 물론 옵티마이저가 이런 경우에 자동으로 Nested Loop 조인으로 실행하지 않고 Hash 조인 혹은 Sort Merge, Full Scan을 사용한다.

13 테이블에 대한 권한을 부여하는 DCL 명령어는?

① COMMIT
② GRANT
③ REVOKE
④ ROLLBACK

> 해설 | DCL(Data Control Language)은 GRANT, REVOKE가 있으며 GRANT는 권한을 부여하고 RE-VOKE는 권한을 회수한다. COMMIT과 ROLLBACK은 TCL에 속한다.

14 다음 중 SQL 명령어가 올바르지 않은 것은?

① DDL : TRUNCATE
② DDL : ALTER
③ DCL : REVOKE
④ DML : RENAME

> 해설 | **DDL(Data Definition Language)**
> • 관계형 데이터베이스의 구조를 정의하는 언어이다.
> • Create, Alter, Drop, Rename문이 있다.

15 주어진 테이블에 대해서 아래와 같은 결괏값을 반환하는 SQL문을 고르시오.

[TEST15]

BAN	NAME
1	조조
1	조조
1	조조
2	여포
2	유비
3	관우
3	관우

[결과]

BAN	RESULT
1	1
3	1
2	2

①

```
SELECT BAN, COUNT(*) AS RESULT
FROM TEST15
GROUP BY BAN;
```

②

```
SELECT BAN, COUNT(1) AS RESULT
FROM TEST15
GROUP BY BAN;
```

③

```
SELECT BAN, COUNT(DISTINCT NAME)
AS RESULT
FROM TEST15
GROUP BY BAN;
```

④

```
SELECT
COUNT(CASE WHEN BAN=1 THEN 1 END)
AS Result,
COUNT(CASE WHEN BAN=2 THEN 1 END)
AS B,
COUNT(CASE WHEN BAN=3 THEN 1 END)
AS C
FROM TEST15;
```

해설 | ③번 보기는 BAN칼럼으로 그룹핑하고 DIS-TINCT를 사용해서 중복된 이름을 제고하고 카운팅한다.

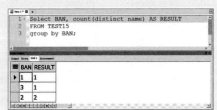

16 다음 중 주어진 테이블을 수행하였을 때 결괏값이 다른 것은?

[TEST16]

MemberID	Name
	조조
2	여포
3	관우
4	장비
5	조운
	유비

① SELECT COUNT(1) FROM TEST 16;
② SELECT COUNT(MemberID) FROM TEST16;
③ SELECT COUNT (NULLIF (MemberID, NULL)) FROM TEST16;
④ SELECT COUNT(*) FROM TEST16 WHERE MemberID IS NOT NULL;

해설 | 보기 ①번은 6개를 반환하고 나머지는 모두 4개를 반환한다.

NULLIF의 특징
• 두 개의 값이 같으면 NULL을, 같지 않으면 첫 번째 값을 반환한다.
• "NULLIF(exp1, exp2)"은 exp1과 exp2가 같으면 NULL을, 같지 않으면 exp1을 반환한다.

17 다음 주어진 테이블에서 해당 SQL문을 실행한 결과로 알맞은 것은?

[SQLD5]

COL1	COL2
NULL	A
1	B
2	C
3	D
4	E

```
SELECT * FROM SQLD5 WHERE COL1
IN(1,2,NULL);
```

①

COL1	CO2
1	B
2	C

②

COL1	CO2
2	B
2	C

③

COL1	CO2
1	B
2	C
3	D
4	E

④

COL1	COL2
NULL	A
1	B
2	C
3	D
4	E

해설 | NULL은 비교에서 애초에 제외되어 IN( ) 연산자 안에 NULL이 있어도 비교 연산을 수행하지 않는다. 주어진 테이블의 COL1 속성값 1, 2값을 갖는 튜플만 조회된다.

18 다음 주어진 테이블에 대해서 [결과]와 같이 반환되게 하는 SQL문을 완성하시오.

[TEST18]

DNAME	JOB	SAL
ACCOUNTING	CLERK	1000
ACCOUNTING	MANAGER	2000
ACCOUNTING	PRESIDENT	3000
RESEARCH	CLERK	4000
RESEARCH	MANAGER	5000
RESEARCH	PRESIDENT	6000
SALES	CLERK	7000
SALES	MANAGER	8000
SALES	PRESIDENT	9000

```
SELECT DNAME, JOB, SUM(SAL)
FROM TEST18
GROUP BY (              )
```

[결과]

DNAME	JOB	SUM(SAL)
		45000
	CLERK	12000
	MANAGER	15000
	PRESIDENT	18000
SALES		24000
SALES	CLERK	7000
SALES	MANAGER	8000
SALES	PRESIDENT	9000
RESEARCH		15000
RESEARCH	CLERK	4000
RESEARCH	MANAGER	5000
RESEARCH	PRESIDENT	6000
ACCOUNTING		6000
ACCOUNTING	CLERK	1000
ACCOUNTING	MANAGER	2000
ACCOUNTING	PRESIDENT	3000

① CUBE (DNAME, JOB)
② ROLLUP (DNAME, JOB)
③ GROUPING SETS (DNAME, JOB)
④ CUBE (DNAME)

해설 | **결괏값을 보면**
1. DNAME, JOB 별 소계
2. DNAME 별 소계
3. JOB 별 소계
4. 전체 집계 등 모든 조합 가능한 소계와 집계가 조회
   되었으므로 빈칸에 들어갈 그룹 함수는 CUBE이다.

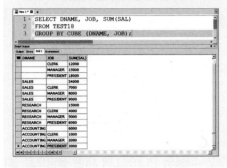

19 다음 주어진 테이블에 대해서 아래의 SQL문을 실행하였을 때의 결과로 올바른 것은?

[test19]

C1	C2
1	80
2	70
3	80
4	90
5	100
6	110

```
SELECT C1, C2,
CASE
WHEN C2 <= 100 THEN 'B'
WHEN C2 <= 300 THEN 'A'
ELSE 'S'
END GRADE
FROM test19
ORDER BY C2;
```

①
C1	C2	GRADE
2	70	B
1	80	B
3	80	B
4	90	B
5	100	B
6	110	A

②
C1	C2	GRADE
6	70	B
2	80	B
1	80	B
3	90	A
4	100	A
5	110	A

③
C1	C2	GRADE
6	30	A
2	70	A
1	80	A
3	100	A
4	150	B
5	300	B

④
C1	C2	GRADE
6	70	A
2	80	A
1	80	A
3	90	B
4	100	B
5	110	B

해설 | C2 값으로 오름차순 정렬하고 CASE문으로 B,
A, S 등급을 부여한다. 전체등급이 300점을 넘는 등
급이 없기 때문에 S등급은 없고 C1의 6번만 A등급을
받는다.

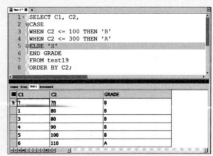

20 SELECT NVL(COUNT(*), 9999) FROM TABLE WHERE 1 = 2의 결괏값은?

① 9999
② 0
③ Null
④ 1

해설 | 집계 함수에서 count(*) 함수는 조건절이 거짓일 때 0을 반환한다.

21 아래의 WINDOW FUNCTION을 사용한 SQL 중 가장 올바르지 않은 것은?

① SUM(SAL) OVER( )
② SUM(SAL) OVER(PARTITION BY JOB ORDER BY EMPNO RANGE BETWEEN UNBOUNDED PRECEDING AND UNBOUNDED FOLLOWING) SAL1
③ SUM(SAL) OVER(PARTITION BY JOB ORDER BY JOB RANGE BETWEEN UNBOUNDED PRECEDING AND CURRENT ROW) SAL2
④ SUM(SAL) OVER(PARTITION BY JOB ORDER BY EMPNO RANGE BETWEEN UNBOUNDED PRE-CEDING AND UNBOUNDED PRECEDING) SAL3

해설 | ④번에서 UNBOUNDED PRECEDING은 end point에 사용될 수 없다.

WINDOW FUNCTION

구조	설명
ROWS	부분집합인 윈도우 크기를 물리적 단위로 행의 집합을 지정한다.
RANGE	논리적인 주소에 의해 행 집합을 지정한다.
BETWEEN~AND	윈도우의 시작과 끝의 위치를 지정한다.
UNBOUNDED PRECEDING	윈도우의 시작 위치가 첫 번째 행임을 의미한다.
UNBOUNDED FOLLOWING	윈도우 마지막 위치가 마지막 행임을 의미한다.
CURRENT ROW	윈도우 시작 위치가 현재 행임을 의미한다.

22 다음의 PL/SQL에 대한 설명으로 올바르지 않은 것은?

① PL/SQL은 절차형 언어이다.
② PL/SQL에서 테이블을 생성할 수는 없다.
③ PL/SQL에서 조건문은 IF ~ THEN ~ ELSEIF ~ END IF와 CASE~WHEN을 사용한다.
④ PL/SQL에서 name이라는 변수에 'aaa'를 대입할 경우 ":="을 사용한다.

해설 | PL/SQL은 절차형 언어로 PL/SQL 내부에서 테이블을 생성할 수 있다. PL/SQL 내부에서 테이블을 생성하는 이유는 임시 테이블로 잠깐 사용하기 위한 용도가 많다.

23 다음 중 인덱스 생성 구문으로 올바른 것은?

① ALTER TABLE 〈테이블명〉 ADD INDEX [인덱스 명] (칼럼명)
② INDEX [인덱스 명] (칼럼명)
③ CREATE INDEX [인덱스 명] ON 〈테이블명〉 (칼럼명)
④ DROP INDEX FROM 〈테이블명〉

> 해설 | **인덱스 생성 구문**
> CREATE INDEX [인덱스 명] ON 〈테이블명〉 (칼럼명)

24 주어진 SQL문을 수행한 결과로 올바른 것은?

```
INSERT INTO test24 VALUES (1);
INSERT INTO test24 VALUES (2);
COMMIT;
INSERT INTO test24 VALUES (3);
SAVEPOINT SP;
INSERT INTO test24 VALUES (4);
ROLLBACK to SP;
SELECT COUNT(*) FROM test24;
```

① 2
② 3
③ 5
④ 6

> 해설 |

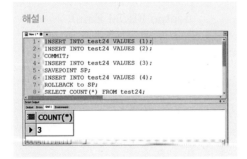

25 TEST24 테이블에는 1, 2, 3의 3개의 행이 있을 때 다음의 SQL 실행 결과로 올바른 것은?

```
SELECT * FROM test24
minus
SELECT 1 FROM DUAL;
```

① 1, 2, 3
② 2, 3
③ 1, 2
④ 1

> 해설 | MINUS는 Oracle에서 차집합을 구하는 것이다.
> 즉 위의 SQL에서 1을 제외하게 되므로 2, 3이 된다.

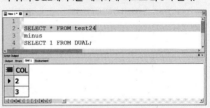

26 Orders 테이블의 고객id에는 Customers 테이블에 존재하지 않는 고객id도 있다. Customers 테이블에 존재하지 않는 고객id만 Orders 테이블에서 추출하는 SQL을 ( )를 채워 완성하시오.

```
SELECT * FROM Orders
WHERE ( ㄱ ) (SELECT * FROM Cus-
tomers WHERE ( ㄴ ));
```

① ㄱ : EXISTS
   ㄴ : Customers.id = Orders.id
② ㄱ : EXISTS
   ㄴ : Customers.id 〈〉 Orders.id
③ ㄱ : NOT EXISTS
   ㄴ : Customers.id = Orders.id
④ ㄱ : NOT EXISTS
   ㄴ : Customers.id 〈〉 Orders.id

해설 | Customers 테이블에서 존재하지 않은 고객 ID를 식별하기 위해서는 NOT EXISTS를 사용하고 WHERE구에 "Customers.id = Orders.id"를 사용해야 한다.

27 릴레이션 Emp, Dept가 다음과 같이 정의되어 있다. 부서에 사원이 한명도 없는 부서(deptno)를 검색하는 질의를 작성할 때, 가장 올바르지 않은 것은? (단, Emp 테이블의 deptno는 Dept의 deptno를 참조하는 외래키이며, Emp의 deptno에는 NULL인 값이 없음)

```
Emp(empno, ename, job, mgr, hiredate, sal,
comm, deptno)
Dept(deptno, dname, loc)
```

① SELECT deptno FROM Dept
   WHERE deptno NOT IN
   (SELECT deptno FROM Emp);

② SELECT deptno FROM Dept a
   WHERE NOT EXISTS
   (SELECT * FROM Emp b WHERE
   a.deptno =b.deptno);

③ SELECT b.deptno FROM Emp a
   RIGHT OUTER JOIN
   Dept b ON a.deptno = b.deptno
   WHERE empno IS NULL;

④ SELECT deptno FROM Dept
   WHERE deptno 〈〉 ANY (SELECT
   deptno FROM Emp);

①번 SQL문

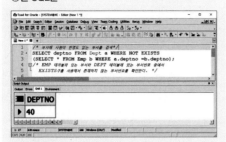

위의 예를 보면 부서번호(DEPTNO)가 40번인 것으로 보아 사원이 없다는 것을 알 수 있다.

③번 SQL문

④번 SQL문

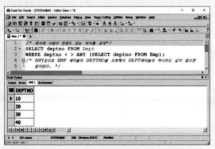

위의 결과는 모든 DEPTNO가 조회된다.

28 릴레이션에 대하여 아래와 같이 인덱스를 생성하였다. 다음 중 생성된 인덱스에 의하여 검색 속도를 향상시킬 수 있는 질의로 가장 적절하지 않은 것은?

[릴레이션]
Articles(ID, title, journal, issue, year, start-page, endpage, TR_ID)

[인덱스]
CREATE INDEX Idx1 ON Articles(year, startpage);
CREATE INDEX Idx2 ON Articles(startpage, endpage);
CREATE INDEX Idx3 ON Articles(journal, issue, year);

① SELECT title FROM Articles WHERE journal ='JACM' AND issue = 55;

② SELECT title FROM Articles WHERE endpage − startpage 〉 50;

③ SELECT title FROM Articles WHERE year 〉 1995 AND year 〈 2000;

④ SELECT title FROM Articles WHERE journal ='JACM';

해설 | ②번의 경우 "endpage"와 "startpage" 칼럼에 대해서 조작이 발생하였기 때문에 인덱스를 사용할 수 없다.

29 다음은 분산 데이터베이스에 대한 설명이다. 올바르지 않은 것은?

① 분산 데이터베이스는 네트워크를 경유하여 여러 개의 데이터베이스로 분리되어 있다.

② 분산 데이터베이스는 시스템 가용성이 떨어진다.

③ 분산 데이터베이스는 여러 개의 데이터베이스를 병렬적으로 실행하여 성능을 향상시킨다.

④ 사용자는 분산 데이터베이스를 인식하지 못하고 데이터베이스를 사용한다.

해설 | 분산 데이터베이스는 네트워크를 통해서 여러 개의 데이터베이스를 물리적으로 분리한 데이터베이스이다.

분산 데이터베이스 장점과 단점

장점	단점
• 데이터베이스 신뢰성과 가용성이 높다. • 분산 데이터베이스가 병렬 처리를 수행하기 때문에 빠른 응답이 가능하다. • 분산 데이터베이스를 추가하여 시스템 용량 확장이 쉽다.	• 데이터베이스가 여러 네트워크를 통해서 분리되어 있기 때문에 관리와 통제가 어렵다. • 보안 관리가 어렵다. • 데이터 무결성 관리가 어렵다. • 데이터베이스 설계가 복잡하다.

30 다음 중 계층형 쿼리에 대한 설명으로 올바르지 않은 것은?

① 루트 노드의 LEVEL 값은 가장 큰 값을 가진다.

② 순방향과 역방향 모두 수행할 수 있다.

③ 재무제표 및 조직도와 같은 구조에서 사용할 수 있다.

④ 계층형 질의는 하나의 테이블에서 자기 자신을 조인하는 형태를 사용한다.

해설 | Oracle 계층형 질의에서 루트 노드의 LEVEL 값은 1이다.

31 다음 중 인덱스에 대한 설명으로 올바르지 않은 것은?

① 인덱스는 순차 인덱스, 결합 인덱스, 비트맵, 클러스터, 해시 인덱스가 있다.

② VARCHAR, CHAR, DATE, NUMBER 모두 인덱스 생성이 가능하다.

③ 파티션 테이블은 파티션 키에 대해서 인덱스를 생성할 수 없다.

④ 인덱스의 수가 증가하면 입력과 삭제, 수정 속도가 저하될 수 있다.

해설 | 파티션 키에 대해 생성한 인덱스를 로컬 파티션 인덱스, 파티션 키와 다른 칼럼으로 생성한 인덱스를 글로벌 파티션 인덱스라고 한다.

32 다음 주어진 테이블에 대해서 아래의 SQL문을 수행하였을 때의 결과로 올바른 것은?

[TEST32]

COL1	COL2
	10
12	
10	12

```
SELECT CASE WHEN SUM (COL1 + COL2)
IS NULL THEN 0
ELSE SUM (COL1 + COL2)
END AS 합계
FROM TEST32;
```

① NULL

② 12

③ 22

④ 25

해설 |

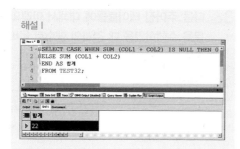

```
1  SELECT CASE WHEN SUM (COL1 + COL2) IS NULL THEN 0
2  ELSE SUM (COL1 + COL2)
3  END AS 합계
4  FROM TEST32;
5
```

합계
▶ 22

33 다음 주어진 테이블에 대해서 수행하였을 때 의 결괏값으로 잘못된 것은?

[TEST33]

EMPNO	ENAME	SAL
1	유비	1000
2	조조	2000
3	관우	3000
4	여포	4000
5	초선	5000
6	조자룡	6000

①

```
SELECT ENAME, SAL
FROM (SELECT ENAME, SAL FROM
TEST33 ORDER BY SAL DESC)
WHERE ROWNUM = 1;
```

→ SAL은 6000이 조회된다.

②

```
SELECT ENAME, SAL
FROM (SELECT * FROM TEST33 ORDER
BY SAL DESC)
WHERE ROWNUM = 2;
```

→ 끝에서 2건의 데이터가 추출된다.

③

```
SELECT ENAME, SAL
FROM (SELECT * FROM TEST33 ORDER
BY SAL DESC)
WHERE ROWNUM > 0;
```

→ 총 6개의 행이 출력된다.

④

```
SELECT ENAME, SAL
FROM (SELECT * FROM TEST33 ORDER
BY SAL DESC)
WHERE ROWNUM <= 3;
```

→ 3개의 행이 출력된다.

해설 | ②번은 데이터가 조회되지 않는다. 왜냐하면 ROWNUM은 논리적인 숫자이기 때문에 "ROW-NUM=2"와 같이 조회하면 찾을 수 없다. 만약 ROW-NUM=2와 같이 조회하고 싶다면 Inline 뷰를 사용해서 조회해야 한다.

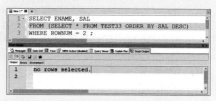

```
1  SELECT ENAME, SAL
2  FROM (SELECT * FROM TEST33 ORDER BY SAL DESC)
3  WHERE ROWNUM = 2 ;
```

```
1  no rows selected.
2
```

34 다음 보기의 연산자 중 우선순위가 가장 나중인 것은?

① 연결 연산자
② 비교 연산자
③ NOT 연산자
④ OR 연산자

해설 | 연산자 우선순위

우선순위	연산자
1	산술 연산자(*, /, +, −)
2	연결 연산자(||)
3	비교 연산자(<, >, <=, =>, < >, =)
4	IS NULL, LIKE, IN
5	BETWEEN
6	NOT 연산자
7	AND 연산자
0	OR 연산자

35 다음 보기 중 SELF JOIN을 수행해야 하는 경우로 가장 올바른 것은?

① 동일한 테이블 내에서 두 개의 칼럼 간에 조인을 수행한다.

② 네트워크로 분산된 시스템에서 같은 2개의 테이블을 조인하기 위해서 사용된다.

③ 온라인 쇼핑몰에서 주문정보는 주문정보를 사용해서 SELF JOIN을 한다.

④ 한 테이블 내에서 서로 연관된 칼럼이 없을 경우 사용하는 방법이다.

해설 | SELF JOIN은 동일한 테이블에서 발생하는 조인을 의미하며, FROM절에 동일한 테이블명이 두 번 이상 나타난다. 그리고 SELF JOIN을 하기 위해서 동일한 테이블을 두 번 이상 사용하므로 FROM절에 별칭(Alias)을 사용해야 한다.

SELF JOIN

```
SELECT ALIAS명1.칼럼명,
       ALIAS명2.칼럼명
FROM 테이블1 ALIAS명1,
     테이블2 ALIAS명2
WHERE ALIAS명1.칼럼명2
      = ALIAS명2.칼럼명1
```

36 다음 주어진 테이블들에 대해서 아래의 SQL 문을 수행하였을 때 결과의 행수로 올바른 것은?

[test36_1]

EMPNO	ENAME
1000	조조
2000	관우
3000	조훈

[test36_2]

NO	CONDITION
1	조%
2	%우%

```
SELECT COUNT(*) ROWCNT
FROM test36_1 a, test36_2 b
WHERE a.ename LIKE b.condition;
```

① 0

② 3

③ 4

④ 6

해설 | SQL의 실행 결과는 다음과 같다.

EMPNO	ENAME	NO	CONDITION
1000	조조	1	조%
3000	조훈	1	조%
2000	관우	2	%우%

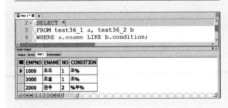

37 주어진 테이블 test32에는 COL1과 COL2 칼럼이 있다. 아래의 SQL문을 실행한 결과로 올바른 것은? (ㄱ은 COUNT(COL1)의 결괏값을, ㄴ과 ㄷ은 출력되는 결과의 행의 수를 고르시오)

```
insert into test32 values (null, 10);
insert into test32 values (12, null);
insert into test32 values (null, null);
insert into test32 values (10, 12);
```

```
ㄱ. SELECT COUNT(COL1) FROM test32;
ㄴ. SELECT * FROM test32 WHERE COL1
    IN (12, 10, null);
ㄷ. SELECT COL1, COUNT(*) FROM  test32
    GROUP BY COL1;
```

① 2, 3, 4
② 2, 1, 3
③ 2, 2, 3
④ 4, 2, 3

해설 | ㄱ은 COUNT(COL1)을 사용하므로 NULL은 제외되기 때문에 2가 된다. 그리고 ㄴ은 IN구를 사용해서 NULL까지 조건으로 넣었지만, 12, 10만 조회된다. 즉, NULL은 제외된다. 그리고 ㄷ은 COL1로 GROUP BY 하였으므로 3건이 된다.

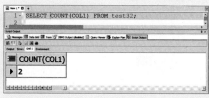

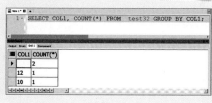

38 다음과 같은 A, B 테이블이 있다.

```
CREATE TABLE A
(
  A number(10) primary key,
  B number(10)
);

CREATE TABLE B
(A number(10) ,
 B number(10) REFERENCES A(A)
 ON DELETE CASCADE);

insert into A values(1,1);
insert into A values(2,2);

insert into B values(1,1);
insert into B values(2,2);
```

사용자가 A 테이블의 1값을 삭제할 때 B 테이블의 내용은?

```
delete from A where A=1;
select * from B;
```

① 2, 2
② 1, 1
   2, 2
③ 2, 2
   1, 1
④ 1, 1

해설 | 테이블 B를 생성할 때 "ON DELETE CAS-CADE" 옵션을 사용하고 A 테이블을 삭제하면 B 테이블의 행도 같이 삭제된다.

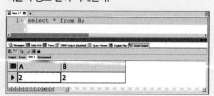

39 주어진 테이블에 대해서 아래의 SQL문을 수행하였을 때의 결과로 올바른 것은?

[TEST39]

COL1	COL2
조조	1
유비	2
유비	3
관우	4
관우	5
관우	6
여포	7
초선	8

```
SELECT COUNT(*) FROM TEST39
GROUP BY COL1
HAVING COUNT(*) > 2;
```

① null

② 3

③ 5

④ 6

해설 | COL1 칼럼으로 GROUP BY를 할 경우 행 수가 2건 보다 많은 것은 4, 5, 6행이다.

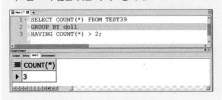

40 다음 주어진 테이블에 대해서 아래의 SQL문을 수행한 행수로 올바른 것은?

[TEST40]

COL1	COL2
조조	1
조조	1
조조	1
조조	2
조조	3

```
SELECT COUNT(COL1), COUNT(COL2)
FROM (
        SELECT DISTINCT COL1, COL2
        FROM TEST40
);
```

① 1, 2

② 2, 1

③ 2, 2

④ 3, 3

해설 | DISTINCT 명령어로 중복된 COL1, COL2값은 제외되어 COL1, COL2이 (조조, 1), (조조, 2), (조조, 3) 이 된다.

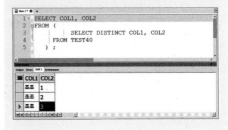

41 다음 중 NUMERIC(숫자) 형이 아닌 하나는?

① INT
② CHAR
③ FLOAT
④ DECIMAL

해설 | CHAR는 고정길이 문자열을 의미하며 VAR-CHAR는 가변형 문자형(Character)이고 Oracle 데이터베이스는 VARCHAR2도 제공한다.

42 아래의 SQL문에 대해서 실행 순서를 올바르게 나열한 것은?

```
SELECT DEPTNO, COUNT(EMPNO)
FROM SCOTT.EMP
WHERE SAL >= 400
GROUP BY DEPTNO
HAVING COUNT(EMPNO) >= 3
ORDER BY DEPTNO;
```

① FROM → WHERE → GROUP BY → HAVING → ORDER BY → SELECT
② FROM → WHERE → HAVING → GROUP BY → ORDER BY → SELECT
③ FROM → WHERE → GROUP BY → SELECT → HAVING → ORDER BY
④ FROM → WHERE → GROUP BY → HAVING → SELECT → ORDER BY

해설 | **SQL문 실행 순서**
1) FROM table(s) [alias]
   FROM 절에서 테이블의 목록을 가져온다.
2) WHERE condition(s)
   WHERE 절에서 검색 조건에 불일치하는 행을 제외한다.
3) GROUP BY column(s)]
   GROUP BY 절에서 명시된 행의 값을 그룹화한다.
4) HAVING condition(s)
   HAVING 절은 GROUP BY절로 정렬이 된 데이터를 대상으로 조건을 정의한다.
5) SELECT *, column(s) [alias]....
   SELECT 절에서 명시한 칼럼값들을 조회한다.
6) ORDER BY column(s) [alias] [DESC].....;
   ORDER BY 절에서 명시한 칼럼값을 기준으로 정렬하여 출력한다.

43 다음 중 순수 관계 연산자에 해당하지 않는 것은?

① SELECT
② DELETE
③ JOIN
④ DIVIDE

해설 | 순수 관계 연산자란, 관계형 데이터베이스에 적용할 수 있도록 개발한 관계 연산자를 의미한다. SELECT, PROJECT, JOIN, DIVIDE가 있다.

44 주어진 테이블에 대해서 아래와 같이 결과가 반환되도록 주어진 SQL문의 빈칸을 완성하시오.

[test44]

name	deptname	position	sal
조조	IT팀	부장	5000
여포	IT팀	대리	3000
유비	보안팀	차장	4000
관우	보안팀	사원	2000
장비	총무팀	부장	5000
동탁	인사팀	차장	4000

[SQL]

```
SELECT
(            ) OVER(ORDER BY sal desc)
as rank, name, deptname, position, sal
FROM test44;
```

[결과]

rank	name	deptname	position	sal
1	조조	IT팀	부장	5000
2	장비	총무팀	부장	5000
3	동탁	인사팀	차장	4000
4	유비	보안팀	차장	4000
5	여포	IT팀	대리	3000
6	관우	보안팀	사원	2000

① RANK()
② DENSE_RANK()
③ ROW_NUMBER()
④ NTILE()

해설 | 위의 결괏값에 동일한 RANK가 없으므로 ROW_NUMBER()가 되어야 한다.

그룹 내 순위 함수

순위 함수	설명
RANK	• 특정 항목 및 파티션에 대해서 순위를 계산한다. • 동일한 순위는 동일한 값이 부여된다.
DENSE_RANK	동일한 순위를 하나의 건수로 계산한다.
ROW_NUMBER	동일한 순위에 대해서 고유의 순위를 부여한다.

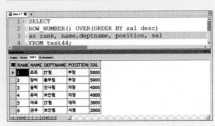

45 다음 SQL문에서 빈칸으로 올바른 것은?

[Oracle]

```
Gender 칼럼이 0이면 남자, 1이면 여자를 출력
SELECT (  ㄱ  ) FROM EMP;
```

[PL/SQL]

```
V_NAME은 문자열 변수
SELECT NAME (  ㄴ  ) V_NAME FROM
EMP;
```

① ㄱ: DECODE(GENDER, 0, '남자', '여자'), ㄴ: INTO
② ㄱ: DECODE(GENDER, 1, '남자', '여자'), ㄴ: ON
③ ㄱ: DECODE(GENDER, '남자', '여자'), ㄴ: INTO
④ ㄱ: DECODE(GENDER, 0, '남자', '여자'), ㄴ: ON

46 주어진 보기의 SQL(ROLLUP)에 대한 결과와 동일한 결과를 반환하도록 아래 SQL문의 (   )에 올바른 것은?

```
SELECT COL1, COL2, COUNT(*)
FROM TEST46
GROUP BY ROLLUP (COL1, COL2);
```

```
SELECT COL1, COL2, COUNT(*)
FROM TEST46
GROUP BY GROUPING SETS (          )
```

① UNION
② EXPECT
③ MINUS
④ UNION ALL

해설 | ROLLUP은 그룹된 칼럼의 Subtotal를 생성하기 위해서 사용된다. 그룹의 수가 N개일 때 N+1개의 Subtotal이 생성된다. 그리고 GROUPING SETS은 여러 그룹질의를 UNION ALL과 같은 결과를 만들어서 소계, 합계를 집계할 수 있다.

47 다음의 테이블에 대한 SQL문의 최종 결과는?

[PRODUCT]
```
create table product(
col1 varchar(20),
col2 number(10)
);
insert into product values('1', 1000);
insert into product values('2', 2000);
insert into product values('3', 3000);
insert into product values('4', 4000);
insert into product values('5', 5000);
```

[SQL 구문]
```
INSERT INTO PRODUCT VALUES('6', 6000);
COMMIT;
DELETE PRODUCT WHERE COL1='2';
UPDATE PRODUCT SET COL2=9000
WHERE COL2=1000;
ROLLBACK;
SELECT COUNT(COL1)
FROM PRODUCT
WHERE COL2=2000;
```

① 1
② 2
③ 3
④ 4

해설 | ROLLBACK구문은 COMMIT되지 않은 상위의 모든 Transaction을 모두 Rollback한다.

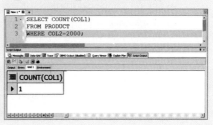

48 다음 SQL문의 실행 결과는 무엇인가?

[test48]

COL1	COL2
1	10
2	20
3	NULL
4	40
5	50

SELECT AVG(NVL(COL2, 0)) FROM test48;

① 22　　　　　　② 23
③ 24　　　　　　④ 25

해설 | NVL 함수로 NULL은 0으로 대체되고 평균이
계산된다.

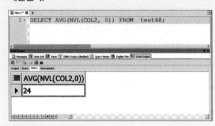

49 다음의 (　　)에 올바른 것은?

(　　)은 SQL이 데이터베이스에서 실행될
때 실행 절차 및 방법을 표현하여 DBA에게 알
려준다. (　　)은 옵티마이저의 종류를 확인
할 수 있는 RULE, COST가 표현되고 SQL이
내부적으로 어떤 방식으로 실행되었는지 확인
할 수 있다.

① 운영계획　　　② 실행계획
③ 서비스 실행　　④ COST 계획

해설 | 실행계획(Execution Plan)이란 SQL을 실행하
기 위한 절차와 방법을 의미한다.
• SQL 개발자가 SQL를 작성하여 실행할 때, SQL을
어떻게 실행할 것인지를 계획하게 된다. 즉, SQL 실행
계획(Execution Plan)을 수립하고 SQL을 실행한다.
• 옵티마이저는 SQL의 실행계획을 수립하고 SQL을 실
행하는 데이터베이스 관리 시스템의 소프트웨어이다.

50 다음의 (　　)에 올바른 것은?

TEST50 테이블에는 총 5건의 행이 있다. 그리
고 아래의 SQL문을 실행했다.

SELECT COUNT(*) FROM test50
(　　　　) test50;

[결과]
COUNT(*)
──────────
　　25
1 row selected

① SELF JOIN
② LEFT OUTER JOIN
③ RIGHT OUTER JOIN
④ CROSS JOIN

해설 | 5개의 행이 총 25개의 행으로 증가하였으므로
5*5=25의 CROSS JOIN을 수행한 것이다.

CROSS JOIN
• CROSS JOIN은 조인 조건구 없이 2개의 테이블을
하나로 조인한다.
• 조인구가 없기 때문에 카텐시안 곱이 발생한다.

01 다음에서 설명하는 것은 ER 모델 중 어떤 항목에 대한 설명인가?

> 1) 모든 릴레이션(Relation)은 원자값(Atomic)을 가져야 한다.
> 2) 어떤 릴레이션(Relation)에서 속성 값이 가질 수 있는 값의 범위를 의미한다.
> 3) 실제 속성값이 올바르게 되었는지 확인한다.
> 4) 속성명과 반드시 동일할 필요는 없다.

① 카디날리티(Cardinality)
② 도메인(Domain)
③ 인스턴스(Instance)
④ 차수(Degree)

해설 ㅣ 예를 들어 도메인(Domain)이란, 성별이라는 속성(Attribute)에서 값이 가질 수 있는 허용 범위를 나타낸다. 즉, 성별의 경우 남자는 "M", 여자는 "F"의 값을 가진다.

도메인(Domain)의 특징
• 릴레이션의 속성이 가질 수 있는 허용된 값의 범위를 의미한다.
• 속명성과 도메인명은 항상 동일할 필요는 없다.
• 모든 속성들의 도메인은 원자값이어야 한다.

02 다음 중 도메인(Domain) 대한 특징으로 옳지 않은 것은?

① 릴레이션의 속성에 대한 데이터 타입과 크기이다.
② 속성에 대해서 NOT NULL 제약사항을 설정하여 NULL 값을 허용하지 않는다.
③ 속성에 값을 입력할 때 CHECK 기능을 사용해서 입력값을 검사한다.
④ 하나의 릴레이션과 관계된 다른 릴레이션의 FK(Foreign Key) 제약조건이다.

해설 ㅣ 외래키(Foreign Key)는 주 릴레이션을 참조하는 키를 의미하는 것이다. 예를 들어 ABC기업의 직원이 특정 부서에 소속되어 있다면, 부서 릴레이션을 참조하는 직원 릴레이션의 부서코드가 외래키이다.
이러한 외래키는 참조 무결성을 준수하기 위해서 사용된다.

03 다음 중 슈퍼/서브타입 데이터 모델의 변환타 입에 대한 설명으로 옳은 것은?

① One To One이란 개별로 발생되는 트 랜잭션에 대해서는 개별 테이블로 구성 하고 테이블의 수가 많아진다.

② Plus Type은 하나의 테이블을 생성하 는 것으로 조인(Join)이 발생하지 않는 다.

③ Plus Type은 슈퍼+서브타입 형식으로 데이터를 처리하는 경우로 조인 성능이 우수하여 Super Type과 Sub Type 변 환 시에 항상 사용된다.

④ One To One Type은 조인 성능이 우 수하기 때문에 관리가 편리하다.

해설 | **슈퍼/서브타입 데이터 모델의 변환타입 비교**

변환 방법	설명
One To One Type	• 슈퍼타입과 서브타입을 개별 테이블로 도출한다. • 테이블의 수가 많아서 조인이 많이 발생하고 관리가 어렵다.
Plus Type	• 슈퍼타입과 서브타입 테이블로 도출한다. • 조인이 발생하고 관리가 어렵다.
Single Type	• 슈퍼타입과 서브타입을 하나의 테이블로 도출하는 것이다. • 조인 성능이 좋고 관리가 편리하지만, IO 성능이 나쁘다.

04 다음 중 데이터베이스 모델링에 대한 특징으 로 올바르지 않은 것은?

① 내부화
② 추상화
③ 단순화
④ 명확화

해설 | **모델링의 특징**

특징	설명
추상화(Abstraction)	현실 세계를 간략하게 표현한다.
단순화(Simple)	누구나 쉽게 이해할 수 있도록 표현한다.
명확성(Clarity)	명확하게 의미가 해석되어야 하고 한가지 의미를 가져야 한다.

05 다음 중 아래 시나리오에서 엔터티로 가장 적 절한 것은?

[시나리오]

한림대학교 성심병원은 상급종합병원이고 국 내에는 약 43개의 상급종합병원이 있다. 상급 종합병원에서 진료를 받기 위해서는 예약을 해 야 한다. 예약을 하기 위해서 환자로 등록해야 하는데, 환자 등록을 위해서는 환자이름, 주소, 전화번호, 나이, 최근 병력 등의 정보를 한림대 학교 성심병원 웹사이트에 접속해서 입력해야 한다.

① 나이
② 환자
③ 이름
④ 주소

해설 | 엔터티(Entity)는 집합의 특성을 가지고 있어야 한다. 본 시나리오에서는 환자가 엔터티이고 환자이름, 주소, 전화번호, 나이 등은 속성에 해당된다. 단, 최근 병력이라는 것은 하나의 집합으로 판단될 수 있으나, 보기에 그 항목이 없기 때문에 고려할 필요가 없다.

엔터티의 의미

구분	엔터티의 의미
Peter Chen	엔터티는 변별할 수 있는 사물이다.
James Martin	정보를 저장할 수 있는 어떤 것이다.
C.J Date	데이터베이스 내부에서 변별 가능한 객체이다.
Thomas Bruce	정보가 저장될 수 있는 장소, 사람, 사건, 개념, 물건 등이다.

06 다음 설명에 해당하는 속성의 종류는 무엇인가?

ABC 온라인 쇼핑몰은 매일 고객들의 주문정보를 주문 릴레이션에 저장하고 있다. 그리고 매일 24시에 주문 릴레이션에 있는 금액을 조회하여 일별 주문합계 테이블에 상품별, 일별, 주문합계 금액을 보관한다. 이때 주문 릴레이션의 금액 속성에 의해서 발생된 주문합계 속성은 무엇이라고 하는가? 또한 주문합계 속성은 금액 속성과 데이터 정합성을 유지해야 한다.

① 파생 속성
② 기본 속성
③ 설계 속성
④ 연관 속성

해설 | 속성의 종류는 기본 속성, 설계 속성, 파생 속성이 있으며, 본 문제에서 금액은 기본속성에 해당되고 기본 속성의 계산이나 변형으로 새롭게 만들어진 주문합계는 파생 속성(Derived Attribute)이 된다.

속성의 종류

종류	설명
기본 속성	• 비즈니스 프로세스에서 도출되는 본래의 속성이다. • 회원ID, 이름, 계좌번호, 주문일자 등이 있다.
설계 속성	• 데이터 모델링 과정에서 발생되는 속성이다. • 유일한 값을 부여한다. • 상품코드, 지점코드 등이 있다.
파생 속성	• 다른 속성에 의해서 만들어지는 속성이다. • 합계, 평균 등이 있다.

07 다음 주어진 ERD 관계에 대한 설명으로 옳지 않은 것은?

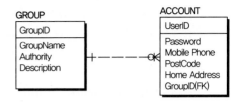

① 하나의 UserID는 여러 개의 GroupID를 가질 수 없다.
② GROUP 릴레이션과 ACCOUNT 릴레이션은 식별 관계를 가진다.
③ GROUP 릴레이션은 한 명의 UserID도 없을 수 있다.
④ GROUP 릴레이션은 여러 명의 UserID를 가질 수 있다.

해설 | GROUP 릴레이션과 ACCOUNT 릴레이션의 관계는 식별 관계이다. 즉, GROUP 릴레이션의 GroupID가 ACCOUNT 릴레이션의 기본키(Primary key)로 사용되지 않았다.

구분	식별자 관계	비식별자 관계
목적	강한 연결 관계	약한 연결 관계
기본키 (Primary Key)	부모 릴레이션의 기본키가 자식 릴레이션의 기본키로 사용됨	부모 릴레이션의 기본키가 자식 릴레이션의 일반 속성으로 사용됨
표기법	실선 표현	점선 표현

08 다음 중 엔터티 간의 관계에서 1:1, 1:M과 같이 관계의 기수성을 나타내는 것은?

① 관계명(Relationship Membership)
② 관계차수(Relationship Degree/Cardinality)
③ 도메인(Domain)
④ 관계정의(Relationship Definition)

> 해설 | 관계의 기수성을 나타내는 개념은 관계차수에 해당한다. 즉, 카디널리티(Cardinality)는 하나의 릴레이션에서 투플의 전체 개수를 의미한다.

09 다음은 데이터베이스 모델링 시에 성능을 고려한 모델링 활동이다. 성능을 고려한 데이터베이스 모델링 단계에서 가장 처음으로 수행해야 할 것과 가장 마지막으로 수행해야 할 것은?

> 가. 데이터베이스 모델링 시에 정규화를 수행한다.
> 나. 테이블에서 보관하는 데이터 용량과 트랜잭션의 유형에 따라서 반정규화를 한다.
> 다. 트랜잭션의 유형을 분석한다.
> 라. 데이터베이스 전체 용량을 산정해야 한다.
> 마. 성능관점에서 데이터 모델을 검증하고 확인한다.
> 바. 기본키와 외래키를 조정하거나, 슈퍼타입과 서브타입을 조정한다.

① 가, 나
② 다, 마
③ 다, 라
④ 가, 마

> 해설 | 성능을 고려한 데이터베이스 모델링 시에도 가장 먼저 정규화를 수행해서 데이터 모델의 독립성을 향상시켜야 한다. 그리고 필요에 따라서 트랜잭션 유형, 반정규화 등을 수행하고 제일 마지막에는 성능관점에서 데이터 모델을 검증해야 한다.

10 다음 중 아래에서 엔터티 내에 주식별자를 도출하는 기준을 묶은 것으로 가장 적절한 것은?

> 가. 쇼핑몰 사이트에서는 회원번호가 쇼핑몰 사이트를 운영할 때 자주 이용되는 속성이므로 주식별자로 지정한다.
> 나. 엔터티 내에서 고객 리스트, 상품 리스트 등과 같은 것을 주식별자로 지정한다.
> 다. 주식별자로 지정할 때 자주 변경되는 속성을 지정한다.
> 라. 여러 개의 속성으로 구성된 복합 속성의 경우 주식별자에 너무 많은 속성이 포함되지 않게 한다.

① 가, 나
② 가, 라
③ 나, 라
④ 가, 다

> 해설 | **주식별자를 도출하기 위한 기준**
> 데이터베이스 식별자는 대표성 여부에 따라서 주식별자와 보조 식별자로 구분된다. 주식별자는 후보키 중에서 엔터티를 대표하는 식별자로 다른 엔터티와 참조하여 연결할 수 있는 식별자이다. 주식별자는 후보키의 특성을 가지고 있으므로 최소성과 유일성을 만족한다. 따라서 NULL 값을 가질 수 없고 중복된 데이터를 가질 수 없다. 또한 주식별자는 엔터티를 대표하기 때문에 주식별자를 변경하면 다른 엔터티의 관계가 모호해지거나 삭제될 수 있다. 따라서 주식별자는 자주 변경하기 어렵다.

11 다음 중 해시 조인(Hash Join)에 대한 설명으로 옳지 않은 것은?

① 해시 조인은 두 개의 테이블 간에 조인을 할 때 범위 검색이 아닌 동등 조인(EQUI-Join)에 적합한 방식이다.

② 작은 테이블(Build Input)을 먼저 읽어서 Hash Area에 해시 테이블을 생성하는 방법으로 큰 테이블로 Hash Area를 생성하면 과다한 Disk I/O가 유발 되어 성능이 저하될 수 있다.

③ 온라인 트랜잭션 처리(OLTP)에 유용하다.

④ 해시 조인은 수행 빈도가 낮고 수행시간이 오래 걸리는 대용량 테이블에 대한 조인을 할 때 유용하다.

> 해설 | 온라인 트랜잭션 처리(OLTP)에는 해시 조인보다는 Nested Loop 방식이 유용하다. 즉, Nested Loop 방식은 적은 데이터를 조인할 때 유리한 구조이다
>
> **해시 조인의 특징**
> • 대용량 데이터에 대한 조인 시에 빠른 성능을 보인다.
> • 해시 조인 시에는 선행 테이블에는 작은 테이블이 먼저 와야 한다.
> • 범위 검색보다는 동등 조인에 적합한 방법을 제공한다.

12 다음 중 Join 기법에 대한 설명으로 가장 적절한 것은?

① Nested Loop Join은 OLTP 시스템에서 데이터를 조인할 때 먼저 나오는 테이블의 선택도가 낮은 테이블을 참조하는 것이 유리하다.

② Sort Merge Join은 오직 동등 조인(Equi Join)에서만 사용할 수 있다.

③ Hash Join은 결과 행의 수가 큰 테이블을 선행 테이블로 사용하면 Hash Area 사이즈가 작아져서 성능에 유리하다.

④ Hash Join은 Sort Merge Join, Nested Loop Join보다 항상 성능이 우수하다.

> 해설 |
> ② Sort Merge Join은 동등 및 비 동등 조인(Not Equal Join)에서 사용할 수 있다.
> ③ Hash Join은 행의 수가 작은 테이블을 선행 테이블로 선택해야 Hash Area 사이즈가 작아지고 성능이 향상된다.
> ④ Hash Join이라고 무조건 Sort Merge Join과 Nested Loop Join보다 성능이 우수한 것은 아니다.

13 다음 주어진 테이블에 대해서 아래와 같은 결과값이 나오도록 SQL문의 빈칸에 들어갈 수 있는 내용을 고르시오.

[T_TEST]

DEPTNO	JOB	SAL
10	CLERK	1300
10	MANAGER	2150
20	CLERK	1900
20	ANALYST	6000
20	MANAGER	2000

[결과]

DEPTNO	JOB	SUM(SAL)
10	CLERK	1300
10	MANAGER	2150
10		3450
20	CLERK	1900
20	ANALYST	6000
20	MANAGER	2000
20		9900
		13350

```
SELECT DEPTNO, JOB, SUM(SAL)
FROM T_TEST
GROUP BY (          );
```

① DEPTNO, JOB
② GROUPING SETS(DEPTNO, JOB)
③ ROLLUP(DEPTNO, JOB)
④ CUBE(DEPTNO, JOB)

해설 | 집계결과는 DEPTNO별 합계, JOB별 합계, DEPTNO 및 JOB별 합계, 전체합계가 조회되고 Rollup이 와야 한다.

```
Create Table T_TEST
(
  Deptno number(10),
  Job varchar(20),
  Sal number(10)
);

Insert into T_TEST values(10,'CLERK',
1300);
Insert into T_TEST values(10,'MANAGER',
2150);
Insert into T_TEST values(20,'CLERK',
1900);
Insert into T_TEST values(20,'ANALYST',
6000);
Insert into T_TEST values(20,'MANAGER',
2000);
Commit;
```

Rollup의 실행 결과

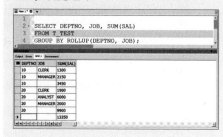

14 주어진 두 개의 테이블에 대해서 아래의 SQL 문을 수행한 이후에 TEST1 테이블의 건수는?

[TEST1]

COL1	COL2	COL3
A	X	1
B	Y	2
C	Z	3

[TEST2]

COL1	COL2	COL3
A	X	1
B	Y	2
C	Z	3
D	가	4
E	나	5

```
MERGE INTO TEST1
USING TEST2
    ON (TEST1.COL1 = TEST2.COL1)
WHEN MATCHED THEN
    UPDATE SET TEST1.COL3 = 4
        WHERE TEST1.COL3 = 2
    DELETE WHERE TEST1.COL3 <= 2
WHEN NOT MATCHED THEN
    INSERT(TEST1.COL1, TEST1.COL2, TEST1.
    COL3)
VALUES(TEST2.COL1, TEST2.COL2, TEST2.
COL3);
```

① 2
② 3
③ 5
④ 8

해설 | MERGE INTO문은 특정 키에 대해서 레코드가 있을 때에 수정사항에 대해서 UPDATE를 하고, 레코드가 없으면 새롭게 INSERT를 할 수 있는 구문이다.

select * from test1;

COL1	COL2	COL3
E	나	5
D	가	4
A	X	1
B	Y	4
C	Z	3

15 다음은 ABC기업에 대한 데이터베이스 모델링이다. 설명 중 올바른 것은?

① 제품코드에 대한 배송지 정보는 제품마스터 테이블이 주문이력을 직접 조인하면 된다.
② 제품마스터와 주문이력을 조인하면 카텐시안 곱이 발생한다.
③ 제품마스터와 제품생산은 비식별 관계이다.
④ 제품마스터에서 주문일자를 조회하기 위해서는 WHERE의 조건이 최소 4개이상이다.

해설 | 제품마스터와 주문이력을 직접 조인하면 조인 키가 없으므로 카텐시안 곱이 발생한다.

16 다음 중 아래의 TEST10 테이블에 대해서 SQL문을 수행하였을 때의 결과 건수는?

[TEST10]

EMPNO	NAME	MANAGER
1	LIM	NULL
2	PARK	1
3	KIM	2

```
SELECT LPAD('**', (LEVEL-1) * 2 , ' ') ||
EMPNO AS EMP, NAME
FROM TEST10
WHERE EMPNO <> 3
START WITH EMPNO =3
CONNECT BY EMPNO= PRIOR MANAGER;
```

① 0

② 1

③ 2

④ 3

해설 |

EMP	NAME
**2	PARK
**1	KIM

위의 SQL에서 WHERE 조건에 의하여 EMPNO 3번은 조회에서 제외된다. 그리고 EMPNO가 3번으로 시작하여 계층형 조회를 한다. 따라서 EMPNO 1번과 2번 2개의 행이 조회된다.

17 다음 주어진 SQL문을 수행하였을 때의 결과가 아래와 같을 때 (   )에 들어갈 것으로 알맞은 것은?

```
SELECT 10 + 20 * ( (     )(NULL, 0.1, 0.2 ) )
FROM DUAL;
```

[결과]

14

① ISNULL

② NVL

③ NVL2

④ COALESCE

해설 | 위의 SQL문에서 NVL2 함수의 첫 번째 인 자값이 NULL이기 때문에 0.2를 반환한다. 그리고 10+20*0.2가 되어 14를 반환한다.

NULL 관련 함수

NULL 함수	설명
NVL 함수	• NULL이면 다른 값으로 바꾸는 함수이다. • "NVL(MGR, 0)"은 MGR 칼럼이 NULL이면 0으로 바꾼다.
NVL2함수	• NVL함수와 DECODE를 하나로 만든 것이다. • "NVL2(MGR, 1, 0)"은 MGR칼럼이 NULL이 아니면 1을, NULL이면 0을 반환한다.
NULLIF 함수	• 두 개의 값이 같으면 NULL을, 같지 않으면 첫 번째 값을 반환한다. • "NULLIF(exp1, exp2)"은 exp1과 exp2가 같으면 NULL을, 같지 않으면 exp1을 반환한다.
COALESCE	"COALESCE(mgr, 1)"은 mgr이 NULL이 아니면 1을 반환한다.

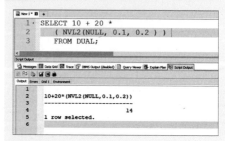

18 다음 보기에서 SELECT 결과가 NULL이 아닌 경우는?

① SELECT COALESCE(1, 2, 3)
　FROM DUAL;
② SELECT CASE 0 WHEN 1
　THEN 2 ELSE NULL END
　FROM DUAL;
③ SELECT DECODE('A','B','C',NULL)
　FROM DUAL;
④ SELECT NULLIF('A', 'A')
　FROM DUAL;

해설 | "COALESCE(mgr, 1)"은 mgr이 NULL이 아니면 1을 반환한다. 따라서 1번 지문은 "1"이 조회된다. 나머지는 모두 NULL이 조회된다.

19 다음 주어진 데이터에서 해당 SQL문을 실행했을 때의 결괏값으로 알맞은 것은?

[TABLE_B]

A	X
1	100
1	NULL
2	100
2	200

SELECT A, SUM(X)AS TAB FROM TABLE_B GROUP BY A;

①
A	X
1	100

②
A	X
1	100
2	200

③
A	TAB
1	100
2	300

④
A	X
1	100
1	NULL
2	100
2	200

해설 | A 칼럼별로 그룹화하고 집계 함수에서 NULL 값을 제외하고 연산을 수행한다.

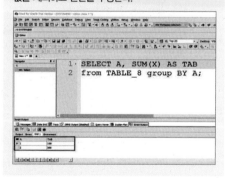

20 다음의 SQL문이 순서대로 수행되고 난 후 결과값으로 알맞은 것은?

```
Create table test20 (col1 number(10));
INSERT INTO test20 VALUES(1);
INSERT INTO test20 VALUES(4);
SAVEPOINT SV1;
UPDATE test20 SET COL1=8 WHERE
COL1=2;
SAVEPOINT SV1;
DELETE test20 WHERE COL1 )=2;
ROLLBACK TO SV1;
INSERT INTO test20 VALUES(3);
SELECT MAX(COL1) FROM test20;
```

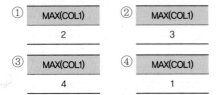

① MAX(COL1)	② MAX(COL1)
2	3

③ MAX(COL1)	④ MAX(COL1)
4	1

해설 | SAVEPOINT가 동일할 때 ROLLBACK을 수행하면 가장 마지막 시점의 SAVEPOINT 지점으로 ROLLBACK 된다.

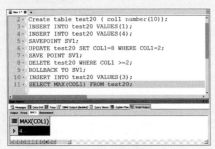

21 다음 주어진 테이블에서 집계 함수를 수행하였을 때 결괏값으로 다른 것을 고르시오.

[test21]

USERID	USERCOUNT
KIM	10
PARK	20
LIM	NULL
SIN	NULL

① select count(nvl(usercount,0)) from test21;

② select sum(nvl(usercount,0)) / 4 from test21;

③ select avg(nvl(usercount,0)) from test21;

④ select avg(nvl(usercount, 1))−0.5 from test21;

해설 | ①번은 count를 계산하는 것으로 총 4개의 행이 있으므로 4가 나온다. 2번, 3번, 4번은 모두 7.5가 조회된다.
• NVL(A, B) : 칼럼 A가 NULL인 값을 B로 바꾸어라.

22 다음 파티션에 대한 설명으로 틀린 것을 고르시오.

① RANK( ) OVER (PARTITION BY JOB ORDER BY 급여 DESC) JOB_RANK : 직업별 급여가 높은 순서대로 부여되고 동일한 순위는 동일한 값이 부여 된다.

② SUM(급여) OVER (PARTITION BY MGR ORDER BY 급여 RANGE UNBOUNDED PRECEDING) : RANGE는 논리적 주소에 의한 행 집합을 의미하고 MGR별 현재 행부터 파티션내 첫 번째 행까지의 급여의 합계를 계산한다.

③ AVG(급여) OVER (PARTITION BY MGR ORDER BY 날짜 ROWS BETWEEN 1 PRECEDING AND 1 FOLLOWING)) : 각 MGR 별로 앞의 한 건, 현재 행, 뒤의 한 건 사이에서 급여의 평균을 계산한다.

④ COUNT(*) OVER (ORDER BY 급여) RANGE BETWEEN 10 PRECED-ING AND 300 FOLLOWING) : 급여를 기준으로 현재 행에서 10에서 300 사이의 급여를 가지는 행의 수를 계산한다.

해설 | ②는 문법이 잘못되었다.
③은 MGR별로 급여의 평균을 계산하기 전에 "날짜 칼럼을 기준으로 오름차순 정렬을 하고 나서"라는 설명이 들어가야 더 정확한 의미가 된다.
④의 경우 10~300 사이의 급여를 가지는게 아니라, 현재 행을 기준으로 −10과 +300 사이의 범위를 의미한다. 예를 들어 현재 행의 급여가 100이라면 90~400의 범위이다.

23 다음 주어진 테이블에서 아래의 SQL문을 수행한 결과로 알맞은 것은?

[test23]

COL1	COL2	COL3	COL4
10	10	10	20
20	20	Null	30
30	Null	Null	10
Null	30	10	40

```
SELECT SUM(COL1+COL2+COL3+COL4)
FROM test23;
SELECT SUM(COL1) +SUM(COL2) +
SUM(COL3) + SUM(COL4) FROM test23;
```

① 50, Null
② Null, 240
③ 50, 240
④ Null, Null

해설 | 첫 번째 SQL문의 첫 번째 행인(10, 10, 10, 20)은 Null 값이 없으므로 합계 50이 조회된다. 그리고 두 번째 SQL문에서은 240의 합계가 조회된다. 즉, SUM 집계함수에서 Null은 자동으로 제외한다.

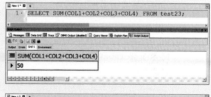

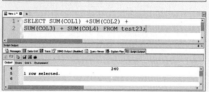

24 다음 중 PL/SQL에 대한 설명으로 가장 적절하지 않은 것은?

① 변수와 상수 등을 사용하여 일반 SQL 문장을 실행할 때 WHERE절의 조건 등으로 대입할 수 있다.

② Procedure, User Defined Function, Trigger 객체를 PL/SQL로 작성할 수 있다.

③ Procedure 내부에 작성된 절차적 코드는 PL/SQL엔진이 처리하고 일반적인 SQL 문장은 SQL실행기가 처리한다.

④ PL/SQL문의 기본 구조로 DECLARE, BEGIN ~ END, EXCEPTION은 필수적으로 써야 한다.

해설 | ④번에서 DECLARE와 BEGIN ~ END 문은 필수지만, EXCEPTION 문은 선택사항이다.

PL/SQL의 특징
1. PL/SQL은 Block 구조로 되어있어 각 기능별로 모듈화가 가능하다.
2. 변수, 상수 등을 선언하여 SQL 문장 간 값을 교환한다.
3. IF, LOOP 등의 절차형 언어를 사용하여 절차적인 프로그램이 가능하도록 한다.
4. DBMS 정의 에러나 사용자 정의 에러를 정의하여 사용할 수 있다.
5. PL/SQL은 Oracle에 내장되어 있으므로 Oracle과 PL/SQL을 지원하는 어떤 서버로도 프로그램을 옮길 수 있다.
6. PL/SQL은 응용 프로그램의 성능을 향상시킨다.
7. PL/SQL은 여러 SQL 문장을 Block으로 묶고 한 번에 Block 전부를 서버로 보내기 때문에 통신량을 줄일 수 있다.

25 다음의 테이블을 보고 실행한 SQL문 중에서 그 결과가 올바르지 않은 것은?

[T_ORDER]

Orderyear	Ordermonth	Price
2020	01	1000
2020	02	6000
2020	03	2000
2020	04	3000
2020	05	2000
2020	06	1500

①

```
SELECT SUM(price) AS TOTAL
FROM  t_order WHERE orderyear
BETWEEN '2020' AND '2021' AND
ordermonth BETWEEN '01' AND '12';
```

→ SQL 실행 결과는 15,500이다.

②

```
SELECT SUM(price) AS TOTAL
FROM  t_order WHERE ordermonth
in ('01', '06');
```

→ SQL 실행 결과는 2,500이다.

③

```
SELECT SUM(price) AS TOTAL
FROM  t_order WHERE ordermonth
= '01' or ordermonth= '06';
```

→ SQL 실행 결과는 2,500이다.

④

```
SELECT SUM(decode('06', 0, price)) AS
TOTAL
FROM  t_order WHERE orderyear
BETWEEN '2020' AND '2021';
```

→ SQL 실행 결과는 1,500이다.

해설 | ④번의 실행 결과는 NULL이다. DECODE는 2개의 속성을 비교하는 것으로 위의 예에서는 '06'과 0을 비교하므로 NULL이 된다.

- DECODE문으로 IF문을 구현할 수 있다. 즉, 특정 조건이 참이면 A, 거짓이면 B로 응답하게 할 수 있는 것이다.

> 비교문으로 EMPNO=1000과 같으면 TRUE를 응답하고, 같지 않으면 FALSE를 응답한다.

DECODE (EMPNO, 1000, 'TRUE', 'FALSE')

26 다음 보기 중 데이터베이스 테이블의 제약조건(Constraint)에 대한 설명으로 올바르지 않은 것은?

① 외래키(Foreign Key)는 두 개의 테이블 간의 참조 무결성을 제약한다.
② 기본키(Primary Key)는 제약사항을 테이블 당 하나만 제약할 수 있다.
③ Check 제약조건(Constraint)은 특정 값만 입력되게 제약한다.
④ 고유키(Unique Key) 제약이 설정되면 NULL 값을 가질 수 없다.

해설 | 고유키(Unique Key)로 지정된 모든 칼럼은 Null 값을 가질 수도 있다.

```
1  Create table test26(
2     coll varchar(20) unique
3  );
4  insert into test26 values(null);
```

```
1  Table created.
2  1 row created.
3
```

27 다음 중 아래에서 Join에 대한 설명으로 올바르지 않은 것은?

> 가) 마스터 테이블과 슬레이브 테이블 간의 조인은 일반적으로 기본키와 외래키 사이에서 발생한다.
> 나) EQUI Join은 두 개의 테이블 간에 칼럼 값이 일치하는 것을 조회한다.
> 다) EQUI Join은 ">", "<", ">=", "<="를 사용한다.
> 라) EQUI Join은 두 개의 테이블에서 교집합을 찾는다.

① 가
② 나
③ 다
④ 라

해설 | Non-EQUI Join은 ">", "<", ">=", "<="를 사용하는 조인으로 대부분의 데이터베이스에서 잘 사용하지 않는 조인이다.

28 다음 중 아래의 SQL에 대한 설명으로 가장 올바른 것은?

```
SELECT 분류코드
       ,AVG(상품가격) AS 상품가격
       ,COUNT(*) OVER(ORDER BY
AVG(상품가격)
              RANGE BETWEEN 10000
              PRECEDING
              AND 10000 FOLLOWING) AS
              CNT
FROM 상품
GROUP BY 분류코드;
```

① WINDOW FUNCTION을 GROUP BY(분류코드)절과 함께 사용하였으므로 위의 SQL은 오류가 발생한다.
② WINDOW FUNCTION의 ORDER BY 절로 인하여 문법오류이다.
③ CNT 칼럼은 분류코드별 평균상품가격을 서로 비교하여 −10000 ~ 10000 사이에 존재하는 분류코드의 개수를 구한 것이다.
④ CNT 칼럼은 상품전체의 평균상품가격을 서로 비교하여 −10000 ~ +10000 사이에 존재하는 상품의 개수를 구한 것이다.

해설 | CNT 칼럼은 분류코드로 GROUPING된 집합을 원본집합으로 하여 분류코드별 평균상품가격을 서로 비교하고 현재 읽혀진 상품분류코드의 평균가격 대비 −10000 ~ +10000 사이에 존재하는 분류코드의 개수를 구한 것이다.

29 아래의 테이블들에 대해서 SQL문을 수행하였을 때의 결과 값은?

[TEST29_1]

COL
1
2
3
4

[TEST29_2]

COL
2
NULL

```
SELECT COUNT(*)
FROM TEST29_1 A
WHERE A.COL NOT IN (SELECT COL
FROM TEST29_2);
```

① 0
② 1
③ 3
④ 6

해설 | NOT IN 안에 NULL이 들어가면 아무것도 출력되지 않는다(공집합). 이때 COUNT는 0을 출력하게 된다.

30 다음 주어진 테이블에서 해당 SQL문을 실행한 결과로 알맞은 것은?

[SQLD5]

COL1	COL2
NULL	A
1	B
2	C
3	D
4	E

```
SELECT * FROM SQLD5 WHERE COL1
IN(1,2,NULL);
```

①

COL1	CO2
1	B
2	C

②

COL1	CO2
2	B
2	C

③

COL1	CO2
1	B
2	C
3	D
4	E

④

COL1	COL2
NULL	A
1	B
2	C
3	D
4	E

해설 | NULL은 비교에서 애초에 제외되어 IN( ) 연산자 안에 NULL이 있어도 비교연산을 수행하지 않는다. 주어진 테이블의 COL1 속성값 1, 2값을 갖는 튜플만 조회된다.

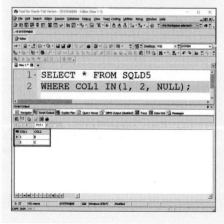

31 다음 주어진 데이터에 대해서 LIKE문을 사용하여 결괏값에 "_"가 들어간 문자열을 찾는 SQL문으로 올바른 것은?

[test31]

USERID	USERNAME
1	__H
2	_B_
3	___
4	D__

[결과]

USERID	USERNAME
1	__H
2	_B_
3	___
4	D__

① SELECT * FROM test31 WHERE username LIKE '%H'

② SELECT * FROM test31 WHERE username LIKE '%#_%'

③ SELECT * FROM test31 WHERE username LIKE '%@_%' ESCAPE '@'

④ SELECT * FROM test31 WHERE username LIKE '%_%' ESCAPE '_'

해설 | SELECT문에서 LIKE 연산으로 '%'나 '_'가 들어간 문자를 검색하기 위해서는 ESCAPE 명령어를 사용할 수 있다. 즉, '_'나 '%' 앞에 ESCAPE로 특수 문자를 지정하면 검색할 수 있다.

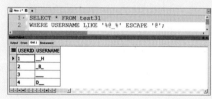

32 다음 주어진 테이블에 대해서 아래의 SQL문을 실행하였을 때 결과 행의 수는?

[TEST32]

COL1	COL2
10000	'ABC'
10000	NULL
10000	'AbC'
20000	'ABC'

```
SELECT *  FROM TEST32 WHERE (COL1,
COL2) IN( (10000,'ABC') );
```

① NULL
② 1
③ 2
④ 3

해설 | 보기의 SQL문은 COL1, COL2가 각각 10000, 'ABC'인 행만을 조회하는 SQL문으로 1번째 행만 조회된다.

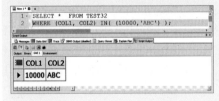

33 다음 중 TEST 사용자가 아래의 작업을 수행할 수 있도록 권한을 부여하는 DCL로 올바른 것은?

```
UPDATE A_User.TB_A
SET col1='TEST'
WHERE col2=100;
```

① GRANT UPDATE TO TEST;
② REVOKE SELECT ON A_User.TB_A FROM TEST;
③ REVOKE UPDATE ON A_User.TB_A TO TEST;
④ GRANT SELECT, UPDATE ON A_User.TB_A TO TEST;

해설 | **GRANT문**

```
GRANT privileges ON object TO user;
```

• privileges는 권한을 의미하며 object는 테이블명이다.
• user는 Oracle 데이터베이스 사용자를 지정하면 된다.

34 아래의 테이블에 대해서 주어진 SQL문을 수행한 결과로 알맞은 것은?

[test34_1]

JUMUN	PRICE
10	2000
10	3000
20	4000
20	3500

[test34_2]

CUSTRANK	MINPRICE	MAXPRICE
VVIP	6000	6999
VIP	5000	5999
GOLD	4000	4999

```
SELECT A.jumun as "주문",
        B.custrank as "고객등급"
FROM (SELECT jumun, SUM(price)
    AS Total
    FROM test34_1
    GROUP BY jumun) A , test34_2 B
WHERE A.Total BETWEEN B.minprice AND
B.maxprice;
```

①

JUMUN	CUSTRANK
10	VIP
20	GOLD

②

JUMUN	CUSTRANK
10	SILVER
20	GOLD

③

JUMUN	CUSTRANK
10	VIP

④

JUMUN	CUSTRANK
10	VIP
10	VIP
20	GOLD
20	GOLD

해설 | 먼저 FROM절에 있는 Inline View의 실행 결과는 20, 7500과 10, 5000의 합계가 조회된다. 그리고 test34_2의 BETWEEN구로 조회하면 10번 VIP가 조회된다.

35 다음 주어진 ERD를 수행하였을 때 오류가 날 수 있는 SQL문을 고르시오.

[ERD]

① SELECT * FROM 계좌마스터
  WHERE 회원번호 = (SELECT DIS-
  TINCT 회원번호 FROM 고객);

② SELECT * FROM 계좌마스터
  WHERE 회원번호 IN (SELECT
  DISTINCT 회원번호 FROM 고객);

③ SELECT 회원번호, 종목코드 FROM
  일자별주문내역
  WHERE 주문일자 EXISTS (SELECT
  DISTINCT 주문일자 FROM 계좌마스
  터);

④ SELECT 회원번호, 종목코드 FROM
  일자별주문내역
  WHERE 주문일자 ALL (SELECT
  DISTINCT 주문일자 FROM 계좌마스
  터);

해설 | ①번은 "=" 단일행 연산자로 서브쿼리의 결과가 반드시 하나만 리턴 되어야 한다. 만약 여러 개의 행이 리턴 되면 오류가 발생하게 된다.

36 아래의 실행 계획을 순서대로 바르게 나열한 것은?

```
0  -  SELECT ~
1  -    NESTED LOOP JOIN
2  -      NESTED LOOP JOIN
3  -        TABLE ACCESS(FULL)
4  -        TABLE ACCESS(BY INDEX ROWID)
5  -          INDEX(RAGNE SCAN)
6  -        TABLE ACCESS(BY INDEX ROWID)
7  -          INDEX(RAGNE SCAN)
```

① 0-1-2-3-4-5-6-7
② 3-4-5-4-2-7-6-0
③ 3-5-4-2-7-6-1-0
④ 3-4-2-5-7-6-1-0

해설 | 상단의 실행 계획은 TABLE FULL SCAN값과 INDEX SCAN값 사이의 Nested LOOP JOIN을 수행하고 다시 한번 INDEX SCAN값과 Nested LOOP JOIN을 수행한다.

실행 계획을 읽기 위한 규칙
1) 위에서 아래로 내려가며 제일 먼저 읽을 스텝을 확인한다.
2) 내려가는 과정에서 같은 들여쓰기가 있으면 위에서 아래로 읽는다.
3) 읽고자 하는 스텝보다 들여쓰기가 된 하위 스텝이 있으면 가장 안쪽으로 들여쓰기 된 스텝을 시작으로 한 단계씩 상위 스텝으로 읽는 것이다.

37 다음 ERD로 작성한 SQL문에서 오류가 발생하는 것은?

① SELECT (SELECT SUM(주문금액) FROM 일자별주문내역) FROM 고객마스터 GROUP BY 회원번호;

② SELECT SUM(일자별주문내역.주문금액) FROM 일자별주문내역 FULL OUTER JOIN 고객마스터
on 고객.회원번호 = 일자별주문이력.회원번호 GROUP BY 회원번호;

③ SELECT SUM(일자별주문내역.주문금액) FROM 고객마스터, 일자별주문내역
WHERE 고객.회원번호 = 일자별주문내역.회원번호 GROUP BY 회원번호

④ SELECT SUM(주문금액) FROM 일자별주문내역
WHERE EXISTS(SELECT * FROM 고객마스터 UNION ALL SELECT * FROM 일자별주문내역) GROUP BY 회원번호

해설 | UNION 및 UNION ALL구를 사용할 때 나오는 SQL문은 칼럼 수와 데이터 타입이 완전 일치해야 한다. 하지만 ④번은 고객마스터와 일자별주문내역에 나오는 칼럼의 수가 일치하지 않는다.

38 다음의 테이블에서 UNIQUE INDEX SCAN 을 수행할 수 없는 경우는 무엇인가?

[TEST38]

KEY1
KEY2

COL1
COL2
COL3

① SELECT COL1, COL2, COL3 FROM TEST38 WHERE KEY1=5 AND KEY2=6

② SELECT COL1, COL2, COL3 FROM TEST38 WHERE KEY1=1 AND KEY2=2

③ SELECT COL1, COL2, COL3 FROM TEST38 WHERE (KEY1, KEY2) IN ((1,2))

④ SELECT * FROM TEST38 WHERE KEY1=1

해설 | TEST38 테이블은 기본키(Primary key) 가 KEY1번과 KEY2번으로 이루어져 있다. 따라서 UNIQUE INDEX SCAN을 하려면 KEY1번과 KEY2 번 모두 사용되어야 한다. ④번에서는 KEY1번만 사용 되었기 때문에 UNIQUE SCAN이 되지 않는다.

39 파티션별 윈도우에서 가장 먼저 나온 값을 구하는 WINDOW FUNCTION은 무엇인가?

① FIRST_VALUE
② LAG
③ LAST_VALUE
④ LEAD

해설 | 파티션에서 가장 처음에 나오는 값을 구하는 윈도우 함수는 FIRST_VALUE이다.

행 순서 관련 윈도우 함수

행 순서	설명
FIRST_VALUE	• 파티션에서 가장 처음에 나오는 값을 구한다. • MIN 함수를 사용해서 같은 결과를 구할 수 있다.
LAST_VALUE	• 파티션에서 가장 나중에 나오는 값을 구한다. • MAX 함수를 사용해서 같은 결과를 구할 수 있다.
LAG	이전에 행을 가지고 온다.
LEAD	• 윈도우에서 특정 위치의 행을 가지고 온다. • 기본값은 1이다.

40 주어진 SQL문에서 ORDER BY로 사용할 수 없는 것은?

```
SELECT JOB, COUNT(*) AS ROWCNT
FROM TEST40
GROUP BY JOB;
```

① ORDER BY JOB
② ORDER BY CNT DESC
③ ORDER BY COUNT(*)
④ ORDER BY 3

해설 | 지문의 SQL문은 SELECT구에 칼럼(JOB, ROWCNT)이 2개 있다. 즉, ①번과 ②번, ③번은 SE-LECT 절에 있는 칼럼이기 때문에 사용할 수 있지만 ④번은 칼럼의 수가 2개뿐인데 3번째 칼럼이 존재하지 않기 때문에 사용할 수 없다.

41 다음 중 트랜잭션의 특징에 대한 설명으로 올바른 것은?

① 원자성(Atomicity) : 트랜잭션 내의 모든 문장이 모두(all) 반영되거나, 혹은 일부가 반영되어야 한다.
② 일관성(Consistency) : 트랜잭션의 수행으로 데이터베이스의 무결성은 보장될 수 없다.
③ 고립성(Isolation) : 여러 개의 트랜잭션들이 동시에 수행될 때, 한 개의 트랜잭션의 복사본을 유지한다.
④ 지속성(Durability) : Commit이 완료되면 영구적으로 저장을 보장해야 한다.

해설 | **트랜잭션의 특징**

특성	주요 내용
원자성 (Atomicity)	• 트랜잭션은 데이터베이스 연산의 전부 또는 전무 실행만이 있으며, 일부 실행으로 트랜잭션의 기능을 갖지 않는다(ALL OR NOTHING). • 즉, 트랜잭션의 처리가 완전히 끝나지 않았을 경우는 전혀 이루지지 않는 것과 같아야 한다. • Commit, Rollback
일관성 (Consistency)	• 트랜잭션 실행 결과로 데이터베이스의 상태가 모순되지 않아야 한다. • 트랜잭션 실행 후에도 일관성이 유지 되어야 한다.
고립성 (Isolation)	• 트랜잭션이 실행 중에 생성하는 연산의 중간결과는 다른 트랜잭션이 접근할 수 없다. • 즉, 부분적인 실행 결과를 다른 트랜잭션이 볼 수 없다.
지속성 (Durability)	트랜잭션이 그 실행을 성공적으로 완료하면 그 결과는 영구적 보장이 되어야 한다.

42 CROSS JOIN과 NATURAL JOIN의 차이점에 대해서 잘못 설명한 것은?

① NATURAL JOIN은 테이블 간 동일한 이름을 가진 모든 칼럼들에 대해 조인을 수행한다.
② CROSS JOIN은 테이블 간 조건이 없는 경우 생길 수 있는 모든 데이터의 조합을 의미한다.
③ CROSS JOIN과 NATURAL JOIN은 WHERE절에서 JOIN 조건을 걸 수 없다.
④ CROSS JOIN은 WHERE절에 JOIN 조건을 추가할 수 있다.

해설 | NATURAL JOIN의 경우 WHERE 절에서 JOIN 조건을 추가할 수 없지만, CROSS JOIN의 경우 WHERE 절에 JOIN 조건을 추가할 수 있다. 그러나 이 경우는 CROSS JOIN이 아니라 INNER JOIN과 같은 결과를 얻기 때문에 CROSS JOIN을 사용하는 의미가 없어진다.

43 다음 주어진 데이터에 대해서 아래의 계층형 SQL문을 실행하였을 때의 결괏값이 아래와 같을 때 빈칸에 들어갈 것으로 올바른 것은?

[SQLD_43]

EMPNO	MGR
8000	NULL
7788	7566
7566	8000
7876	7788

[계층형 SQL]

```
SELECT LEVEL, LPAD(' ', 4 * (LEVEL-1)) ||
EMPNO EMPLOYEE,
MGR MANAGER,
CONNECT_BY_ISLEAF ISLEAF
    FROM SQLD_2
  START WITH (ㄱ.        )
CONNECT BY PRIOR (ㄴ.        )
```

[결과]

LEVEL	EMPLOYEE	MANAGER	ISLEAF
1	8000		0
2	7566	8000	0
3	7788	7566	0
4	7876	7788	1

① ㄱ. MGR
　　ㄴ. EMPTNO = MGR
② ㄱ. EMPNO
　　ㄴ. EMPTNO = MGR
③ ㄱ. EMPNO IS NULL
　　ㄴ. EMPNO = MGR;
④ ㄱ. MGR IS NULL,
　　ㄴ. EMPNO = MGR;

해설 | 계층형 조회에서 MGR이 NULL인 것이 가장 상위가 된다. 따라서 MGR IS NULL이 시작 시점이다. 그리고 EMPNO=MGR을 계층적으로 비교한다.

44 다음 주어진 두 개의 테이블에 대해서 아래와 같은 결괏값이 반환되도록 아래의 SQL문의 빈칸에 들어갈 값을 적으시오.

[TEST44_1]

STUDENTNO
10
20
30

[TEST44_2]

GRADE
50
60
70

[결과]

GRADE	STUDENTNO	SUM(B.GRADE)
50	10	50
50	20	50
50	30	50
50		150
60	10	60
60	20	60
60	30	60
60		180
70	10	70
70	20	70
70	30	70
70		210

```
SELECT b.grade, a.StudentNo, SUM(b.grade)
FROM TEST44_1 a, TEST44_2 b
GROUP by
(                    );
```

① GROUPING SETS(b.grade, (a.studentno));
② GROUPING SETS(b.grade, (a.studentno, b.grade));
③ GROUPING SETS(b.grade, (b.grade, a.studentno));
④ GROUPING SETS(a.studentno, (b.grade, a.studentno));

해설 | GROUPING SETS (b.grade, (b.grade, a.StudentNo));
결괏값을 보면
1. b.Grade, a.StudentNo에 대한 집계,
2. b.grade에 대한 집계가 있고 전체 집계는 없다.

45 Oracle 환경에서 주어진 테이블을 아래의 결과와 같이 정렬하고자 할 때, SQL문의 빈칸에 들어갈 값을 고르시오.

[SQLD_02]

C1	C2
10	100
10	200
10	NULL
20	100
20	NULL
20	200

[결과]

C1	C2
10	200
10	100
10	NULL
20	200
20	100
20	NULL

```
SELECT C1, C2
FROM SQLD_02
ORDER BY C1, C2  DESC  (          );
```

① IS NULL
② NULL IS LAST
③ NULLS LAST
④ NULL LAST

해설 | NULLS LAST는 NULL 값을 마지막에 정렬시키는 것이다.

46 다음의 JOIN 결과를 보고 빈칸에 들어갈 올바른 것은?

[TEST46_1]

COL1	COL2
1	2
2	2
3	3

[TEST46_2]

COL1	COL2
1	2
2	4
4	5

[결과]

TEST46_1. COL1	TEST46_1. COL2	TEST46_2. COL1	TEST46_2_2. COL2
1	2	1	2
2	2	2	4
3	3	NULL	NULL

```
SELECT *
FROM TEST46_1 (          ) TEST46_2
ON TEST46_1.COL1 = TEST46_2.COL1;
```

① SELF JOIN
② LEFT OUTER JOIN
③ RIGHT OUTER JOIN
④ CROSS JOIN

해설 | 결과 테이블을 보면 TEST46_1 테이블에만 있는 3번행(COL1, COL2)만 조회되고 TEST46_2 테이블에는 3번행이 없으므로 NULL로 조회되었다. 따라서 LEFT OUTER JOIN을 실행한 것이다.

47 아래의 상품 마스터 테이블에 대한 상품ID '001'의 최종 상품명은 무엇인가?

[테이블 : 상품마스터]

상품ID	상품명
001	TV

```
BEGIN TRANSACTION;
SAVE TRANSACTION SP1;
UPDATE 상품 마스터 SET 상품명 = 'LG-TV'
WHERE 상품ID = '001';
SAVE TRANSACTION SP2;
UPDATE 상품 마스터 SET 상품명 = '평
면-TV' WHERE 상품ID = '001';
ROLLBACK TRANSACTION SP2;
COMMIT;
```

① LG-TV
② 평면-TV
③ TV
④ 없음

해설 | ROLLBACK TRANSACTION SP2 문장에 의해 UPDATE 상품 SET 상품명 = '평면-TV' WHERE 상품ID = '001'이 ROLLBACK 되었고, 첫 번째 UPDATE 문장만 유효한 상태에서 COMMIT 되었으므로 첫 번째 UPDATE한 내역만 반영된다. 그러므로 LG-TV가 된다.

48 테이블을 생성할 수 있는 권한을 부여하는 SQL문을 완성하시오.

```
(      ) CREATE TABLE TO LIMBEST;
```

① REVOKE
② GRANT
③ COMMIT
④ ROLLBACK

해설 | 테이블의 권한을 부여하는 DCL(데이터 제어어)은 Grant이다.

49 주어진 데이터에 대해서 아래의 SQL문을 수행하였을 때의 결괏값이 아래의 결과와 같을 때 빈칸에 들어갈 값을 고르시오.

[TEST49]

```
Create table test49(
 col1 varchar(10),
 col2 varchar(10),
 col3 number(10)
);
insert into test49 values('A','가',10);
insert into test49 values('A','가',20);
insert into test49 values('A','다',25);
insert into test49 values('B','가',10);
insert into test49 values('B','나',30);
insert into test49 values('B','나',20);
insert into test49 values('B','나',60);
insert into test49 values('C','라',30);
```

```
SELECT NTILE_2, COUNT(*) AS ROWCNT
FROM (
SELECT COL1, COL2, COL3, NTILE(3)
OVER (ORDER BY COL3) AS NTILE_2
FROM TEST49)
GROUP BY NTILE_2;
```

[결과]

NTILE_2	ROWCNT
1	3
2	3
( )	( )

① 2, 3
② 3, 2
③ 2, 2
④ 3, 3

해설 | NTILE(3)는 데이터 3등분 한다. 그리고 각 등분에 대해서 COUNT를 계산하므로 3, 2가 된다.

```
1 • SELECT NTILE_2, COUNT(*) AS ROWCNT
2  FROM (
3  SELECT COL1,COL2, COL3, NTILE(3) OVER (ORDER BY C
4  FROM TEST49)
5  GROUP BY NTILE_2;
6
```

NTILE_2	ROWCNT
1	3
2	3
3	2

50 주어진 테이블에 대해서 아래와 같이 결괏값이 반환되도록 아래의 SQL문 빈칸에 들어갈 윈도우 함수를 적으시오.

[SQLD_11]

ENAME	SAL
유비	1000
관우	1100
장비	1200
제갈량	1300
조운	1400
황충	1500

[결과]

ENAME	SAL	SIM_CNT
유비	1000	2
관우	1100	2
장비	1200	2
제갈량	1300	2
조운	1400	2
황충	1500	1

```
SELECT ENAME, SAL,
(                         ) as SIM_CNT
FROM SQLD_11;
```

① MAX(SAL) OVER(ORDER BY SAL RANGE BETWEEN 50 PRECEDING 100 FOLLOWING)

② COUNT(*) OVER(ORDER BY SAL RANGE BETWEEN 50 PRECEDING 100 FOLLOWING)

③ COUNT(*) OVER(ORDER BY SAL RANGE BETWEEN 0 PRECEDING 100 FOLLOWING)

④ COUNT(*) OVER(ORDER BY CNT RANGE BETWEEN 50 PRECEDING 100 FOLLOWING)

해설 | **COUNT(*) OVER (ORDER BY SAL RANGE BETWEEN 50 PRECEDING AND 100 FOLLOWING)**
먼저 위의 SQLD_11 테이블에서 결과값과 같이 반환되도록 'SAL' 속성을 기준으로 정렬을 수행하고, 각각의 행에서의 SAL 속성값을 기준으로 −50에서 +100 범위 사이에 포함되는 SAL값을 가지는 모든 행의 수를 COUNT하여 SIM_CNT 속성값으로 조회한다 (RANGE는 현재 행의 데이터 값을 기준으로 앞뒤 데이터 값의 범위를 표시하는 것임).